Análisis de dilemas éticos propuestos por analistas de conducta

Este libro complementa al éxito de ventas *Ética para analistas de conducta* analizando más de 50 casos éticos originales y actualizados a los que se han enfrentado recientemente analistas de conducta. Este libro de trabajo proporciona soluciones a casos éticos preparadas por profesionales expertos utilizando como referencia el *Código de cumplimiento profesional y ético para analistas de conducta de la Behavior Analyst Certification Board*[1]. El libro cubre las diez secciones del Código y está diseñado para permitir al lector estudiar la consulta ética original, responder a esta en función de sus conocimientos del Código para posteriormente comparar sus respuestas con las aportadas por los autores en la segunda parte del libro. Jon S. Bailey y Mary R. Burch ofrecen el suficiente acompañamiento como para que estudiantes y profesionales mejoren su competencia ética en análisis de conducta.

Dr. Jon S. Bailey Profesor emérito de psicología en Florida State University. Imparte cursos de postgrado para analistas de conducta. El Dr. Bailey es uno de los directores fundadores de Behavior Analyst Certification Board. Fue también presidente de Florida Association of Behavior Analysis (FABA) y es miembro de Association for Behavior Analysis International.

Dra. Mary R. Burch Analista de conducta certificada por Behavior Analyst Certification Board. La Dra. Burch tiene más de 25 años de experiencia en el campo de los trastornos generalizados del desarrollo. Ha sido especialista en conducta QMRP[2], directora de unidad y analista de conducta consultora ofreciendo servicios a personas con trastornos generalizados del desarrollo y otros trastornos del comportamiento y también a niños de edad prescolar con necesidades educativas especiales.

---

[1] N. del E.: El *Código de cumplimiento profesional y ético para analistas de conducta*, así como el nuevo *Código ético para analistas de conducta*, están disponibles en castellano en la sección de apéndices de esta obra. El original en inglés puede consultarse en bacb.com

[2] N. del E.: Literalmente, *Qualified Mental Retardation Professional*. Profesional cualificado en el área de la discapacidad mental, se trata de una cualificación profesional reconocida a nivel federal en EEUU.

Análisis de dilemas éticos propuestos por analistas de conducta
Un libro de trabajo

Jon S. Bailey y **Mary R. Burch**

Edición en español de
Javier Virués Ortega
Jesús Alonso-Vega
Universidad Autónoma de Madrid

Análisis de dilemas éticos propuestos por analistas de conducta es la edición en español de Analyzing Ethics Questions from Behavior Analysts A Student Workbook de Jon S. Bailey y Mary R. Burch editada en 2019 por Routledge, Taylor & Francis Group.

El derecho de Jon S. Bailey y Mary R. Burch a ser identificados como autores de este trabajo ha sido afirmado por ellos de acuerdo con las secciones 77 y 78 de la Ley de Copyright, Diseños y Patentes de 1988. Esta edición esta autorizada por Routledge mediante acuerdo exclusivo de derechos de edición en español cedido a ABA España.

Edición y traducción: Javier Virués Ortega, Jesús Alonso Vega
Maquetación: Florentina Lupiz

Citar esta obra
Bailey, J. S., & Burch, M. R. (2021). *Análisis de dilemas éticos propuestos por analistas de conducta* (J. Virués-Ortega & J. Alonso Vega, Eds.). ABA España. https://doi.org/10.26741/978-84-09-26780-4

Uso de marcas comerciales
Los nombres de productos o empresas usados en esta obra que puedan ser marcas comerciales o marcas registradas, y en especial los de Behavior Analyst Certification Board, se utilizan solo con fines de identificación y explicación sin intención de infringir ninguna norma.

Traducciones bajo licencia de Behavior Analyst Certification Board®
Con respecto a las traducciones de material bajo licencia de Behavior Analyst Certification Board presentado a lo largo de la obra y en los apéndices (Código de cumplimiento profesional y ético de analistas de conducta, Código ético de analistas de conducta, Tabla de conversión), estos son propiedad de Behavior Analyst Certification Board, entidad que se reserva todos los derechos sobre los mismos. La versión más reciente de estos documentos puede consultarse en www.BACB.com Contacte con la BACB para obtener permiso para reimprimir y/o mostrar este material. Las traducciones no constituyen un documento oficial de Behavior Analyst Certification Board® (BACB®). La BACB no ha revisado la precisión de las traducciones incluidas en esta obra.

Edición original
Primera edición publicada por Routledge, 2019. Datos de catalogación (Biblioteca del Congreso de EEUU), Nombres: Bailey, Jon S., autor. | Burch, Mary R., autor.; Título original: Analyzing Ethics Questions from Behavior Analysts A Student Workbook / Jon S. Bailey y Mary R. Burch.; Identificadores de la edición original: LCCN 2018047076 (versión impresa) | LCCN 2018049146 (versión ebook) | ISBN 9781351117784 (versión ebook) | ISBN 9780815353003 (versión en tapas blandas) | ISBN 9780815360698 (tapas blandas).

ABA España es una organización dedicada a la difusión, enseñanza e investigación del análisis aplicado de conducta en el mundo de habla hispana con iniciativas educativas, editoriales, tecnológicas y científicas, visítanos en **aba-elearning.com**

ISBN-13: 978-84-09-26780-4 (Edición impresa)
https://doi.org/10.26741/978-84-09-26780-4
Año de publicación: 2021

Este libro está dedicado al Dr. Lee Meyerson, mi mentor en investigación y análisis de conducta en Arizona State University, quien me introdujo a la ética aplicada en la década de 1960. Me educó sobre el derecho de los clientes a la privacidad y la confidencialidad, y siempre hizo hincapié en tratar a los clientes con dignidad y respeto. Le estaré eternamente agradecido.

Jon S. Bailey, PhD, BCBA-D

Contenido

Prefacio — *ix*

Agradecimientos — *xv*

Aviso — *xvii*

1 Consultas éticas — **1**

2 La respuesta del experto en ética — **65**

3 Palabras finales — **173**

Referencias — *175*

Índice — *177*

Apéndice 1: Código de Cumplimiento Profesional y Ético de Analistas de Conducta — *179*

Apéndice 2: Código Ético para Analistas de Conducta — *199*

Apéndice 3: Tabla comparativa con el nuevo Código Ético para Analistas de Conducta — *219*

La tercera edición de *Ética para analistas de conducta* se publicó en respuesta al *Código de cumplimiento profesional y ético para analistas de conducta,* en lo sucesivo, *el Código*, publicado por Behavior Analyst Certification Board.[1] Este texto permitió complementar el Código con ejemplos de casos éticos que ilustraban tanto las reglas como la intención que emanaba del nuevo Código. Uno de los resultados de esta publicación fue el aumento del número de analistas de conducta que requerían de aclaraciones sobre muchos de los elementos del Código. Algunos de estos analistas recurrieron al servicio de línea directa de la Association for Behavior Analysis International (ABAI), a través del cual el primer autor ha estado respondiendo preguntas éticas de analistas de conducta y clientes de servicios conductuales desde 2010. Con el permiso de quienes escribieron a este servicio he utilizado algunos de sus casos, dilemas y escenarios éticos como ejemplos ilustrativos en presentaciones en conferencias que han generado un interés considerable en el proceso de analizar dichos casos y llegar a respuestas, orientaciones y soluciones al respecto de ellos. Como un servicio a nuestro campo profesional, el primer autor ha participado desinteresadamente como profesor invitado en clases de ética para estudiantes de máster y doctorado a través de Skype, Zoom, Go To Meeting y otras plataformas. En estas clases los estudiantes hacían preguntas libremente que eran relevantes a su situación particular. Al plantearse la pregunta de cómo se llega a la resolución ética de un caso, estos debates dieron lugar a la idea de un libro que explicase cómo se lleva a cabo dicho análisis.

INTRODUCCIÓN A ANÁLISIS DE DILEMAS ÉTICOS PROPUESTOS POR ANALISTAS DE CONDUCTA: *UN LIBRO DE TRABAJO*

Nuestro objetivo con este libro es proporcionar a profesores, estudiantes y profesionales del análisis de conducta un marco para analizar, alcanzar y perfilar respuestas a preguntas habituales sobre formas éticas de proceder que encuentran en su trabajo diario con clientes, padres, cuidadores, supervisores y estudiantes que reciben supervisión. Durante los últimos años, el primer autor ha estado respondiendo a un número creciente de preguntas a través de nuestra línea directa de consultoría ética. En 2017, más de 1.000 preguntas fueron presentadas y respondidas, generalmente el mismo día y a menudo a los pocos minutos de ser recibidas. En un período de tiempo que abarca varios años, en el proceso de examinar el Código[2] y de responder a miles de preguntas sobre ética, el primer autor se ha convertido en un experto en ética. Pero ¿qué es un experto en ética?". Un **experto en ética** es aquel cuyo juicio sobre la ética y los códigos éticos se considera fiable para una comunidad específica y, lo que es más importante, se expresa de manera que hace posible que otros imiten o se aproximen a dicho juicio (Michaels, 1991, pág. 70; Tjeltveit, 1999, págs. 37-39).

Un objetivo secundario, pero ciertamente no menos importante del libro es alertar a los estudiantes y a analistas de conducta certificados (BCBA) recién iniciados sobre los obstáculos que se interponen en su camino para convertirse en analistas de conducta con un comportamiento ético. Como verán en las preguntas presentadas, un impedimento importante es a veces la organización con la que el analista de conducta tiene un acuerdo de consultoría. Algunos empresarios han descubierto la naturaleza económica del análisis de conducta y quieren crecer lo más rápido posible para generar beneficios cada vez mayores. Lamentablemente, a veces esto se hace a expensas de los clientes y del personal profesional, que se ven obligados a aceptar más clientes y supervisar más estudiantes de los que pueden razonablemente manejar. El Código puede ser usado como un escudo contra estas presiones orientadas a maximizar ingresos.

Este libro de trabajo está pensado como un complemento del libro *Ética para analistas de conducta*, 3ª edición. Las preguntas cubren las diez secciones del Código y se presentan de forma aleatoria tal y como se reciben cada día, por correo electrónico desde a través del mencionado servicio de línea directa. El diseño del texto tiene como objetivo permitir a los lectores ver la consulta ética original, con espacio para responder de acuerdo con su conocimiento del Código y luego comparar sus respuestas con las respuestas del autor en la segunda parte del libro.

MÉTODO DE ANÁLISIS DE CONSULTAS ÉTICAS

El método para responder a las preguntas es bastante simple. Hay una "conversación" entre el experto en ética y la persona que escribe a la línea directa en la cual ambos evalúan los varios elementos que integran la consulta ética presentada:

Paso 1: Vista general. Interpreta la pregunta y determina los eventos generales que el escritor está describiendo.

Paso 2: Determinar la naturaleza de la solicitud. Determina qué ayuda está solicitando el escritor. En algunos casos, es la confirmación de una conclusión a la que ya han llegado. En otros está claro que tienen la sensación de que lo que ha sucedido no es ético, pero no pueden identificar las razones del problema ético. En un tercer tipo de casos, el escritor confunde o mezcla un problema ético con un asunto legal o una consideración de carácter moral.

Paso 3: Hacer que la tarea sea manejable. Empieza por el principio y rompe lo que a menudo es un largo párrafo o frase en frases y párrafos más cortos.

Paso 4: Reacciones inmediatas. Yendo frase por frase o párrafo por párrafo, el experto en ética coloca notas o comentarios, hace preguntas, o simplemente expresa una reacción emocional inmediata, por ejemplo, "¡un RBT no debería estar haciendo esto!", "Esto no está permitido de acuerdo con el siguiente punto del Código..."

Paso 5-A: Análisis y explicación. Al descubrir que se ha descrito una infracción ética,por ejemplo: "Uno de los propietarios es un BCBA y acaba de contratar a su hija que está trabajando para convertirse en un BCaBA. El propietario la está supervisando...". El experto en ética cita el artículo del Código, explica por qué se está dando una infracción y trata de proporcionar información sobre las implicaciones de la infracción ética basada en muchos años de experiencia en el campo del análisis aplicado de conducta.

Paso 6-B: Preguntas que necesitan respuestas. En algunos casos, hay información importante que falta o aclaraciones que son necesarias antes de que el experto en ética pueda responder. En estos casos, se insertan preguntas en momentos clave del párrafo y se pide al escritor que responda antes de emitir una opinión. Después de recibir la respuesta, el experto en ética regresa al **Paso 5-A** para completar el análisis y dar una explicación.

PROTOCOLO PARA PENSAR EN VOZ ALTA

En la sección **La respuesta del experto en ética** el lector se expone al proceso de trabajo de cinco pasos descrito anteriormente para cada una de las consultas que se habían presentado en la parte inicial de libro. Este procedimiento de análisis de consultas éticas tiene similitudes con el procedimiento de hablar en voz alta descrito por Ericsson y Simon (1993): "Enseñar a hablar en voz alta requiere que los participantes digan en voz alta lo que se están diciendo a sí mismos en silencio" (págs. 226-228). Los investigadores presentaban a los participantes anagramas y problemas matemáticos para determinar cómo llevaban a las soluciones. Análogamente, en el caso de la resolución de problemas éticos, en lugar de limitarnos a leer la pregunta y dar una respuesta al final, utilizamos un procedimiento de "pensar en voz alta". Es decir, el experto en ética escribe respuestas inmediatas a cada elemento de la pregunta, de modo que el resultado final parece similar a una conversación con la persona que hace la consulta. Esto permite ver el proceso de toma de decisiones. Los lectores de este texto deben tener la sensación de que pueden seguir este proceso de pensamiento a medida que examinan cada consulta ética ya sea simple o compleja.

CÓMO USAR ESTE LIBRO DE TRABAJO

El formato del libro de trabajo es bastante simple. La **Sección 1** contiene más de 50 consultas enviadas a través de nuestra línea directa de consultoría ética o facilitadas por analistas de conducta que han asistido a nuestras presentaciones o han leído *Ética para Analistas de Conducta,* 3ª edición. Se presentan en el orden en el que se han recibido, de modo que el lector tenga la misma sensación que el experto en ética, sin saber qué pregunta va a aparecer a continuación. Esta sección inicial presenta un amplio margen derecho con espacios reservados para que el lector proporcione sus reacciones, notas y conclusiones inmediatas. Confiamos en que el lector no recurra apresuradamente a la segunda parte del libro hasta que haya aportado su propia respuesta. Una vez que haya dado la mejor respuesta posible, pase a la **Sección 2** para ver la respuesta de los autores. Puede comparar notas y ver cuán parecida es su respuesta a la de los autores. Nuestra esperanza es que para cuando haya trabajado con una docena de preguntas aproximadamente, sus respuestas empiecen a parecerse a las de un analista de conducta experto en ética.

La **Sección 3**, Palabras finales, es una recapitulación de los puntos clave que los lectores deben considerar de cara a una entrevista de trabajo como analista de conducta. Estas preguntas han sido elaboradas a modo de resumen de los problemas que han encontrado cientos de analistas de conducta que han escrito a la línea directa de consultoría ética.

CÓMO USAR ESTA EDICIÓN EN ESPAÑOL

Los editores de la presente edición en español han introducido notas al pie de página cuando se requiere alguna aclaración, normalmente con el objeto de hacer esta obra culturalmente relevante para un lector de habla hispana. Las notas del editor (N. del E.) aparecen siempre como notas al pie de página siguiendo una única numeración a lo largo de la sección principal de la obra, mientras que las notas de los autores aparecen al final de cada sección reiniciándose su numeración en cada nueva sección.

Pese a que algunos de los escenarios no suceden en un contexto norteamericano (p.ej., núm. 42, núm. 50), la mayoría de ellos sí lo hace. Ragamos al lector no radicado en Estados Unidos que adapte los comentarios pertinentes al marco cultural y legal que sea relevante en su medio.

A fin de maximizar la utilidad y la vida útil de este texto, invitamos al lector a localizar las equivalencias entre el Código de cumplimiento profesional y ético, referenciado a lo largo del libro, y el nuevo Código ético para analistas de conducta. Los editores han obtenido un permiso especial de la BACB para reproducir estos dos códigos, así como una tabla para identificar las correspondencias entre ambos (ver Apéndices 1, 2 y 3).

NOTAS

1. © *Behavior Analyst Certification Board*®, Inc. (BACB). Todos los derechos reservados. Reimpreso con permiso. La versión más actualizada de este documento está disponible en www.BACB.com. Contacte con ip@bacb.com para obtener permiso para reimprimir este material. Nótese que en diciembre de 2020 la BACB publicó un código ético actualizado denominado *Código Ético para Analistas de Conducta* (efectivo a partir de 2022). Esta obra esta reverenciada al código ético anterior (*Código de Cumplimiento Profesional y Ético para Analistas de Conducta* efectivo hasta fin de 2021, ver Apéndice 1). El Apéndice 2 presenta el nuevo Código y el Apéndice 3 una tabla de equivalencias entre ambos.

2. Usaremos los términos Código y Código Ético de forma intercambiable como denominaciones abreviadas del Código de Cumplimiento Profesional y Ético de Analistas de Conducta.

Prefacio a la edición en español

Análisis de dilemas éticos propuestos por analistas de conducta: Un libro de trabajo fue escrito para proporcionar a los estudiantes de análisis de conducta un libro de trabajo que mejorara sus habilidades éticas. El libro cubre las 10 secciones del Código de Ética de la BACB® analizando más de 50 casos actuales a los que se enfrentan los analistas de conducta y proporciona soluciones prácticas y detalladas para cada caso. Además, proporcionamos una reproducción de los códigos de la BACB, incluido el nuevo Código que entrará en vigor a partir de 2022, en los apéndices y una tabla de equivalencias entre ambos.

La comprensión de la ética del análisis de conducta, incluyendo la teoría que la sustenta y el sistema de valores que la acompaña, es esencial para una práctica profesional humana y efectiva que respete la dignidad y autonomía del cliente. Este libro se basa en preguntas éticas reales que han llegado a nuestra consultaría ética *ABA Ethics Hotline* y muestra cómo el primer autor disecciona cada consulta ética llegando a la raíz de la cuestión para ofrecer luego guías hacia una solución efectiva. Algunos de estos casos, especialmente en la última parte del libro, son complejos y requieren de interacción con el comunicante a fin de obtener más detalles para comprender plenamente las contingencias reales que afectan a las partes involucradas. Esperamos que nuestros lectores de habla hispana encuentren este método de análisis útil en su práctica clínica y que sean capaces de adaptar el código ético, que ha sido desarrollado en Estados Unidos, a sus propios contextos culturales.

La comunidad internacional de hispanohablantes se aproxima a 580 millones. La traducción de *Análisis de dilemas éticos propuestos por analistas de conducta: Un libro de trabajo* es además especialmente relevante dado el creciente número de candidatos de habla hispana que toman exámenes de certificación. Países de habla hispana con programas de formación en análisis aplicado de conducta verificados por Association for Behavior Analysis International incluyen España, Chile, Colombia, Guatemala, Perú y la República Dominicana. Habiendo además un enorme interés en ABA en países tales como México y Argentina. Además de los países hispanohablantes mencionados anteriormente, más de 50 millones de personas en Estados Unidos hablan español, siendo esta la segunda población de habla hispana del mundo después de México. Es evidente que un número muy elevado de analistas de conducta de habla hispana podrán beneficiarse de este manual sobre ética profesional.

Estamos enormemente en deuda con el Dr. Javier Virués Ortega, BCBA-D y su colega el Dr. Jesús Alonso-Vega, ambos de la Universidad Autónoma de Madrid (España), quienes han hecho posible esta edición. Su trabajo al editar en español *Análisis de dilemas éticos propuestos por analistas de conducta*, está edición es una muestra de su dedicación hacia estudiantes y profesionales del mundo de habla hispana. Esta dedicación hará posible que analistas de conducta de habla hispana de todo el mundo puedan aprender las habilidades necesarias para analizar casos éticos complejos.

Jon S. Bailey
Mary R. Burch

4 de enero de 2021
Tallahassee, Florida

Agradecimientos

Damos las gracias a todos los colegas que nos han ayudado en los últimos años a reflexionar sobre cuestiones relacionadas con el tratamiento de las consultas que llegan todos los días a través del correo electrónico. En particular, dedicamos un sincero agradecimiento a Tom Zane y Mary Jane Weiss por su disposición a dar una segunda opinión sobre problemas especialmente complicados. Han mostrado siempre un estilo constante y sosegado. Son siempre honestos en sus comentarios y didácticos en sus respuestas. Yulema Cruz, estudiante de doctorado de Nova University y miembro activo del grupo de sesiones quincenales sobre investigación del primer autor, ha sido un valioso recurso en la resolución de cuestiones relacionadas con experiencia práctica y normas de supervisión. Devon Sundberg, director de Behavior Analysis Center for Autism, ha proporcionado información relacionada con los aspectos éticos que afectan a una empresa privada. Siempre es eficiente y exhaustivo en sus respuestas y responde con rapidez. Al Murphy, Mary Riordan, Lauren Gianino y Nikki Dickens también han proporcionado una aportación inestimable con su vasto conocimiento sobre prestación de servicios conductuales, trabajo con agencias, supervisión de personal y estudiantes y manejo de cuestiones éticas en todas estas actividades. Por último, mi reconocimiento a las personas que se han puesto en contacto conmigo a través de la línea directa de consultoría ética, les agradezco la confianza que han depositado en mi capacidad de entender sus problemas e intentar ayudarles. Me han dado un curso avanzado sobre resolución de problemas éticos. Este libro es para ellos.

Aviso

Este libro no representa una declaración o posición oficial de Behavior Analyst Certification Board® (BACB®), Association for Behavior Analysis International, ABA España, de cualquier otra organización de análisis de conducta, o de los editores de la presente edición. No se puede confiar en este libro de trabajo como la única interpretación del significado del *Código cumplimiento profesional y ético de analistas de conducta.* Cada profesional certificado, supervisor u organización deberá interpretar y aplicar el Código como crea conveniente, en función de sus circunstancias particulares. Las preguntas utilizadas en este texto se basan en las que se han presentado a través de la línea de consultoría ética atendida por los autores, así como en las de quienes se han puesto en contacto directamente con el primer autor. En 2017 se recibieron y contestaron más de 1.000 preguntas a través de la línea directa; un número que esperamos aumente en años sucesivos. Algunas de las preguntas de este libro son casi idénticas a las preguntas reales, no obstante, hemos omitido o alterado detalles en todos los casos a fin de proteger la privacidad de las partes y organizaciones implicadas. No consideramos que estas sean las únicas respuestas correctas. Animamos a los docentes que utilicen este texto para crear soluciones alternativas de acuerdo con sus propias experiencias. Por último, esperamos que las respuestas ofrecidas aquí estimulen la discusión, el debate y la reflexión sobre las formas de tratar lo que son, por definición, asuntos complejos y delicados que afectan al tratamiento de clientes, así como cuestiones de supervisión profesional.

Mientras que los principios éticos generales prácticamente no cambian, la redacción y organización de los códigos éticos profesionales, así como estándares éticos específicos, sí lo hacen. Esta obra está referenciada al *Código de cumplimiento profesional y ético para analistas de conducta* que presentamos íntegramente en una nueva traducción revisada en los apéndices, junto con el nuevo *Código ético para analistas de conducta* (efectivo a partir de 2022), ambos de la BACB, y una tabla de equivalencias entre ambos. Ello no quiere decir que otros códigos éticos, especialmente aquellos desarrollados en contextos culturales diversos, carezcan de efectividad en el campo del análisis aplicado de conducta.

CONSULTA ÉTICA NÚM. 1

Me llamó la atención que uno de mis RBT tiene una foto de un antiguo cliente (es decir, esta persona ya no recibe nuestros servicios) en su teléfono. La madre del cliente envió la foto al RBT y con frecuencia nos da actualizaciones sobre el bienestar del niño debido a que la familia se muda con frecuencia. Esto, ¿es una infracción del punto 2.06 (e) del Código?

Asumo que esto no es un problema ya que el niño ya no es nuestro cliente. Sin embargo, sé que un artículo del Código establece que hay que esperar dos años antes de volver a tener contacto con una familia a la que hayamos ofrecido servicios profesionales (Código 1.07 (b, c) *Relaciones abusivas*). No obstante, el Código habla de «relaciones sexuales» que, definitivamente, no están dándose.

CONSULTA ÉTICA NÚM. 2

Me pregunto si un analista de conducta puede realizar una presentación para algún grupo o asociación de padres de niños con necesidades especiales.

En la mayoría de los casos, una presentación para una asociación de padres podría suponer un problema ya que los padres son "clientes potenciales que, debido a sus circunstancias particulares, son vulnerables a determinadas influencias". Me gustaría que lo aclarase.

CONSULTA ÉTICA NÚM. 3

Tengo una consulta sencilla. Sé que como BCBA no podemos pedir a nuestros clientes que nos den un testimonio sobre los servicios recibidos que luego podamos usar con fines publicitarios. No obstante, ¿sería correcto contactar con la madre de un estudiante del aula en la que trabajo?

Trabajo con mi cliente en un colegio para niños con discapacidades. Creo que otro estudiante podría beneficiarse mucho de mis servicios. A este niño, lo he emparejado exitosamente con mi cliente. Incluso, para facilitar las interacciones con mi cliente, le he ayudado a adquirir conductas prerrequisitas del repertorio de comunicación funcional. Me gustaría ofrecer mis servicios a su madre, pero es posible que no esté permitido.

No sabría exponer las razones, pero creo que no debería contactar con la familia y otorgarle una ventaja que no puedo ofrecer al resto de niños de la clase. ¿Qué opina?

CONSULTA ÉTICA NÚM. 4

Tengo una consulta ética. Una persona está usando el título de analista de conducta en varias reuniones de un programa de formación individualizada en las que he estado. Lo usa cuando se presenta a los padres, representantes del colegio o con cualquier otra persona presente. Actualmente, esta persona está realizando sus prácticas y aún no se ha presentado al examen de la BCBA. Creo que ha hecho 500 horas de prácticas.

Cuando se le pregunta por qué se representa a sí misma como analista de conducta, dice que a los representantes del colegio les parece bien, porque están en proceso de convertirse en analista de conducta. Además, "analista de conducta" es el trabajo para el que fue contratada.

¿Es ético que esta persona se autodenomine analista de conducta?

CONSULTA ÉTICA NÚM. 5

Querido experto en ética,

¡Gracias por leer esta consulta! Estoy trabajando para una compañía que no se comporta de forma ética y no estoy segura de qué tengo que hacer. La situación me preocupa. Le pongo en contexto: actualmente, trabajo como BCBA en una compañía de análisis aplicado de conducta que es propiedad de un neurólogo pediátrico. La administración de la compañía me presiona para que realice un procedimiento, recomendado por el neurólogo, al que denominan "sentarse en silencio". Este procedimiento requiere que el niño se mantenga sentado, sin hacer absolutamente nada, durante intervalos de 10 minutos. No se le enseñan conductas alternativas y le faltan varios de los requisitos de un programa de intervención conductual ético.

El director clínico (también BCBA) me indica que aplique los métodos tal cual aparecen en mis programas ABA, junto con intervenciones que están fuera de mi ámbito de trabajo (terapia ocupacional, intervenciones de logopedia y programas académicos). Cuando informé a la dirección del centro que estas prácticas no están dentro del ámbito profesional que recoge mi Código Ético, me dijeron que estaba haciendo una interpretación muy limitada del Código y que esto podría hacer que perdiese mi trabajo.

Durante las sesiones de intervención, me di cuenta de que los niños están siendo retenidos en sesiones en las que se incluye el procedimiento "sentarse en silencio". No estoy segura de sí lo mejor para mi es irme a otra empresa o debería hacer algo más para defender a estos clientes en particular y, por lo tanto, al análisis de conducta aplicado en general.

¿Tiene algún comentario que me ayude a estar segura de que cumplo con mis obligaciones éticas?

CONSULTA ÉTICA NÚM. 6

Buenas noches,

Soy un estudiante de análisis de conducta a punto de finalizar el curso. Como parte de nuestro programa de estudios, tenemos que realizar un análisis funcional en nuestro centro de prácticas.

También soy padre de acogida de una niña de seis años que tiene autismo y que ha empezado a tener una conducta preocupante en el colegio y en casa. Me gustaría hacer un análisis funcional de su conducta con el apoyo de algunos compañeros. Sin embargo, no tengo su custodia legal.

¿Qué cuestiones éticas debería tener en consideración en este caso?

¿Son insuperables?

CONSULTA ÉTICA NÚM. 7

Estoy preocupado una posible infracción del Código. Me gustaría saber si efectivamente ha habido una infracción y qué puedo hacer al respecto. Soy BCBA y estoy trabajando en una agencia de ABA. Hace poco, presenté mi renuncia con 30 días de anticipación para tener el tiempo suficiente de hacer una transición adecuada de mis casos a otro supervisor y despedirme de las familias.

Esta misma mañana, la directora ejecutiva de la empresa me citó a una reunión en la cual me ha entregado mi última nómina y me ha dicho que debía de dejar la empresa de inmediato. También, me ha comentado que no me permitían hacer una transición adecuada de mis casos al nuevo supervisor y que no se me permitiría contactar con ningún miembro de la empresa ni con los familiares de mis casos. He tenido que entregarles toda la documentación de los casos y me pidieron que borrara de mi teléfono toda la información de contacto de mis clientes. Les pregunté que por qué estaban haciendo esto y no me dieron ninguna razón. Pregunté si había hecho algo mal y me dijeron que no.

Les dije que creía que lo que estaba pasando no era ético, porque parece que estoy dejando de forma inapropiada a mi cliente. Además, debo señalar que varios BCBA han presentado su renuncia recientemente y muchos otros están buscando trabajo en otras empresas. Estoy muy preocupado por el bienestar de mis clientes y de los demás empleados. No estoy de acuerdo, ni creo que esta decisión sea la correcta. Creo que es una forma inapropiada de tratar a los clientes ya que me iré sin dar apoyo, ni indicaciones necesarias a los empleados que trabajen en estos casos.

En esta situación, ¿hubo alguna infracción del Código?¿Hay algo que pueda hacer al respecto?

CONSULTA ÉTICA NÚM. 8

Uno de mis clientes tiene 20 años, está diagnosticado de TEA y vive en una residencia. Estoy realizando una intervención conductual para su comportamiento autolesivo (favoreciendo la aparición de conductas alternativas) y, también, estoy interviniendo en sus quejas. Cuando no se sale con la suya o si un reforzador prometido no se entrega lo suficientemente rápido, se queja persistentemente y puede volverse agresivo. Está a punto de someterse a varios tratamientos para un posible diagnóstico de la enfermedad de Lyme, también para una infección por cándida (infección fúngica), etc. Creo que las intervenciones tendrán impacto sobre las operaciones motivadoras y estímulos discriminativos.

Los padres han contactado con un naturópata (persona que trabaja con medicina alternativa) para el tratamiento de la infección por hongos sin consultar al equipo de analistas de conducta. No puedo trabajar junto con el naturópata porque no quiere colaborar, lo que a los padres le parece bien.

Estoy tratando de encontrar una manera razonable de analizar esta situación, pero por el momento no sé por dónde empezar.

Según me ha comentado, la conducta de mi cliente cambiará tras liberarse de la cándida. En concreto, creen que los problemas de conducta desaparecerán cuando no haya cándida. Si los problemas de conducta persisten, indicaría que aún hay cándida. Por supuesto, esperan que en el "proceso de eliminación de la cándida" se produzcan molestias.

Después de revisar las evidencias científicas y pedirle al naturópata que me proporcione más información, no he obtenido respuesta, por lo que estoy un poco perdido. Creo que, en el futuro, podría haber problemas de interferencia en la planificación y aplicación del tratamiento conductual.

Como se trata de un adulto y los fondos son públicos, no hay límite de financiación ya que es uno de los casos de «circunstancias especiales», lo que significa que no habrá problema de financiación y, probablemente si quisieran podrían permitirse hacer terapia con delfines. Se les pagaría.

Sin embargo, me pregunto en qué punto se debería cuestionar la decisión de los tutores si los tratamientos elegidos no están basados en evidencias científicas. También me pregunto si tengo que planteárselo a los padres y, en caso afirmativo, cómo debería hacerlo.

Gracias por cualquier sugerencia que pueda tener sobre esta situación.

CONSULTA ÉTICA NÚM. 9

Mi cliente es un niño de preescolar y tiene una reunión de planificación individualizada programada para mañana. Anoche recibimos el borrador de la evaluación funcional y del plan de intervención conductual. En el plan de intervención leí que el colegio está usando una zona de aislamiento llamada "cuarto de la calma". La madre me dijo que es un armario acolchado con una puerta cerrada.

Creo que esta zona de aislamiento es poco ética y extremadamente preocupante.

¿Tenemos algún procedimiento establecido para informar o desaconsejar el uso de este tipo de procedimientos de castigo en los colegios públicos?

CONSULTA ÉTICA NÚM. 10

Soy un BCBA recién certificado. No he recibido muy buena supervisión durante mis prácticas, pero quiero ser un supervisor responsable. Mi empresa está dirigida por una BCBA que me apoya, pero que en realidad no trabaja con clientes y no está al día del Código.

Estaba leyendo el artículo 5.0 del Código y me quedé perplejo por el punto 5.07 donde dice, "Los analistas de conducta diseñan sistemas para la evaluación continua de sus propias actividades de supervisión". No sé exactamente lo que significa. Le he preguntado a la otra BCBA que ha estado aquí un tiempo y ella tampoco lo sabe, pero me dijo que no me preocupase.

¿Puede decirme qué significa esto y qué necesito hacer para actuar según las normas? No quiero tener problemas con la BACB en mi primer trabajo.

CONSULTA ÉTICA NÚM. 11

¡Hola!

Tengo una pregunta sobre los programas de postgrado, las políticas académicas y las reglas de autoría. En mi país, un programa de postgrado, verificado por ABAI, da a todos sus estudiantes de máster las siguientes instrucciones escritas para los trabajos de fin de máster: «En caso de publicación, los supervisores académicos serán reconocidos como coautores». Sin embargo, no se menciona ninguna contribución por parte de los supervisores académicos, a pesar de que lo establecen las directrices éticas de la APA y la BACB.

Estoy pensando en dirigirme al departamento directamente y me pregunto si ABAI tiene alguna política oficial más allá de lo establecido en el Código de la BACB (como las directrices del Comité Internacional de Editores de Revistas Médicas (ICMJE), el Grupo de Vancouver, etc.).

Por cierto, la mayoría de los supervisores no son analistas de conducta certificados por la BACB.

CONSULTA ÉTICA NÚM. 12

Soy profesor en un curso de ética en el que estamos revisando el Código. ¿Podría ayudarnos a clarificar un punto? El punto 10.02 del Código que habla de la necesidad de informar de "todas las sanciones o multas a nombre del analista de conducta relacionadas con la salud y seguridad pública". ¿Podría darme ejemplos de los diferentes tipos de sanciones o multas a los que se refiere?

CONSULTA ÉTICA NÚM. 13

Soy gerente regional de un programa de ABA. Una de nuestras BCBA me envió la siguiente consulta sobre un RBT que trabaja en su equipo.

El último día que este RBT trabajará con nosotros es el viernes. Hoy, uno de los maestros de prescolar de su cliente le ha dado un regalo de despedida. Sabemos que lo mejor es no aceptar regalos de los clientes ni de sus familiares, pero no habíamos recibido antes un regalo de otro profesional. La RBT rechazó el regalo, pero le pusieron el regalo en su bolso cuando no estaba mirando.

Mi pregunta es, ¿debemos rechazar todos los regalos de las familias y otros profesionales, o esto sólo implica a los clientes y las familias?

CONSULTA ÉTICA NÚM. 14

Soy BCBA en un colegio. Doy asesoramiento a maestros que tienen en sus clases niños con problemas emocionales o de conducta. Un administrativo, que no es mi supervisor, me ha pedido que cree el currículo académico para los maestros. Tengo un grado universitario en ciencias de la educación y creo que se cómo realizar un plan de estudios que incluya habilidades funcionales, habilidades socio-emocionales y habilidades conductuales. Sin embargo, creo que es difícil creer que el contenido del currículo, en el que se incluyen matemáticas, ciencias sociales, inglés y literatura, estén bajo la responsabilidad de un BCBA. No estoy trabajando como profesor, solamente como BCBA. He estado ayudando en la estructuración de las clases para promover conductas prosociales y fomentar el seguimiento de instrucciones durante las clases.

Espero que me ayude a determinar si el desarrollo de planes de estudios está dentro de la responsabilidad de un BCBA. He mirado la lista de tareas para BCBA y no veo nada ni remotamente cercano a proporcionar un currículo académico para maestros.

CONSULTA ÉTICA NÚM. 15

¿Hay alguna situación, en la cual se haya producido una infracción ética, en la que claramente un BACB debería tomar partido? Por ejemplo, si veo a un compañero (otro BCBA) aceptar café en casa de un cliente (una infracción del Código 1.06 (d)), ¿debería informarlo a la BACB? Supongo que la respuesta es no.

¿Qué ocurre si un tratamiento conductual ha empezado sin el consentimiento informado? Es totalmente posible infringir daños en esta situación, por lo que creo que quizás debería informarlo ¿no?

¿Dónde está el límite?

CONSULTA ÉTICA NÚM. 16

¡Buenas! Estoy en una situación complicada y me pregunto si implica una infracción ética (probablemente sea una infracción menor) o una simple falta de profesionalidad.

Estoy realizando el proceso de selección de un profesional apropiado que realice ABA a domicilio para una familia del colegio para el que trabajo. La familia, actualmente, está siendo asesorada por un psicólogo certificado como BCBA. Este profesional trabaja en un programa de desensibilización alérgica a medicamentos que toma el niño a fin de reducir reacciones adversas y ayuda a la familia a comunicarse con el distrito escolar.

Mientras analizaba a dos profesionales para determinar cuál sería el más adecuado para el estudiante, el psicólogo/BCBA, sin que el colegio lo solicitara, envió un correo electrónico a todo el equipo educativo en el que informaba que había hablado con un antiguo compañero, que era un proveedor de ABA de otra compañía, sobre el caso. El psicólogo/BCBA dijo que este profesional estaba disponible para asumir los servicios del estudiante. Ahora, la familia exige que se contacte con él. Me preocupa mucho que la familia no acepte a otro profesional que no sea el recomendado por el BCBA. Mientras tanto, los profesionales, que iban a dar el servicio a domicilio y que estaban disponibles para comenzar la próxima semana, están en espera mientras me pongo en contacto con este profesional que no he no solicitado.

En este caso, ¿el psicólogo/BCBA se comportó de forma poco ética, infringiendo el punto 2.04 (a), excediendo su rol en el equipo educativo y potencialmente infringiendo el punto 1.06 del Código, participando en una posible relación múltiple con este profesional a domicilio mientras aún trabajaba con la familia? ¿O el psicólogo/BCBA simplemente fue poco profesional al sugerir un proveedor diferente, poniendo más trabasen una relación que ya era tensa?

CONSULTA ÉTICA NÚM. 17

Estimados compañeros de esta consultoría ética,

He visto en Internet un BCBA que dice estar certificado en "entrenamiento de astronauta". A primera vista, parecía genial. Pero, al investigar, vi que esta forma de "entrenamiento" es simplemente una versión exagerada de la terapia de integración sensorial. Con el entrenamiento para astronautas, los clientes se sientan sobre una pequeña plataforma que gira despacio o rápido, mientras el terapeuta pone una "música espacial". Compruébalo tú mismo, pero en mi opinión, es un absoluto fraude.

Me incomodan varias cosas: (1) Parece que no hay ninguna investigación revisada por pares que apoye el entrenamiento de astronautas; (2) el entrenamiento de astronautas se deriva de la terapia de integración sensorial, que tiene poco o ningún apoyo empírico; (3) la conceptualización de la conducta desde una perspectiva de integración sensorial es diametralmente opuesta a nuestra conceptualización de la conducta; (4) al practicar este método, esta BCBA NO está poniendo el análisis de conducta por encima de las otras profesiones, lo cual creo que es una especie de infracción de nuestro Código.

Este BCBA no parece adherirse a lo que ha aprendido en el postgrado sobre la práctica basada en la evidencia. Además, utiliza este entrenamiento de astronauta con sus clientes por lo que ellos no están recibiendo un "tratamiento efectivo".

¿Qué debo hacer?

CONSULTA ÉTICA NÚM. 18

Estoy considerando la posibilidad de empezar a ofrecer supervisión a distancia en mi país (Australia) y me gustaría conocer más sobre la relación entre el supervisor y los clientes del supervisado.

En Australia, es probable que algunos profesionales trabajen de forma independiente o para empresas que no tienen analistas de conducta en plantilla. Lo que significa que es probable que haya una gran variabilidad en sus servicios. Dado que los supervisores están obligados a observar directamente al supervisado trabajando con los clientes en cada periodo de supervisión, la calidad y la seguridad de los clientes también serán responsabilidad del supervisor.

¿Qué nivel de responsabilidad tienen los supervisores sobre los clientes de un supervisado que trabaje de forma autónoma?

CONSULTA ÉTICA NÚM. 19

Teniendo en cuenta que no están basados en evidencias científicas, ¿deberían los BCBA aplicar tratamientos como *Zonas de Regulación* (Kuypers Consulting, 2021) y *Mapeo de Conducta Social* con niños diagnosticados de autismo? ¿Debería la BACB ser informada por estas cuestiones?

CONSULTA ÉTICA NÚM. 20

Como padre, tengo una consulta ética sobre el cobro de honorarios. Recientemente, mi mujer y yo nos pusimos en contacto con una analista de conducta para nuestro hijo diagnosticado de autismo leve. La terapeuta nos envió sus honorarios y programamos una entrevista telefónica. Sabíamos que nos cobrarían por esa entrevista, pero quería dejar claro que no habíamos firmado nada que afirme que conocemos en detalle sus honorarios. Con nuestro permiso, ella observó a nuestro hijo en el colegio. También sabíamos que nos cobraría por ello. La analista también preguntó a otros profesionales del equipo escolar acerca de nuestro hijo (profesores, logopedas, etc.). En sus honorarios se mencionaba que cobraba por el tiempo invertido en cualquier consulta que durase más de 15 minutos. Antes de contactar a estas personas, no nos recordó sus honorarios, ni nos preguntó sobre lo que le pagaríamos por el tiempo de consulta telefónica. No estuvimos presentes en esas llamadas, así que no tuvimos ningún tipo de control, además no informó a las personas consultadas de los cargos asociados. Nos ha cobrado una elevada cantidad por estas llamadas y por las que nos hizo después de la entrevista telefónica inicial. Nos ha cobrado por consultas que no hubiéramos permitido si hubiéramos estado informados adecuadamente de sus honorarios. ADEMÁS, nos está cobrando por obtener información sobre nuestro hijo. ¿Constituye esta práctica una forma de chantaje o secuestro económico?

Yo también soy maestra y sé que a mi director ni se le ocurriría cobrar a los padres por hablar con los maestros. Es parte del trabajo, es esperable. Hemos hablado con muchos otros BCBA que nos han comentado que las prácticas de este analista de conducta están fuera de lo normal. Por lo tanto, supongo que mi pregunta es: ¿Este analista de conducta ha infringido su Código? Si lo ha hecho, ¿qué podemos hacer? No continuaremos con este terapeuta, sus intereses ocultos nos han dado mala espina.

CONSULTA ÉTICA NÚM. 21

Tengo una pregunta sobre el consentimiento informado. No encuentro ninguna respuesta correcta que, de alguna manera, se cite directamente en el Código. Asumo que debería actuar con cautela, sin embargo, me gustaría escuchar su opinión sobre el tema.

He sido BCBA durante un año. Actualmente trabajo para una empresa que realiza asesoramiento, supervisión y evaluación de necesidades en colegios y para varias disciplinas (BCBA, Psicólogos Escolares, LICSWs, ABA, servicios de evaluación, etc.). Estoy contratado en un colegio 12 horas a la semana. Dentro de este asesoramiento (propio de un BCBA)realizo cualquier evaluación funcional (FBA) que el colegio necesite y mis horas restantes las dedico a ayudar a observar y a hacer sugerencias para cualquier estudiante con el que puedan tener dificultades. Antes de que yo realice los FBA, mi compañía normalmente cumplimenta de forma independientemente una Carta de Acuerdo y/o los colegios obtienen un consentimiento informado firmado de la evaluación.

Mi pregunta es, para los otros estudiantes con los que se me están pidiendo "ayuda", ¿es necesario que también reciba el consentimiento de los padres para la observación y para cualquier intervención sugerida a partir de entonces? ¿O procedo bajo la premisa de que estoy actuando como un BCBA empleado en ese colegio y ya tengo algún tipo de consentimiento inherente? (No estoy seguro de sí un BCBA trabajando en un colegio necesitaría consentimiento para estas cosas, además, teniendo en cuenta mi posición más bien de contratado como «tercero»). ¿En qué momento necesita un BCBA, que está trabajando en el colegio, el consentimiento para observar a un estudiante en particular? Si se justifica una evaluación funcional adicional y planes formales de intervención conductual, ¿sería después de la observación?,o simplemente ¿el BCBA necesita un consentimiento para observar? ¿Mi situación de contratado externo difiere con la situación de un empleado permanente del colegio?

Mi compañía está esforzándose para encontrar la forma correcta de actuar en esta situación. Teniendo contratados profesionales de varias disciplinas, sería importante que cada empleado comprenda su obligación de obtener el consentimiento y conozca si necesitan delegar esta responsabilidad a los colegios antes de interactuar con los estudiantes.

CONSULTA ÉTICA NÚM. 22

Le escribo porque no estoy seguro de cómo abordar un problema ético en mi trabajo. En los últimos dos meses, por mi trabajo (una empresa que da servicio ABA a colegios infantiles) me he reunido con dos familias a las que les gustaría que sus hijos recibieran nuestros servicios. Actualmente, ambas familias están trabajando con otra empresa ABA dirigida por un BCBA.

Ambas familias nos han dado información sobre el comportamiento de esta empresa que compromete el cumplimiento del Código. Ninguna de las dos familias se enteró de la existencia del Código o de cómo pueden presentar una queja. No saben que tienen el derecho de reclamación. Mi supervisor para la BCBA (aún no estoy certificado) ha dicho que en esas situaciones no puedo explicar directamente a los padres cómo presentar una queja contra la empresa que les dio servicio anteriormente. Puedo explicar nuestras políticas aquí (que incluyen informar a los padres del código y explicarles cómo presentar una queja) y dejarlo así. Si los padres deciden usar esta información para presentar una queja contra la empresa que les dio servicio anteriormente, es algo que excede mi responsabilidad.

Lo que me genera dudas es: ¿En qué momento las infracciones éticas que estoy escuchando constituyen un problema tan grande que yo, como profesional, tenga el deber ético de intervenir? No son asuntos menores que podría resolver con esta BCBA en una conversación cordial. Las quejas incluyen prácticas de facturación dudosas, cobrar por servicios que los padres no han consentido, pedir que los padres se inscriban en servicios fuera del alcance de ABA, no proveer servicios que cumplan con los estándares de las mejores prácticas y, en una ocasión, la falta de seguimiento del protocolo cuando un niño se lastimó. Esta no es, ni siquiera, una lista completa de los asuntos los padres me han comentado.

Tengo muchas dudas, sé que no puedo indicar directamente a estos padres que hagan una denuncia. Sin embargo, sé que la probabilidad de que inicien este proceso por su cuenta es mínima. Este profesional sigue prestando servicio a las familias y los niños de mi ciudad.

¡Apreciaré cualquier orientación sobre el tema!

CONSULTA ÉTICA NÚM. 23

Recientemente, se ha publicado un artículo, del cual suponía que era autor y me han excluido de la autoría.

Me puse en contacto con el autor principal y me dijo que él mismo certificaría que soy autor si alguien lo ponía en duda. ¿Es esa la forma correcta de actuar cuando se excluye a un autor de un artículo ya publicado?

CONSULTA ÉTICA NÚM. 24

Hace una semana, conocí a una persona en una recaudación de fondos contra el autismo y me pidió mi tarjeta de visita. Cuando vio que soy BCBA, lo comentó y dijo que hará su examen en noviembre.

Me dio su tarjeta y hasta hace nada no la he mirado. Tiene su nombre seguido de, BCBA(C). Siento que se está presentando erróneamente como BCBA ya que no ha hecho su examen todavía. Además, nunca he oído hablar de BCBA(C).

¿Tengo que informar de esto a la BACB?

CONSULTA ÉTICA NÚM. 25

Tengo una compañera que es brasileña y vive en los Estados Unidos. Regresa a Brasil de vez en cuando para impartir "talleres". Constantemente publica en Facebook fotos de los asistentes a estos talleres.

Además, en su página de Facebook, frecuentemente publica fotos con supervisores y estudiantes.

También utiliza el sello de la BACB para difundir la publicidad de sus talleres. Parece que está usando el nombre de la BACB para dar a su taller un mayor valor o fuerza.

He oído (pero no tengo pruebas), que ella ha estado diciendo que es la única en Brasil que puede ofrecer servicios basados en el Análisis de Conducta Aplicado.

El año pasado, en la publicidad de uno de sus talleres ponía que ella era doctora. Le escribí para pedirle que eliminase esa información ya que solamente tiene un máster.

Hay personas que me escriben todas las semanas para contarme algo que ha hecho. Sin embargo, sigo diciendo que, si alguien quiere informar de algo, deben escribir a la BACB.

Mi pregunta es: Dada toda la información que hay en su página de Facebook (que es a lo único a lo que tengo acceso), ¿debería denunciar a esta persona?

CONSULTA ÉTICA NÚM. 26

Tengo la siguiente consulta: Se ha publicitado una formación escolar que se llevará a cabo próximamente. Una conocida BCBA es la persona de contacto. La formación es sobre Pensamiento Social, el cual no tiene una base de investigación sólida, pero es usado frecuentemente en la comunidad de terapeutas que trabajan con personas diagnosticadas de autismo.

La BCBA solamente tiene la responsabilidad de tomar nota de las preguntas y emitir créditos CE para el desarrollo profesional/formativo. No estoy seguro de cuánto participó en la toma de decisiones previa al anuncio del curso (es decir, si recomendó el plan de estudios, participó en las conversaciones sobre si se basa en pruebas o no, cómo anunciarlo, etc.).

He estado en contacto con la BCBA para ver si había alguna manera de que se distanciara de la formación. Todo el mundo sabe que es una BCBA, incluso si ella no usa su credencial ya que estamos en una comunidad muy pequeña. Ella me dijo que no le correspondía a ella negar que el programa de estudios no está basado en evidencias. Desde entonces he preguntado si habría alguna manera de que ella dejase de ser la persona de contacto. Me preocupa que promover o aparentar promover este currículo no es ser consistente con el Código de la BACB específicamente relacionado con la dependencia del conocimiento científico (punto 1.01), consistencia conceptual (4.01), principios (6.01) y difusión del análisis de conducta (6.02).

¿Cuál es el siguiente paso más razonable? Como dije, soy muy consciente de que la formación de Pensamiento Social es muy popular en la comunidad de terapeutas y que muchos BCBA lo están usando dentro de un contexto analítico-conductual sólido (definiendo operacionalmente los términos, tomando datos, etc.).

Gracias por su tiempo y por cualquier orientación.

CONSULTA ÉTICA NÚM. 27

Mensaje para el experto en ética:

¿Es ético pedir a los empleados que publiquen una reseña en un sitio web de recursos humanos? Uno de mis empleados expresó su preocupación, por lo que quiero estar seguro.

Quizás sea una pregunta muy específica y necesite tener más información. Desde mi punto de vista este es el contexto:

Envié un correo electrónico a toda la empresa con la petición y no lo he mencionado desde entonces. El sitio web requiere que las personas que escriben la reseña indiquen si son empleados actuales. Por lo que no se ha engañado a nadie, no les dije qué decir. Tampoco les insinué que dependiendo de su reseña tendrían consecuencias deseables o indeseables. Hacer esto ¿es ético?

CONSULTA ÉTICA NÚM. 28

Me gustaría conocer su opinión sobre una situación compleja y así asegurarme de que estoy actuando éticamente

Hace dos meses avisé, con 30 días de antelación, que dejaría de trabajar en mi antigua empresa. Trabajé para esa compañía como BCaBA ayudando a BCBA. Después de mi aviso, nadie de la empresa contactó conmigo para la transición de uno de mis clientes a un nuevo terapeuta. La compañía ni siquiera contactó a los padres del cliente para programar la transición con el otro terapeuta (1:1) hasta mi última semana. En mi último día de trabajo en la empresa, una RBT me contactó para preguntarme qué debía hacer con ese cliente (lo mencionó por su nombre). Dijo que obtuvo mi número de teléfono de los padres del cliente. Le informé que ya no era un empleado de la compañía y que cualquier decisión de planificación y tratamiento debería venir del equipo de profesionales que actualmente estuviera trabajando con el cliente. Le dije que hablase con uno de los propietarios de la empresa o con el BCBA responsable del caso, que comentase con ellos lo que había que hacer con el cliente.

En marzo de 2017, recibí un correo electrónico muy desagradable de uno de los propietarios, afirmando que durante tres años no había entregado ningún registro de sesión, que iban a retener mi último pago e iban a informar sobre mí a las "agencias apropiadas". Le respondí indicando que revisasen los mensajes de correo electrónico de principios de marzo en los que presentaba la documentación de todo el año 2015 hasta febrero de 2017. También dije que el resto de los documentos habían sido cargados en la base de datos de la empresa desde febrero hasta que me fui. En febrero de 2017, la empresa realizó una auditoría interna y vio que me faltaba documentación. Proporcioné toda la documentación restante que se solicitó a principios de marzo de 2017. El propietario no ha respondido a ese correo electrónico. También vi en mi última declaración de principios de marzo que retiraron un cargo administrativo de 100 dólares por "incluir documentación y notas en la base de datos".

Más tarde, en el mismo día que envié el correo electrónico (en marzo), recibí una llamada del director ejecutivo. Me dijo que después de leer el correo electrónico "sabía a dónde iba esto" y quería intervenir. Le expliqué que yo sabía que esto era sólo una estrategia para tratar retener mi último pago; es una práctica comercial común en esta empresa. (Tengo documentación de técnicos anteriores que han dejado esta compañía preguntando sobre por qué no recibieron su último pago). Tengo correspondencia, por correo electrónico, entre yo y un copropietario de la compañía en la que comenté que inmediatamente después de avisar de que me iba de la empresa, un administrador redujo mis honorarios en casi 10 dólares por hora para una compañía de seguros y para otra a 0,00 dólares. El copropietario me envió un correo electrónico diciendo que arreglaría esto. No dijo que fuese un accidente, ni negó que un administrativo cambiase ilegalmente los códigos.

Estamos a junio. Ayer por la mañana, envié un correo electrónico al director ejecutivo para poner nuestra conversación telefónica por escrito y confirmar con el que me dijo que "sabe que es ilegal intentar retener el sueldo de alguien" y que "iba a trabajar para resolver esto lo antes posible". No ha respondido a mi correo electrónico.

Anoche, recibí una llamada de otro analista de conducta pidiéndome que le diera información sobre el mismo cliente por el que me habían llamado antes.

Le expliqué que ya no trabajo para esa empresa y que sería una infracción hablar de este cliente. Me dijo que la BACB me exige que trabaje con él para derivarle este cliente. Le dije que la transición se debería haber hecho durante mi período de aviso de 30 días y dijo que la compañía no había podido encontrar a nadie hasta ahora. En ese momento, le dije que me pondría en contacto con la BACB para que me guiara en esta situación y que seguiría cualquier sugerencia y recomendación que hicieran.

Lamento que el mensaje sea tan largo, pero siento que estoy siendo acosado y que están tratando de que viole la ley de protección de datos personales, así como de que realice un trabajo sin remuneración.

Me gustaría recibir consejo por su parte.

CONSULTA ÉTICA NÚM. 29

Trabajo en un colegio en el que un padre llamó al BCBA para decirle que no consentía el inicio de la intervención. ¿Si el colegio se lo indica,el BCBA puede iniciar la intervención en el colegio?

CONSULTA ÉTICA NÚM. 30

Soy BCBA y copropietario de una compañía de ABA en el sudeste de los Estados Unidos. Anteriormente trabajé para otra compañía en el área supervisando casos. Llamaremos esa compañía "Empresa A". Aunque nunca firmé un contrato formal con la Empresa A, uno de los copropietarios de mi actual compañía firmó conmigo un contrato para BCBA. Este contrato era muy poco específico, pero había una cláusula de no competencia post-contractual en este contrato.

De ninguna manera hemos estado contactando con los clientes que teníamos en la otra compañía. Sin embargo, en los últimos meses casi todos los clientes se han puesto en contacto con nosotros de forma independiente para cambiar de la Empresa A a nuestra nueva empresa. Inicialmente rechazamos estos clientes porque queríamos asegurarnos legal y éticamente de que no estamos derivando demasiado rápido clientes de nuestra empresa anterior. Hemos remitido estos clientes a otra empresa de la zona ya que no están contentos con los servicios que se prestan en la Empresa A. Les hemos dicho claramente los motivos por los que creemos que no podemos aceptarlos en este momento. Algunos de los clientes han decidido esperar hasta que estemos listos para aceptarles en nuestra nueva empresa. Les hemos dicho que les mantendremos informados sobre cuándo podremos hacerlo.

Nuestra principal pregunta es sobre cuál sería un límite de tiempo seguro para aceptar estos nuevos clientes. Tenemos algunos padres que están muy molestos y les cuesta entender por qué no pueden elegir quién trabaja con su hijo y su familia. ¡Es como si las familias estuvieran indirectamente bajo una cláusula de no competencia! Ha sido difícil para mí responder a esta pregunta.

Hemos consultado a diferentes abogados y han examinado varios casos bajo nuestra ley estatal. Parece que este tema está muy en el aire. Sé que los proveedores de servicios sanitarios generalmente no pueden ser sometidos a pactos de no competencia post-contractual en los tribunales y no estoy seguro de si técnicamente como BCBA se nos considera proveedores de servicios sanitarios.

¿Conoce otra situación similar? También estamos buscando orientación sobre qué decir a las familias. Es difícil rechazar a estas familias cuando claramente no están contentas con su proveedor actual.

Otra pregunta que tenemos es sobre las reseñas en Google y Facebook. Estamos muy familiarizados con nuestro Código en lo que se refiere a testimonios y reseñas. Cuando tratamos de impulsar la optimización de nuestro sitio para aparecer en los motores de búsqueda, hemos leído que un factor importante es tener reseñas en Google, Facebook, etc. Sabemos que los clientes actuales no pueden darnos reseñas y que las reseñas tienen que especificar si son solicitadas o no. ¿Hay alguna forma ética de que podamos obtener reseñas en Google/Facebook? Hemos estado deshabilitando las reseñas y pidiendo que sean eliminadas. He notado que otras empresas sí tienen reseñas. Cumplir con nuestro Código sería nuestra prioridad número uno, por supuesto. ¡Incluso si ello se traduce en una menor prioridad en las búsquedas de Google! Tenemos dudas sobre si podemos tener reseñas en nuestras redes sociales.

CONSULTA ÉTICA NÚM. 31

Espero que este bien. Le escribo de nuevo ya que, en otras ocasiones, sus consejos y sugerencias me han ayudado mucho.

Soy BCBA y propietario de una clínica ABA en el sur de Florida. Desafortunadamente, he recibido cuatro renuncias en el último mes. Algunos de los empleados han dicho que les han ofrecido 10 dólares por hora más de lo que yo les ofrezco y algunas de estas ofertas son para trabajadores autónomos. Tras la primera renuncia, empecé a reunirme con los empleados que se iban para preguntarles sobre qué podríamos haber hecho mejor y qué les hizo tomar la decisión de renunciar. Con esta información espero hacer algunos cambios en mi empresa.

Sin embargo, estoy un poco preocupado ya que he estado participando en un grupo de Facebook donde se ha hablado de esto y muchas personas, recientemente, han expresado las altas tasas de burnout en esta profesión. Mi pregunta para Vd. es: ¿Pueden los RBT ser catalogados como trabajadores autónomos o deben de ser empleados sin importar el número de horas trabajadas mensualmente?

Lo pregunto porque he oído respuestas contradictorias de parte de las personas que están en el grupo de Facebook, así que no estoy seguro de lo que legalmente deberíamos hacer.

CONSULTA ÉTICA NÚM. 32

Por el momento, nuestra agencia no ha participado en investigaciones aprobadas por el Comité de Ética de la Investigación (CEI). Sin embargo, una de nuestras BCBA se interesó mucho en un tema en particular y buscó un experto de nuestro campo en esa área. Este experto nos preguntó si nuestra BCBA estaría interesada en ayudar a generalizar sus resultados en entornos naturales (ya que tenemos muchos BCBA trabajando en colegios públicos donde esta investigación aún no se ha llevado a cabo), nos dijo que nuestra empleada podría ser el primer autor del artículo.

El investigador pudo añadir uno de los casos de nuestra BCBA a una investigación que ya contaba con la aprobación del CEI y nombró a uno de sus estudiantes de doctorado para que apoyase a nuestra BCBA en la realización del estudio. Por ahora, la ayuda ha sido telefónica. En los últimos dos años, nuestra BCBA ha asistido a varias de las sesiones de entrenamiento de este experto. La BCBA ha hecho mucho trabajo aplicado relacionado con el tema y ha leído la limitada investigación que el experto ha publicado. Pensábamos que el estudiante de doctorado iba a estar presente con la BCBA para calcular el acuerdo entre observadores, sin embargo, después de haber comenzado el proyecto el experto indicó que nuestro personal solamente podría seguir adelante con el trabajo de investigación si le pagábamos para hacer una sesión de entrenamiento intensivo. Este caro entrenamiento se llevaría a cabo debido que es necesario poder decir que la persona que realizó el estudio dispone de la formación adecuada antes de poder publicarlo.

Ciertamente, estamos de acuerdo en que la fidelidad de tratamiento es crucial, así como la formación del terapeuta. Sin embargo, nos preguntamos si esto está creando un sesgo y cruza algunos límites éticos. Pagar al experto para que lo haga crearía un interés en la obtención de resultados positivos. Las revisiones del CEI se realizan a través de una universidad, pero no está claro si esta formación es llevada a cabo por el experto o si también se realiza a través de la universidad.

¿Estoy sobreanalizando la situación? Me quedé un poco sorprendido y sentí que se burlaban de nosotros una vez que nos comprometimos con el proyecto. El experto comenzó a buscar negocio en lugar de investigar. Además, si fuese serio con la investigación, ¿en lugar de pedirnos hacerlo nosotros solos, no querría venir o enviar a alguien competente para obtener el acuerdo entre observadores? Por esta razón, ¿es el entrenamiento es necesario? ¿Es normal que la gente pague para poder realizar investigación? Me preocupa que después de pagar todo ese dinero, pueda cambiar de opinión y vendernos más formación argumentando de nuevo que nuestro personal no estaba demostrando la competencia necesaria y necesita hacer más entrenamientos por los que deberíamos pagar mucho dinero.

CONSULTA ÉTICA NÚM. 33

Tengo un dilema ético sobre la aceptación o derivación de clientes en análisis aplicado de conducta.

Me estoy haciendo cargo de los casos de otro BCBA. Uno de estos clientes es un adolescente varón que recibe pocas horas de tratamiento (dos por semana). Ha estado trabajando en un programa de contacto visual durante un año con su primer BCBA y no ha progresado. La semana pasada, ha amenazado con un arma en el colegio y fue expulsado a la espera de una evaluación psicológica. La evaluación ya se ha hecho, pero no hemos recibido ningún resultado.

Anteriormente, este cliente ha amenazado también a nuestro personal clínico. No he sido testigo de esto, pero varios técnicos lo han denunciado. La mayoría de los técnicos ahora tienen miedo a trabajar con él y para serle honesto, no les culpo. No quiero reaccionar de forma exagerada ni actuar a la ligera en esta situación.

¿Es ético derivar al cliente a servicios psicológicos dada su falta de progreso en sus objetivos? No me ha sido oficialmente transferido como caso todavía. Antes de este incidente tenía pensado que algunos cambios en su programación podrían aumentar sus posibilidades de éxito. Ahora, me pregunto si nuestros servicios son adecuados para él y, también, si los acontecimientos recientes están nublando mi juicio clínico. ¡Ayuda por favor!

CONSULTA ÉTICA NÚM. 34

He sido testigo de cómo una BCBA se comportó de forma agresiva físicamente con mi estudiante.

Ella cruzó sus brazos sobre su cuerpo mientras estaba en el suelo y cuando él se levantó sus labios estaban azules. No estoy seguro de qué punto del código ha sido infringido, si es que lo hay. Necesito más información sobre cómo puedo realizar una denuncia y qué documentación necesitaría para ello.

CONSULTA ÉTICA NÚM. 35

Mensaje para el experto en ética:

Quería saber si, en una situación reciente, una actuación podía considerarse "más o menos restrictiva"

En nuestro edificio de oficinas, que alberga una pequeña clínica ABA, tenemos simulacros de incendio mensuales. La mayoría de nuestros clientes tienen problemas de conducta que requieren procedimientos de tiempo fuera, por su seguridad y la del personal. Los clientes saben perfectamente qué hacer cuando se disparan las alarmas de incendio y cómo comportarse mientras los empleados estén con ellos y sean capaces de modelar una salida apropiada.

Esta semana, cuando tuvimos un simulacro de incendio, una de mis clientes estaba en periodo de exclusión y no estaba lista para salir. Estaba agrediendo físicamente a los demás cuando se le acercaban. Normalmente le damos unos minutos hasta que se calme, luego reanudamos sus actividades y está bien. Sin embargo, el simulacro ocurrió justo después de que la estudiante entrase en el periodo de exclusión. Entonces nos enfrentamos al dilema de tener que sacarla antes de tiempo de la zona de exclusión. Nuestra empresa nos había advertido de que los simulacros eran obligatorios.

Sé que en una verdadera emergencia (que sabíamos que no era el caso), haríamos lo que fuera necesario para sacar a los clientes del edificio a salvo, a menos que no pudiéramos hacerlo. También sé, debido a mi historial de aprendizaje con este cliente, que la habilidad está en su repertorio y que seguirá las instrucciones para participar adecuadamente en el simulacro de incendio cuando no esté en el periodo de exclusión.

Sin embargo, ese día, teníamos que hacer algo con lo que no me sentía cómodo. Tuvimos que mover físicamente a una cliente que (según la evaluación funcional) encuentra el contacto físico muy desagradable. Debido al simulacro de incendio y a que no se ponía los zapatos, tuvimos que cogerla, llevarla fuera sin zapatos y traerla de vuelta a nuestro edificio. Todo esto lo hicimos porque así se nos indicó. No creo que esto sea acorde con el uso de "procedimientos mínimamente restrictivos" y puede suponer una extralimitación en el uso de procedimientos de contención y una aplicación inadecuada de la formación en seguridad y riesgos laborales que hemos recibido, al no estar esta acción justificada por la necesidad de preservar la seguridad del individuo y el personal. ¿Estoy en lo cierto o estoy completamente perdido?

¡Gracias de antemano por su opinión sobre el tema!

CONSULTA ÉTICA NÚM. 36

He escuchado varias opiniones diferentes sobre una misma consulta ética y me preguntaba si usted me podría ayudar.

Tengo entendido que las empresas no pueden publicar fotos de sus clientes en las redes sociales o en sus sitios web. La directriz ética 2.06 (e) dice que "los analistas de conducta no deben compartir o crear situaciones que puedan dar lugar a la difusión de datos de clientes actuales y personas supervisadas en las redes sociales, sean estos escritos, fotográficos o de vídeo".

Parece que está claramente indicado que no se permite compartir fotos. Sin embargo, sigo viendo cómo muchas compañías publican fotos de sus clientes en las redes sociales y en sus sitios web.

Contacté con un podcast de análisis de conducta y me dieron esta respuesta: "Gracias por hablar de ética en las redes sociales. De acuerdo con nuestras directrices éticas (8.04), las empresas pueden publicar las fotos de sus clientes en el sitio web de la empresa o en sus cuentas de redes sociales sólo si no utilizan el nombre y el apellido del cliente y se ha obtenido el consentimiento por escrito para ese fin específico".

En relación al uso de testimonios, el punto 8.05 del Código establece que los analistas de conducta no deben usar testimonios de clientes actuales. Si se utiliza un testimonio, debe añadirse un aviso indicando de que se trata de un antiguo cliente y si el testimonio fue solicitado o espontáneo, e incluir una descripción exacta de la relación actual entre la empresa y la persona que ofrece el testimonio (si es que actualmente hay alguna).

Esto es muy diferente a las directrices éticas anteriores a 2016. Muchas compañías de análisis de conducta están trabajando lentamente para asegurarse de que sus estrategias comerciales cumplen con las directrices éticas.

¿Puede una empresa publicar fotos de sus clientes en las redes sociales/sitios web, siempre que haya un consentimiento por escrito y no haya información que lo identifique?

CONSULTA ÉTICA NÚM. 37

Buenas tardes. Estoy buscando orientación sobre la situación en la que me encuentro. Recientemente he aceptado dos clientes, derivados de otro BCBA que se va a ir de mi empresa. Cuando hice la transición de estos clientes y revisé sus casos, encontré múltiples infracciones éticas.

Revisé el Código para ver si podía denunciar las infracciones y he visto que lo primero es tratar de resolver el asunto con esa BCBA. He intentado hablar del caso con la BCBA anterior; sin embargo, como ella ya no es parte de nuestra compañía y no puedo hacer nada para remediar la situación, no estoy seguro de lo que se consideraría como una "resolución del asunto" en este caso.

Agradezco enormemente cualquier orientación en esta situación. Gracias de antemano por su tiempo y consideración.

CONSULTA ÉTICA NÚM. 38

Durante las últimas tres semanas, mi jefe ha estado actuando de forma muy poco común (lentitud extrema y olvido de conversaciones o eventos, hasta el punto de que los clientes y los padres se han dado cuenta). Los padres lo han comentado con los empleados porque estaban preocupados de que él estuviera bajo la influencia de alguna sustancia mientras veía y transportaba a sus hijos.

Hoy encontré un frasco de varias pastillas (Vyvanse e Hidrocodona; un estimulante y un opiáceo) recetadas a alguien (de quien ninguno de los empleados ha oído hablar) y escondidas en un contenedor de toallitas para niños. Cuando los empleamos solicitamos una reunión, nuestro jefe se negó hasta que su abogado estuviera disponible por teléfono.

Afirmó que las pastillas pertenecían a un cliente actual que él atiende a las 7 de la mañana en su oficina. El administrativo que lleva las facturas de los clientes no conoce a ese cliente.

¿Qué puedo hacer? ¿Me pongo en contacto con la policía para que se deshagan de las pastillas?

CONSULTA ÉTICA NÚM. 39

Trabajo en Oriente Medio y a la gente de aquí le encanta dar regalos o comida. Específicamente, cuando profesionales como analistas de conducta trabajan a domicilio, los padres a menudo traen comida, bocadillos elaborados, etc.

Me pregunto cómo encaja esto con los siguientes puntos del Código: 1.06 (d), "Los analistas de conducta no darán ni aceptarán regalos de sus clientes ya que ello constituye una relación múltiple." y el 7.01 que indica, "Los analistas de conducta promueven una cultura ética en sus ambientes de trabajo y hacen que otros conozcan
este Código".

Trabajo en un centro donde ofrecemos servicios ABA a niños. Tenemos terapeutas que principalmente ofrecen servicios ABA individualizados (formato 1:1). La mayoría de estos terapeutas no tienen credenciales de la BACB y no planean certificarse como BCBA en un futuro próximo.

Tenemos supervisores que son BCBA y supervisan los casos.

¿La norma de "no recibir regalos" se aplica a los técnicos conductuales o terapeutas de primera línea, aunque no estén certificados por la BACB?

¿Tiene la BACB la obligación de hacer cumplir la norma de "no recibir regalos" entre los técnicos o personal de primera línea?

CONSULTA ÉTICA NÚM. 40

Como analista de conducta, estoy profundamente comprometido en el uso de prácticas basadas en la evidencia en el análisis de conducta aplicado. Como parte del equipo directivo de un colegio, me he visto inmerso en una situación para la cual me encantaría recibir su opinión.

En mi pequeña área escolar de California, ha habido una oleada de familias que están adoptando el Método de Inducción Rápida (*Rapid Prompting Method*, RPM) y el Deletreo para Comunicarse (*Spelling to Communicate*, S2C). Como observador externo, las bases del RPM y el S2C parecen reminiscencias de la época de la Comunicación Facilitada, con la excepción de que ahora el "compañero de comunicación" está sosteniendo el tablero de ortografía en lugar de tocar al estudiante.

En nuestra comunidad, los padres han utilizado inicialmente RPM y S2C en el hogar, pero las últimas semanas, estoy teniendo información sobre solicitudes para entrenar al personal del colegio en la intervención con estas técnicas. Además, he recibido una solicitud de unos padres para que su hijo reciba pruebas cognitivas con un "compañero de comunicación". No hay una forma sencilla de determinar si es el niño o el compañero de comunicación el que responde a las preguntas de la prueba estandarizada. En mi ciudad, incluso hay un colegio privado que abrirá en otoño con el fin de promover estos principios.

Me dirijo a usted porque tengo curiosidad por saber si ABAI adoptará una postura más visible en relación con las prácticas de RPM/S2C y los posibles efectos perjudiciales de su uso. Al recopilar la información para prepararme mejor para las solicitudes de los padres, encontré la Declaración de 1995 de ABAI sobre la Comunicación Facilitada. Estoy muy esperanzado de que ABAI esté considerando tomar una postura similar sobre RPM/S2C y si es así, me gustaría saber si hay un grupo de trabajo que actualmente esté estudiando este tema en profundidad.

CONSULTA ÉTICA NÚM. 41

Hoy se me acercó un estudiante cuyo jefe requiere que todas las publicaciones/presentaciones del estudiante sean aprobadas por la administración de la empresa y que incluyan el nombre de esta como la afiliación principal del estudiante. Independiente de si el trabajo se hace en tiempo remunerado de la empresa o si utiliza los recursos de la empresa. Además, la empresa pide que el estudiante presente su propuesta de comunicación a los administradores de la empresa antes de ir a una conferencia para presentarla. El administrador dice incluso tener derecho a rechazar la propuesta de presentación y/o a hacer cambios.

Aunque no sé si se especifica en "El Código" algo para esta situación considero que está relacionado con la sección que trata sobre la autoría, en la que, en este caso, hay un supervisor que no participó en un proyecto e insiste en que su nombre y afiliación estén en una publicación o presentación.

Por último, la empresa tiene una política que establece que todo lo que haga el empleado se convierte en la "propiedad intelectual" de la empresa. No importa si esto se hace en tiempo remunerado o en tiempo libre del empleado.

La consulta es que tenemos muchos estudiantes que realizan investigaciones como parte de su formación de postgrado fuera de sus horas laborales. En mi opinión, el producto de los trabajos de los estudiantes/empleados realizados bajo la supervisión del supervisor académico no deberían ser reclamados automáticamente como propiedad de la empresa.

El hecho de ser empleado no da al empleador el derecho de reclamar la propiedad del trabajo del estudiante/empleado las 24 horas del día.

CONSULTA ÉTICA NÚM. 42

Soy un terapeuta ABA que trabaja con niños con TEA en Europa. Me pongo en contacto con usted porque tengo un problema ético relacionado con mi práctica profesional.

Recientemente, me ha contactado la madre de un niño con el que trabajé durante unos años como terapeuta a domicilio. La familia se ha mudado a los Estados Unidos hace unos meses. La madre acaba de informarme de que ella y el padre están actualmente en proceso de divorcio. El padre solicita el 50% del tiempo con el niño, pero a ella le gustaría limitar su custodia al mínimo ya que cree que no puede asumir plenamente su papel de padre de un niño con autismo. La madre cree que el padre podría poner en riesgo la terapia ABA de su hijo ya que siempre se ha mostrado reacio al análisis aplicado de conducta y a las sugerencias hechas por diferentes profesionales.

La madre me pidió, así como a otros terapeutas que han trabajado con el niño, que escribiera un documento compartiendo nuestras observaciones sobre el papel que cada progenitor desempeñó durante los años que trabajamos con la familia. Espera que esta carta pueda ser útil para obtener la custodia.

Creo que la acción correcta y diplomática en esta situación implicaría escribir un documento que tenga como objetivo proporcionar mis observaciones sobre el progreso del niño durante los años de terapia ABA y recomendar este enfoque en el futuro, sin entrar en detalles sobre los padres, ni defendiendo la posición de ninguno de ellos.

El siguiente paso será enviar este documento a la parte pertinente. La madre me pidió que se lo enviara al psicólogo forense, contratado por ella y a su abogado.

No estoy seguro de cómo actuaren esta situación. Me temo que al enviarles el documento signifique   automáticamente que defiendo la posición de la madre y me obligue a responder cualquier pregunta adicional que puedan tener.

Ya que nunca me he enfrentado a este tipo de situación como terapeuta, necesito consejo sobre cuál sería la manera apropiada de responder conforme al Código.

CONSULTA ÉTICA NÚM. 43

Tengo una pregunta sobre el uso de las fotos de un cliente de ABA en las páginas web corporativas. Específicamente, en mis estudios de postgrado en ABA aprendí que las fotos de los clientes nunca pueden ser usadas en una página web ya que esto es una infracción de la confidencialidad. En el código, parece haber dos recomendaciones al respecto. Una, el punto 8.04 del Código (b), implica que la información de identificación sea retenida de los medios electrónicos A MENOS QUE se obtenga el consentimiento.

Sin embargo, en el 8.04 c) exige que se oculte la información de identificación siempre que sea posible. Es una infracción ética clara el hecho de usar las fotos de los clientes en una página web sin el consentimiento del cliente.

Mi pregunta es, ¿qué pasa con el uso de las fotos de los clientes para las que si se ha obtenido consentimiento para mostrarlas en una página web o en las instalaciones de una agencia?

¿El uso de las fotos de los clientes en la web, incluso con el consentimiento, es una infracción del Código de la BACB?

CONSULTA ÉTICA NÚM. 44

La directora de un colegio privado local que atiende a niños con necesidades especiales me informó de que se le presentó una oferta, por parte de una persona de alto rango de una empresa importante de análisis de conducta en una ciudad del sur de los Estados Unidos. Afirmó que esta persona le ofreció dinero por cada niño que ella (o cualquier otra persona en el colegio) derivase a los servicios de su compañía, a cambio de permitir exclusivamente el acceso, a los terapeutas de esta empresa al colegio.

Me dijo que se sentía muy ofendida por esta oferta y que le dijo a esta persona que de ninguna manera les diría a las empresas, que actualmente están ayudando a sus otros estudiantes, que ya no podían proporcionar servicios ABA, inmensamente beneficiosos, a otros estudiantes por este nuevo acuerdo.

En segundo lugar, la directora declaró que este acuerdo ha sido aceptado en otros colegios.

Esto implica que es posible que un niño que reciba servicios con otra compañía de ABA no pueda ser observado o tratado de ningún problema de conducta socialmente significativo o déficit en su entorno escolar por nadie más que los empleados de una compañía en particular.

A su vez, al explorar las dificultades que otros analistas de conducta podrían haber tenido al contactar con diferentes colegios para realizar asesoramiento, me dijeron que en realidad se les había negado el acceso a varios centros, les dijeron que "no podían dejarlos entrar".

Siendo honesta, en mi opinión esto es un gran problema para la comunidad de ABA de mi estado, para el campo de ABA en general y, lo más importante, para los clientes. No sólo es un soborno por parte del representante de esta compañía, sino que también creo que decirles a los padres que si quieren los servicios de su hijo en el colegio (lo que sucede a menudo) deben ir a esta compañía o cambiar de compañía sin importar la efectividad, constituye un posible tipo de coacción.

¿Qué se puede hacer al respecto?

CONSULTA ÉTICA NÚM. 45

Tengo una compañera que es BCBA y dueña de una empresa proveedora de servicios ABA. No usa su nombre real en Facebook, pero sí que es BCBA y que trabaja como gerente de la empresa proveedora de servicios ABA (con el nombre adjunto). Ayer, respondió a la publicación en Facebook de un estudiante acerca de una declaración de las autoridades sanitarias sobre las vacunas diciendo, de forma resumida, que ella cree que las vacunas causan autismo y son una conspiración de las grandes farmacéuticas, y que por ello que no vacuna a su hijo. Sugirió además que la única manera de saber con seguridad si las vacunas causan autismo es que todos dejen de vacunar durante cinco años para ver si las tasas de prevalencia general del autismo disminuyen. Me preocupa que esté defendiendo su postura anti-vacunación ante las familias y los miembros del personal con los que trabaja. Me preocupa más porque como compañera, no solamente representa al campo del análisis aplicado de conducta, sino que también representa al programa educativo donde trabajo. Además, su organización proporciona formación para los BCBA que vienen a mi colegio. Si está defendiendo esta postura, puede tener una amplia audiencia.

Mi pregunta es: Si los hay, ¿qué pasos debo dar? ¿Es una infracción denunciable? Si lo denuncio, ¿es probable que pierda su certificación? (la verdad es que no se si esto es posible). Si esto ocurriese, también perdería su medio de vida, además acaba de tener un hijo. Mis estudiantes también sufrirían las consecuencias ya que obtienen horas supervisadas de esta BCBA a través de su organización. No estoy segura de qué hacer y agradecería cualquier orientación.

CONSULTA ÉTICA NÚM. 46

Soy RBT y uno de mis supervisores tiene un cliente que, durante el último año tiene problemas de desobediencia, berrinches y agresiones. Estas conductas han aumentado en frecuencia y duración. Ya que no se han tomado datos formales, estimaría que actualmente el cliente realiza comportamientos problemáticos durante el 70% del tiempo que pasa en la clínica.

La BCBA *nunca ha realizado un análisis funcional* y no existe un plan formal para responder al problema de conducta, a pesar de que lo he pedido varias veces.

Tampoco hay un programa de reforzamiento para tratar proactivamente la conducta problema. Se realizan cada día las mismas instrucciones y se espera que el niño cumpla el 100% de las veces.

Las consecuencias cambian casi a diario y a menudo la BCBA u otro RBT retiene físicamente al niño en la silla. Me niego a hacer esto.

He llevado este asunto a la directora clínica, que ha estado de acuerdo conmigo en que está mal, pero todo lo que ha hecho es observar una sesión y hacer sugerencias a la BCBA. La directora ha expresado que no es su cliente, por lo tanto, no puede tomar decisiones sobre el plan de tratamiento.

Creo que esta situación es poco ética por varios motivos.

No se han realizado evaluaciones, salvo una evaluación funcional inicial que tiene un año de antigüedad (además el niño no mostró falta de seguimiento de instrucciones durante la evaluación). No hay un plan formal para atajar el problema de conducta, no se están tomando ni analizando datos reales. Creo que mantener al niño en la silla es una consecuencia insegura que le está haciendo daño. He hablado con la BCBA y con la directora clínica y no han tomado ninguna medida para mejorar la situación. En este momento, no sé qué hacer y tengo miedo de perder mi trabajo si informo a la BACB de la situación.

La conducta de esta BCBA es similar con todos sus clientes. La mayoría de sus hojas de registro son copia y pega de las de otros clientes, no supervisa a sus RBT ni evalúa nuevos problemas de conducta, además la mayoría de sus clientes muestran un avance limitado.

¿Tiene algún consejo que darme?

CONSULTA ÉTICA NÚM. 47

Trabajo en una pequeña clínica privada de ABA en el sudeste de los Estados Unidos, propiedad de una persona que tiene formación como fisioterapeuta (FT) y terapeuta ocupacional (TO). La propietaria de la empresa ABA y tiene también una empresa independiente que comparte local en el mismo edificio que la clínica ABA y que ofrece servicios de TO, FP y terapia del habla y el lenguaje.

Muchos de los clientes atendidos por la clínica ABA también son atendidos por la otra clínica. La dueña también ve a los clientes como TO o FT (a menudo TO para los niños con TEA).

Mi pregunta/preocupación es la siguiente: La semana pasada, el padre de un niño con el que trabajo (como supervisora del caso) me informó que la propietaria, que ha estado proporcionando servicios como TO semanalmente, le recomendó un procedimiento de terapia de integración sensorial para manejar la conducta autolesiva del niño. El problema es que, aunque intentamos ayudar a los clientes a entender que las dos empresas son entidades distintas, muchas familias no lo tienen claro (ya que comparten la misma propietaria y oficina). Aunque no tuve ningún problema en recomendar una intervención basada en análisis de conducta para el tratamiento de la conducta autolesiva (un tratamiento que había tenido éxito cuando fue realizado hace algunos meses a pesar de que recientemente la conducta había resurgido), me quedé preguntándome cómo percibe el cliente esta situación. Por un lado, los servicios de TO son proporcionados en la clínica mientras que el servicio ABA se da en casa. No obstante, al ser propietaria de una empresa de ABA, las recomendaciones de la propietaria podrían parecer más creíbles por su relación con los servicios ABA.

Entonces, 1) ¿debo comentar esta preocupación a la propietaria? 2) ¿al ser propietaria de una empresa de servicios ABA está la propietaria bajo el Código? Cuando la propietaria da servicios a través de una de sus empresas, ¿tiene que seguir los estándares éticos de los servicios que ofrece en su otra empresa?

Gracias de antemano por su consideración.

CONSULTA ÉTICA NÚM. 48

Trabajo para un colegio y estamos limpiando nuestros archivos antiguos. El equipo de profesionales BCBA se pregunta si hay directrices oficiales para almacenar y destruir los datos antiguos de los estudiantes que ya no están en el colegio. Tenemos curiosidad por saber más sobre los puntos siguientes:

1. Sobre el almacenamiento, ¿necesita estar en un archivador cerrado en una habitación cerrada?
2. ¿Qué documentos tiene que haber en el archivo de un cliente?
3. ¿Cuánto tiempo hay que guardar un archivo?
4. ¿Cómo se destruye el archivo?
5. ¿Cómo mantenemos a salvo datos electrónicos?

CONSULTA ÉTICA NÚM. 49

Uno de mis empleados me recomendó al hijo de su amiga. Yo iba a aceptar el caso para evitar que mi empleado trabajase en un contexto familiar para él. Hice una evaluación y me reuní con la familia en su casa. La madre fue muy amable. El problema que tuve es que debido al desorden era difícil subir las escaleras. Había una caja larga obstaculizando el paso, dejando solo un estrecho camino por el que maniobrar. También había otras cosas en las escaleras. Sentí que algunas partes de la casa no estaban limpias (migajas sobre la mesa del comedor, objetos polvorientos). Los niños NO parecían estar en peligro por el desorden de la casa y estaban limpios. Supe de inmediato que no podíamos hacer terapia en casa debido a las leyes sobre seguridad laboral de Estados Unidos (OSHA), lo que hizo que la evaluación fuera un poco incómoda.

No me sentí cómodo andando por la casa, así que me dedique principalmente a observar al niño de tres años con diagnóstico de TEA. Normalmente, si el niño se siente cómodo, trato de jugar e interactuar para que la evaluación se convierta en una buena experiencia. Pedí a la madre firmar el consentimiento para pasar el VB-MAPP y una evaluación ABC estructurada que iba a hacer. Le expliqué que iba a realizar la observación para averiguar por qué se producen las conductas agresivas y que iba a utilizar la prueba VB-MAPP para conocer mejor las competencias verbales. Le dije a la madre que hiciera lo que normalmente hacen. También le informé de que podría resultar un poco incómodo, pero que necesitaba hacerme una idea precisa de lo que está pasando. El niño al que estaba observando tenía un lenguaje espontáneo muy flexible, así que no pensé que necesitara hacer muchas pruebas directas. Le hice unas cuantas preguntas y él educadamente se negó a responder. No quise presionarlo nada más conocerle, así que le hice pocas preguntas. Además, sus déficits no están relacionados con el lenguaje; están en las áreas de habilidades de juego y habilidades sociales, por lo que no tenía sentido hacer muchas pruebas directas individuales.

También le hice a la madre preguntas de la evaluación AFLS (*Assessment of Funcional Living Skills* o *Evaluación de Habilidades Funcionales de la Vida Diaria*). Me enteré de que el niño estaba agrediendo, con una alta tasa, a los miembros de la familia obteniendo por ello atención. No estoy seguro de si a la madre le gustaría escuchar esto, porque creía que, tal vez, su hijo no se daba cuenta de que lo que estaba haciendo perjudicaba a los demás. También dijo que no creen al 100% que el niño tenga autismo. Mencioné cómo el autismo puede ser diferente en cada individuo. Le expliqué mi preocupación por las habilidades de ocio y juego del niño y comenté cómo los niños de su edad suelen realizar conductas de juego de forma autónoma. Ella sentenció que la mayoría de los niños de su edad necesitan mucha orientación en las actividades de juego. Parece que la madre está en un estado de semi-negación.

Le dije a la madre que, debido a la agresión del niño (principalmente dirigida a su hermana), podría facilitar las cosas si inicialmente nos centramos en las habilidades sociales y lúdicas en un centro preescolar o en una guardería. Otra opción es enseñar a la hermana a responder de forma diferente para no reforzar las conductas de su hermano. En este momento, no mencioné nada sobre el hogar, ni mis reservas sobre el cumplimiento de las leyes de seguridad laboral porque la dinámica con el chico y su hermana fue suficiente para que recomendase hacer la terapia fuera del hogar. Además, el déficit de habilidades sociales justificaba hacer la terapia en otro lugar con más niños.

No obstante, y para ayudar a disminuir la agresión, podría dar formación a los padres y la hermana en el contexto del hogar.

Intenté contactar con la madre después de la evaluación, pero parecía estar evitándome los cuatro días posteriores a la evaluación. Necesitaba que me firmase más formularios de admisión, pero no respondió (esta fue una lección que he aprendido; todos los formularios deben ser firmados antes de la evaluación). La madre finalmente envió los formularios al final de la semana. El día que les visité, cuando salía de la casa, la hermana dijo con decepción que creía que yo iba a jugar con ellos. Tengo la sensación de que no estaban contentos con la evaluación porque era sobre todo una observación, pero lo hice lo mejor que pude considerando el estado de la casa, la dinámica familiar y las agresiones del niño en busca atención. Hice lo que pude para explicar lo que iba a hacer así como mis recomendaciones.

La madre dijo que estaba considerando consultar con el distrito escolar como otra alternativa de la que obtener los servicios que necesitan, así que le dije que me dijera lo que pensaba y que me notificase si prefería dirigirse al distrito escolar en vez de trabajar conmigo. Le dije que aun podría hacer un poco de formación para padres a domicilio con ellos aunque se decidiesen a trabajar únicamente con el distrito escolar. Me pregunto si tengo obligación de mencionar las leyes de seguridad laboral que debo seguir.

Normalmente estoy de acuerdo en dar retroalimentación, pero no quisiera ofender a alguien la primera vez que trato con la persona.

CONSULTA ÉTICA NÚM. 50

Vivo en Dubái y soy terapeuta de conducta desde 2011. También soy RBT y he comenzado mi curso de BCBA, en el que estoy aprendiendo sobre ética en el análisis aplicado de conducta. Al leer los principios éticos básicos, he visto que mi supervisora no sigue el Código. Creo que debería informar de algunos de los problemas que se indican a continuación.

En concreto, proporciono servicios a domicilio y a menudo veo a mis clientes recibiendo bofetadas en la cara por parte de sus padres. De hecho, un día durante la sesión, mi cliente de seis años señaló las marcas en su cara y dijo que le habían golpeado. Cuando le pregunté a la madre, ella inmediatamente dijo que estaba harta de que el niño no la escuchara. Hablé sobre la situación con mi supervisora y parece que no vio necesario tomar ninguna medida. Cuando los padres vinieron a la sesión de revisión con mi supervisora, la madre abofeteó al niño delante de ella, el niño gritó y saltó de su silla. Mi supervisora no se molestó en analizar lo que había ocurrido.

Tengo correos electrónicos que documentan que informé a mis supervisores del caso de otro cliente, una niña de 11 años, cuyos padres le pegan con frecuencia. La niña a veces grita durante nuestras sesiones "NO QUIERO IR A LA ESQUINA". Su madre me comentó con orgullo: "Le di una bofetada porque se orinó en su cama". Todo esto se ha comunicado a mi supervisora a través de correos electrónicos, pero no se molestó en tomar ninguna medida.

Se hizo muy difícil ayudar a la niña ya que sus problemas de conducta aumentaban durante las sesiones. Gritaba y tenía mucho miedo si su madre se acercaba a ella. Tuve que derivar a este cliente a mi supervisora, ya que yo no recibía ninguna ayuda por su parte.

Cuando mis clientes empiezan a realizar problemas de conducta, a menudo le pido a mi supervisora que me ayude con un plan para ayudar al niño, pero no hay respuesta. Mi supervisora espera que generemos nuestras propias contingencias y ni siquiera atiende a estos problemas. Dice que todos nos enfrentamos a los problemas de conducta de nuestros clientes, lo cual es cierto, pero yo soy una RBT a la que un BCBA debería dar pautas sobre cómo cambiar la conducta del niño.

Los padres a menudo me expresan su angustia porque mi supervisora no coopera, no organiza reuniones de revisión para comentar el progreso del niño y no ha enviado el último plan de tratamiento para trabajar con el niño.

Los centros que ofrecen servicios ABA no son tan grandes como en los Estados Unidos, por lo que los clientes dependen de los servicios que están disponibles.

CONSULTA ÉTICA NÚM. 51

Debido a prácticas poco éticas, recientemente he avisado, por escrito y con 30 días de antelación, de que dejaré de trabajar en la empresa. Sentí que ya no podía seguir en una empresa antiética. La compañía rechazó mi notificación de dimisión y, en su lugar, me dio 10 minutos para recoger mis pertenencias y salir de las instalaciones.

Todos los documentos en los que se ve su gestión fraudulenta están en posesión de mis supervisores en las instalaciones de la empresa y no puedo tener acceso a ellos.

Aunque he registrado varias infracciones del Código en mi registro personal, no tengo documentos reales que respalden mis afirmaciones. Aunque no tenga los documentos originales para apoyar estas alegaciones, ¿podría la BACB considerar mi caso?

CONSULTA ÉTICA NÚM. 52

Una RBT se está presentando a sí misma como "analista de conducta" en las redes sociales (p.ej., Facebook y LinkedIn). Al parecer esto infringe el punto 10.07 del Código. He hablado con esta RBT (que me ha dicho que se presentara al examen BCBA próximamente y le he indicado que debe cambiar esta credencial en sus redes sociales y en cualquier otro lugar.

Esta RBT también estuvo involucrada en un incidente en el que denuncié a un BCBA por proporcionar un certificado de curso RBT de 40 horas falsificado y por falsificar una evaluación de competencias para RBT.

En ese caso, denuncié al BCBA a la BACB, pero no denuncié a la RBT.

En su lugar, le proporcioné formación y feedback. Esa RBT trabaja ahora para otro BCBA. (1) Si esta RBT me responde y cambia sus credenciales en las redes sociales, ¿aún tengo que denunciarla a la BACB? No, si ella le responde y corrige la situación, significa que ha respondido favorablemente a su requerimiento informal de solventar la situación y no necesita ser denunciada. (2) Si no me responde y no cambia sus credenciales, ¿debo contactar con su actual supervisor BCBA, presentar un informe a la BACB, o realizar ambas acciones?

CONSULTA ÉTICA NÚM. 53

Soy BCBA y madre de un niño diagnosticado de TEA. Mi hijo lo está haciendo increíblemente bien en sus programas (ha recibido 25-40 horas por semana de ABA desde los 2 a los 6 años y ha dominado todas las áreas del VB-MAPP, excepto la social, desde hace unos años).

Básicamente, sus habilidades sociales y sus funciones ejecutivas son sus mayores problemas. Tiene algunos problemas en la motricidad fina y problemas de habla/articulación para los cuales recibe tratamiento de un logopeda. No tiene conductas desafiantes (agresión, comportamientos autolesivos, etc.) y es un niño muy educado y respetuoso.

Ya que quiero ser su madre, no su BCBA, recientemente he contratado los servicios ABA de la compañía XYZ para tratar sus déficits de funcionamiento social/ejecutivo y para que le observe en el contexto escolar y asesoren al colegio. Su colegio no me dejaría observarlo a mi porque soy su madre, pero permitirá que un BCBA venga a observar y de recomendaciones. Aclaro que no tiene problemas de conducta significativos en el colegio, aunque sí algún problema de conducta menor que creo está siendo reforzado por el profesional que trabaja con él. Esperaba que, si conseguíamos un BCBA, podría observarle y asegurarse de que el profesional del colegio retira ayudas adecuadamente y logra que mi hijo trabaje lo suficiente.

Mi consulta ética es sobre la BCBA de la compañía XYZ que nos fue asignada. Intentaré explicarlo lo mejor posible a continuación:

1. La BCBA que nos asignaron es nueva y acaba de aprobar su examen hace unos meses. Esta BCBA vino a mi casa para el primer encuentro y tenía a su supervisor en su iPad (en FaceTime o Skype) porque aún no está bajo la cobertura del seguro. La BCBA que estaba en Skype no dijo una palabra en todo momento y parecía como si ni siquiera prestara atención a nuestra conversación, solamente estaba allí con el fin de facturar. Esto me pareció mal, pero no estoy segura de que se haya infringido alguna norma ética.

2. La BCBA que vino a mi casa no pasó ningún tiempo con mi hijo (excepto unos minutos cuando llegó y lo saludó). Se centró únicamente en el cuestionario para padres de la compañía XYZ y en preguntarme para tener información suficiente con la que desarrollar su plan de tratamiento. No hizo ninguna evaluación directa, recolección de datos u observación con mi hijo. Durante esta entrevista, le comuniqué que yo también soy BCBA. Comentamos la reciente llegada de XYZ a nuestra ciudad con una oficina satélite que sólo hace servicios a domicilio (con una clínica real en una ciudad cercana). La BCBA me informó que planean abrir una clínica tan pronto como tengan suficientes clientes. Declaró que mi hijo era uno de los últimos que necesitaban para poder abrir su clínica. Unas dos semanas más tarde, la BCBA me informó que había obtenido una autorización de mi compañía de seguros y volvió a mi casa para revisar su plan de tratamiento (esto fue hace tres días).

3. La BCBA me informó que su solicitud de 25 horas semanales de tratamiento había sido aceptada por mi seguro. Esto, me sorprendió mucho y le pregunté que por qué había pedido 25 horas semanales. Ella declaró que se basaba en el tiempo que estábamos disponibles y en cuántas horas podía mi hijo trabajar durante ese tiempo. El horario que ella tenía panificado para mi hijo asumía que mi hijo estaría en el colegio de 8:50 am a 3:30 pm L-V (llegamos a casa a las 3:45). Entonces, le gustaría que un terapeuta viniera a nuestra casa L-V de 4 o 4:30 hasta las 8 pm y los sábados tener dos sesiones seguidas con dos terapeutas diferentes. Esto me preocupó mucho y durante

toda la conversación, ella estaba totalmente centrada en que él recibiera las 25 horas completas a la semana. Mencionó de nuevo que ahora tienen suficientes clientes para abrir una clínica y que cree que se hará en diciembre. (Creo que es importante indicar aquí que mi opinión profesional, como BCBA, sería la de proporcionar a mi hijo un programa ABA específico y que con dos o tres sesiones por la tarde a la semana sería suficiente para sus necesidades y sus déficit).

4. Creo que la BCBA está, simplemente, tratando de alcanzar una cuota. Una vez que tenga tantas horas/clientes, podrán abrir su clínica. Sentí que esta planificación priorizaba más a su propia agenda que el dar un tratamiento apropiado a mi hijo.

5. Informé a la BCBA que creía que el número de horas que ella había recomendado era demasiado, que no creo que sea apropiado para él y que creo que son demasiadas horas para un niño de alto rendimiento con sus habilidades. Me hizo sentir culpable y me informó de que las investigaciones demuestran que intervenciones de menos de 25 horas son menos efectivas que las de más horas. Siguió intentando convencerme del tratamiento de 25 horas. Le informé que no creía que no estaba bien que mi hijo no tuviera tiempo libre durante la semana y que es inapropiado ocupar con sesiones todo el tiempo libre de un niño. Le aclaré que estar en terapia de 4 a 8 pm e ir a la cama a las 8:30 equivalía a privarle por completo de tiempo libre. Le expliqué que esto no permite pasar tiempo en familia, ni tiempo de juego con sus hermanos, etc. Me preocupaba mucho su recomendación y la presión que estaba ejerciendo sobre mí como madre (y colega de la BCBA). Me preocupan, sobre todo, los padres que no saben qué hacer y que se ven presionados a aceptar este tipo de horarios tan inapropiados debido a una mala interpretación de los datos acerca de la efectividad de un tratamiento de menos de 25 horas semanales.

6. También respondí a su presión diciendo que podría entender que recomendase 25 horas semanales si mi hijo necesitara un programa integral de ABA, si tuviese problemas de conducta significativos, altos niveles de déficit de habilidades, o si no hubiera recibido ABA previamente. Le informe, de nuevo, que él ya recibió intervención ABA integral, con 40 horas semanales de servicio, entre los y los 6 años y que buscaba un programa ABA específico sólo para sus habilidades sociales y de funcionamiento ejecutivo. Parecía contrariada y cambió de tema, esto me hizo pensar que no ignoraba la diferencia entre programas focalizados y programas integrales. También me preocupaba mucho que no estuviera familiarizada con las directrices que la BACB ha establecido.

7. Además, los objetivos del plan de tratamiento que había seleccionado para mi hijo no eran apropiados. La BCBA seleccionó habilidades que él ya dominaba desde hace cuatro años y cuando le dije que mi hijo ya las dominaba, ella dijo algo así como que "bueno, empezaremos con estas habilidades y una vez las domine seguiremos avanzando". En lugar de evaluarlo adecuadamente, o de recopilar datos sobre las habilidades conseguidas en cada uno de los objetivos (para su adquisición), me pareció que estaba actuando desde la intuición y no había datos que justificasen los objetivos que se seleccionaron. Incluso había elegido la desobediencia como objetivo, a pesar de que le había informado que él es muy obediente y que no tenemos problemas de conducta en casa.

8. La BCBA también me dijo que necesitaría hacer dos o tres horas de entrenamiento para padres conmigo cada mes. Le pregunté si esto es un requisito del seguro, o si es iniciativa de la compañía XYZ. Me dijo que es de la

compañía XYZ. Le dije que entiendo la importancia de la formación de los padres, pero que soy BCBA y creo que no es necesario formarme en ABA para trabajar con mi hijo. Sin embargo, insistió en que era obligatorio. No creo que sea correcto que pueda facturar tres horas más cada mes en formarme en cosas que ya se hacer. Simplemente me parece mal.

9. Por último, le pregunté si usan el AFLS u otras pruebas similares. Ella dijo, que no, que usan una prueba que la propia compañía había desarrollado. Esto también me pareció incorrecto. Creo que la prueba que mejor encaje con el cliente, es la que debe de ser utilizada y no solamente la que la compañía haya desarrollado. Por ejemplo, yo uso el ABLLS-R con ciertos clientes y el VB-MAPP con otros, dependiendo de cuál sea la más apropiado para ese cliente particular.

Siento la longitud de este correo electrónico. En realidad, lo que estoy tratando de averiguar es ¿qué hago en esta situación? Sé que como BCBA, se supone que debo hablar directamente con la persona (BCBA), comentarle los problemas y tratar de resolver el asunto antes de informar a la BACB. Me siento cómoda haciendo esto, pero no sé si debo actuar como BCBA o como una madre preocupada que siente que un BCBA está tratando de aprovecharse de la situación para obtener la mayor cantidad posible de horas facturables y así poder cumplir con su cuota.

Además, quiero decir que este problema es muy habitual y lo he observado en la profesión a lo largo de los años. Muchos BCBA se certifican y comienzan a ejercer sin saber realmente lo que están haciendo. La experiencia de esta semana fue similar a las que he leído en algunos grupos de apoyo para padres (y que inicialmente pensé que eran exageradas o inventadas) y en las que los padres expresan su insatisfacción con ABA y los BCBA. Esta BCBA era realmente como un robot en una fábrica de ABA, tratando de cumplir con su cuota de horas facturables, sin considerar realmente las necesidades del cliente, o sin usar datos para tomar decisiones sobre lo que sería mejor para este cliente como individuo, como ser humano, y no como una mera herramienta para facturar 25 horas semanales.

¿Puede darme alguna recomendación para esta situación? ¿Cómo debo enfocarlo?

CONSULTA ÉTICA NÚM. 54

Escribo por una consulta ética que me ha llamado la atención desde que empecé a trabajar en una nueva empresa. Agradezco cualquier orientación que pueda proporcionarme. A medida que he comenzado a hacerme cargo de casos en mi nueva empresa, me he encontrado con un problema relacionado con el uso y la difusión de la propiedad intelectual.

Escribo por una consulta ética que me ha llamado la atención desde que empecé a trabajar en una nueva empresa. Agradecería cualquier orientación que pueda proporcionarme.

A medida que he comenzado a hacerme cargo de casos en mi nueva empresa, me he encontrado con un problema relacionado con el uso y la difusión de la propiedad intelectual.

La anterior BCBA (de cuyos casos me estoy haciendo cargo) ha utilizado con los clientes diversas evaluaciones incluyendo el ABLLS-R, VB-MAPP y Essentials for Living. Durante mi incorporación, me proporcionaron copias electrónicas de las tablas de puntuación, pero no los manuales con el protocolo para seguir con los clientes. Envié un correo electrónico a la BCBA solicitando los manuales, pero no respondió.

Me puse en contacto con la propietaria de la compañía (mi supervisora) ya que tengo un cliente que necesita ser evaluado. Su respuesta inicial por correo electrónico fue: "Tengo hojas de registro en blanco. Puedes hacer copias y usar lo que necesites".

Como es inapropiado (hasta donde entiendo las leyes de propiedad intelectual y de derechos de autor), respondí: "Tengo entendido que, como se trata de materiales con derechos de autor, no se autoriza su duplicación. ¿Estoy en lo cierto? Si tiene un acuerdo diferente con la editorial, estaría muy interesado en conocer más detalles. De lo contrario, si no queremos lidiar con estos problemas, ¿podemos pensar en otras soluciones para acceder a las evaluaciones necesarias?"

Mi objetivo era esencialmente señalar los problemas de la copia de material protegido por derechos de autor e identificar soluciones ya sea comprando los manuales adecuadamente o identificando/desarrollando estrategias de evaluación que no impliquen material protegido por derechos de autor. Ella respondió diciendo que hablaríamos de ello en persona cuando nos reuniéramos. Durante esa reunión, compartió conmigo el manual de VB-MAPP, pero dijo que tenía que ir a casa a recoger el protocolo. Le dije que no había problema, siempre que pudiera tenerlo, si pudiera ser, para una próxima reunión del personal.

Después de esta reunión, me puse en contacto con el editor de VB-MAPP ya que quería asegurarme de que estaba en lo cierto antes de pedir más hojas de registro individuales. Él me ayudo a aclarar mis dudas. En esa conversación, por correo electrónico, confirmó mis sospechas de que hacer copias de los manuales era algo inapropiado. También dijo que le preocupaba el uso de una tabla en Excel y la posible infracción del Código de la BACB si la persona involucrada en esta situación fuese un analista de conducta.

Mi compañía se reunió esta mañana con los empleados. Tres BCBA, incluyéndome a mí, estuvimos presentes junto con cuatro RBT. Al final de la

reunión, mi supervisora me dio un manual para que lo utilizase con mi cliente. Declaró que, si yo "necesitaba" que cada cliente tuviera su propio protocolo, probablemente compraría la aplicación en lugar de los manuales. Le dije que lo agradecía y que estaría encantado de trabajar tanto con el libro como con la aplicación, lo que la empresa considerara más apropiado. Luego dijo que la empresa no solía comprar un protocolo para cada estudiante. Le dije que me sentiría más cómodo si, ya que los casos estarían bajo mi responsabilidad, cada niño tuviera su propio protocolo ya que era un tema de propiedad intelectual y no está permitida la realización de fotocopias. Su respuesta fue "sí, técnicamente lo es, pero"; se dirigió a un RBT recién contratado y le preguntó si a ellos les habían proporcionado un manual para cada niño en su antigua empresa, a lo que el RBT respondió "no". También mencioné que, en el caso de un problema entre la empresa y una familia, una evaluación fotocopiada no se consideraría una herramienta de diagnóstico adecuada en los tribunales (según mis conversaciones con el editor). Ella estuvo de acuerdo, pero dijo que sería poco probable. Estuve de acuerdo en que, si bien es poco probable, sería beneficioso para la empresa tener hojas de registro individualizadas para cada cliente. Insistí ya que es parte de nuestro Código. Una vez más, respondió "sí, técnicamente, pero" y comentó que lleva 20 años trabajando de esta manera sin consecuencias negativas. El RBT al que ella había recurrido anteriormente también declaró, "sí, pero el Código cambia continuamente". Estaba un poco confundido por el evidente desprecio al Código. No pasó nada más en la reunión. Le di las gracias por el manual y les deseé a todos un buen día.

Mis preguntas/comentarios son los siguientes:

1. De acuerdo con la información aportada por el editor y en la revisión que he realizado del Código de la BACB, parece que hay una infracción.

   a. Específicamente, parece que el propietario está infringiendo los principios éticos de derechos de autor y alentando al personal (8.02 (a)) a fotocopiar las hojas de registro.

   b. Además, puede haber motivos para incumplir el punto 2.10 del Código sobre Documentación del trabajo profesional y la investigación ya que yo, como nuevo BCBA asignado al caso, no puede hacer una transición fluida de los servicios debido a la falta de documentación de las evaluaciones; y del punto 2.11 Registros y datos ya que las evaluaciones anteriores no se "mantuvieron" ni "almacenaron" adecuadamente.

      ¿Sería esto más un problema con el antiguo BCBA, con la propietaria, o con ambos?

2. En cuanto a los pasos para abordar una presunta infracción, tengo entendido que el primer paso es comentar mis preocupaciones con la persona que comete la infracción y tratar de remediarlo. Siento que he hecho esto con la propietaria de la empresa a través de las conversaciones por correo electrónico, así como en la discusión mantenido durante la reunión. Estas no dieron el resultado esperado. Aunque está dispuesta

a adquirir libros, el enfoque general de la propietaria parece ser seguir haciendo fotocopias y justificar esa decisión frente a su personal.

3. Además, me decepciona que, a pesar de saber que es inapropiado copiar estos materiales, la propietaria aboga por que lo hagamos delante de otros empleados. Es una lástima que éste sea el modelo que se este dando a quienes están siendo supervisados, a los RBT y a aquellos que se encuentran en proceso de obtener la certificación BCBA. Es posible que sea una infracción del punto 6.0 Responsabilidad ética de los analistas de conducta hacia la profesión; y posiblemente 5.0 Los analistas de conducta como supervisores; o del punto 10.05 Cumplimiento de las normas de la BACB relativas a supervisión y cursos de formación.

4. ¿Cree que, según la información descrita, estaría justificada la presentación de una queja a la BACB? En este momento y teniendo en cuenta los comentarios de la propietaria durante la reunión de esta mañana, estoy planeando hacerlo. Me gustaría tener más información sobre el papel de la BCBA que me transfirió sus casos. Tal vez, ella hubiese pedido los manuales y el propietario le dijo que los fotocopiara por lo que, ¿habría estado siguiendo las directivas de la compañía?

   a. Si hubiera otra medida para corregir el comportamiento de la compañía, a parte de las que ya he tomado (comentar directamente con el propietario, hablarle del Código) me gustaría hacerla antes de presentar una denuncia.

   b. Si hay algo que deba hacer con la BCBA que me traspasó los casos, me encantaría que me dieran algún consejo y me dijeran qué puedo hacer.

5. Después de la reunión de personal de esta mañana, tengo la sensación de que la cultura establecida por este negocio no está alineada con el mantenimiento de las prácticas éticas que nuestro campo se esfuerza por mantener y, a pesar del intento de resolución, es poco probable que se produzca un cambio significativo en las prácticas de la empresa. Por tanto, siento que debo alejarme de esta empresa y dimitir. Esto es ciertamente una pena, ya que me he mudado recientemente viajando 1500 km para trabajar con ellos. ¿Sería profesionalmente apropiado comentar que las razones para irme son mis preocupaciones éticas? Además, si presento una queja, ¿debo notificarlo al propietario?

6. Comencé hace sólo unos meses, así que será una salida rápida, pero creo que sería bueno para mí y para mis clientes si renunciase ahora, en lugar de esperar meses. Eso evitaría interrumpir tratamientos más adelante. Tenía pensado darles cuatro semanas de antelación para ayudarles con la transición de mis casos. Solamente trabajo a tiempo parcial para la compañía, así que creo que es un tiempo apropiado.

CONSULTA ÉTICA NÚM. 55

Tengo varias preguntas.

1. Me asignaron una nueva supervisora BCBA hace aproximadamente tres meses. En nuestro primer encuentro repasamos el contrato de supervisión que mi antigua BCBA y yo habíamos elaborado. La nueva supervisora también tenía el modelo de contrato que la BACB proporciona. Dijo que haría algunos cambios, que lo ajustaría a nuestras necesidades y me lo devolvería para que lo firmase. Al organizar mis documentos de supervisión me di cuenta de que nunca me lo devolvió para que lo pudiese firmar. Esto significa que no tenemos un contrato de supervisión y no hemos tenido ninguno durante tres meses.

Soy RBT, pero actualmente estoy formándome para llegar a ser BCaBA así que sigo los estándares de esa certificación. ¿Mis horas de estos tres últimos meses no cuentan? De no hacerlo ¿es mi supervisora responsable de ello? Me inclinaría a pensar que sí lo es. De acuerdo con los estándares de experiencia de la BACB:

"DOCUMENTACIÓN DE LA SUPERVISIÓN: El supervisado y el supervisor son responsables de recoger la documentación en el formulario de supervisión en cada período de supervisión. Se debe rellenar un formulario diferente para cada período de supervisión, idealmente, en cada reunión de supervisión. No se aceptarán formularios cumplimentados con posterioridad al periodo supervisado. La BACB se reserva el derecho de solicitar esta documentación en cualquier momento una vez recibida la solicitud para presentarse al examen de certificación. Esta documentación NO debe presentarse con la solicitud de examen, a menos que sea solicitada específicamente por la BACB".

2. Un BCBA se ha ido de nuestra empresa y una nueva BCBA se ha hecho cargo de sus casos. Creo que voy a trabajar con algunos de estos clientes y, al parecer, algunos tienen planes de tratamiento para reducir problemas de conducta que comenzaron hace tiempo. El más antiguo es de hace 9 meses.

a. ¿Podemos aplicar tratamientos diseñados por un BCBA que ya no trabaja con nosotros? Supongo que probablemente no, porque estos tratamientos no incluyen el diagnóstico actual de TEA y no están actualizados.

¿Cuánto tiempo toma un plan de reducción de conducta o durante cuánto tiempo es válido?

b. La nueva BCBA no conoce aun a todos los padres de los casos que le han sido transferidos hace ya dos meses. ¿Es esto ético?

c. Me han dicho que haga intervenciones sin disponer del consentimiento firmado, a pesar de que estas incluyen nuevos objetivos que no estaban en los planes originales de la anterior BCBA.

¿Esto es culpa mía o de la nueva BCBA?¿Es aceptable que haya un periodo de transición? Y, en tal caso, ¿cuanto tiempo puede durar?

No quiero meter a nadie en problemas. Solamente quiero aprender lo que es ético y lo que no antes de hablar con mis superiores sobre los problemas que estoy teniendo.

2

La respuesta de los expertos en ética

CONSULTA ÉTICA NÚM. 1 - RESPUESTA ÉTICA

Me llamó la atención que uno de mis RBT tiene una foto de un antiguo cliente (es decir, esta persona ya no recibe nuestros servicios) en su teléfono. La madre del cliente envió la foto al RBT y con frecuencia nos da actualizaciones sobre el bienestar del niño debido a que la familia se muda con frecuencia. Esto, ¿es una infracción del punto 2.06 (e) del Código?

No, tener una foto de un antiguo cliente y mantenerse en contacto con ese individuo no rompe la confidencialidad ya que no tienen una relación formal terapeuta/cliente.

Asumo que esto no es un problema ya que el niño ya no es nuestro cliente. Sin embargo, sé que un artículo del Código establece que hay que esperar dos años antes de volver a tener contacto con una familia a la que hayamos ofrecido servicios profesionales (Código 1.07 (b, c) *Relaciones abusivas*). No obstante, el Código habla de "relaciones sexuales" que, definitivamente, no están dándose.

Correcto. Los dos años están pensados para situaciones en las que un analista de conducta se siente románticamente atraído por un cliente (normalmente un hombre BCBA y una madre soltera de un cliente). La situación de tu RBT no infringe el Código.

Las palabras clave en 2.06 (e) son "clientes actuales".[1] Los analistas de conducta trabajan muy de cerca con sus clientes y obtienen una gran cantidad de información privada que no debe ser compartida con nadie fuera del equipo de tratamiento del analista de conducta. Una vez que el cliente ha terminado o ya no está, como en este caso, el RBT u otro analista de conducta puede mantenerse en contacto con ese cliente, pero la información privada sobre ellos debe mantenerse confidencial.

CONSULTA ÉTICA NÚM. 2 - RESPUESTA ÉTICA

Me pregunto si un analista de conducta puede realizar una presentación para algún grupo o asociación de padres de niños con necesidades especiales.

La presentación a los grupos se fomenta en el Código 6.02.

6.02 Difusión del análisis de conducta [RBT]
Los analistas de conducta promueven el análisis de conducta haciendo que la información al respecto esté a disposición del público a través de presentaciones, debates y otros medios.

En la mayoría de los casos, una presentación para una asociación de padres podría suponer un problema ya que los padres son "clientes potenciales que, debido a sus circunstancias particulares, son vulnerables a determinadas influencias". Me gustaría que lo aclarase.

Queremos que los analistas de conducta pongan nuestra ciencia aplicada a disposición del público y hablar a grupos como este no es una forma ilícita de publicitar tus servicios (ver Código 8.06) ya que te han *invitado*. Considerando la naturaleza grupal de la presentación, estos padres no son vulnerables. Llegar al público ayuda a nuestro campo presentando conceptos básicos de análisis de conducta permitiendo así a la audiencia entender el enfoque conductual y nuestros estándares de servicio. Los analistas de conducta pueden hablar de las buenas prácticas dentro del área y sobre los estándares éticos de la profesión. Ello puede ayudar a que el público pueda tomar decisiones informadas si en un futuro se convierten en usuarios de servicios conductuales. Lo que no se recomienda es una oferta de negocio (publicidad) disfrazada de formación; no estamos vendiendo cruceros en Alaska. Invitar a los padres a una charla formativa y luego a un discurso de marketing es un mal plan (y poco ético) que probablemente sería contraproducente. Se correría la voz de que los analistas de conducta sólo están tratando de hacer negocio en estas presentaciones.

Otra precaución es que el contenido de la charla no debe ser uno que anime a los asistentes a pensar que pueden salir de la reunión y empezar a usar los principios de análisis de conducta con conductas difíciles o peligrosas sin ayuda de un BCBA. Se les puede animar a utilizar ayudas y reforzadores para aumentar una conducta deseada y a ignorar problemas de conducta leve a la vez que se refuerzan el seguimiento de instrucciones u otras conductas incompatibles. Más allá de eso, existe el riesgo de que algunos miembros de la audiencia piensen que pueden encargarse de tratar problemas de conducta graves. Un buen motivo para una charla general es la prevención primaria de problemas de conducta a través del uso de reforzamiento no contingente y reforzamiento diferencial de conductas alternativas.

Educar al público sobre el análisis de conducta es una de las actividades más importantes para los analistas de conducta. Tenemos una historia que superar ("Estáis convirtiendo a los niños en robots...") y necesitamos dar a conocer a los clientes nuestros valores elementales y nuestros métodos modernos. Podemos decirles que estamos interesados en las "causas" de los problemas de conducta (análisis funcional, operaciones motivadoras) y describirles las implicaciones de nuestro concepto de tratamientos basados en la evidencia y en buenas prácticas. Por último, podemos traducir parte de nuestro Código a términos menos complejos para que se entienda por qué actuamos como lo hacemos ("El consentimiento de los padres es esencial para todo lo que hacemos...").

CONSULTA ÉTICA NÚM. 3 - RESPUESTA ÉTICA

Tengo una consulta sencilla. Sé que como BCBA no podemos pedir a nuestros clientes que nos den un testimonio sobre los servicios recibidos que luego podamos usar con fines publicitarios. No obstante, ¿sería correcto contactar con la madre de un estudiante del aula en la que trabajo?

Probablemente no, ya que se trata de una oferta personal que no está permitida en virtud de 8.06 del Código.

8.06 Requerimiento personal de prestación de servicios [RBT]
Los analistas de conducta no ofrecen sus servicios, directamente o a través de representantes, sin ser invitados mediante una solicitud personal por parte de usuarios reales o potenciales de los servicios que prestan y quienes, por sus circunstancias particulares, pueden ser vulnerables a influencia indebida. Los servicios de gestión de conducta organizacional o de gestión de rendimiento en el ámbito de la empresa podrán comercializarse a empresas, independientemente de la situación financiera de estas.

Trabajo con mi cliente en un colegio para niños con discapacidades. Creo que otro estudiante podría beneficiarse mucho de mis servicios. A este niño, lo he emparejado exitosamente con mi cliente. Incluso, para facilitar las interacciones con mi cliente, le he ayudado a adquirir conductas prerrequisitas del repertorio de comunicación funcional. Me gustaría ofrecer mis servicios a su madre, pero es posible que no esté permitido.

Correcto, como se ha descrito anteriormente, esto no estaría permitido.

No sabría exponer las razones, pero creo que no debería contactar con la familia y otorgarle una ventaja que no puedo ofrecer al resto de niños de la clase.

La razón es que se trataría de un tipo de explotación (véase el Código 1.07) en la que usted, como autoridad en el colegio, está ofreciendo indebidamente sus servicios. La familia estaría en una posición incómoda y le costaría mucho decir que no si no quieren sus servicios.

1.7 Relaciones abusivas [RBT]
(a) Los analistas de conducta no explotan a las personas a las que supervisan, evalúan, o sobre las que ejercen autoridad de cualquier tipo, tales como estudiantes, estudiantes supervisados, empleados, participantes en investigación y clientes.

¿Qué opina?

Si tienes permiso para trabajar con este niño como igual que facilita el avance de tu cliente, entonces puedes continuar. En algún momento, los padres pueden pensar en pedirle servicios adicionales, pero la petición debe venir de los padres sin que se lo pidas tu.

La oferta personal de prestación de servicios en persona suele considerarse como una "persecución" en la que un proveedor se encuentra con una persona en apuros y le ofrece sus servicios. La persona, bajo algún tipo de estrés y con ganas de un alivio rápido o al menos una garantía, dice: "Sí, seguro que me apunto... " y luego se da cuenta, después de todo, de que no necesita la ayuda, pero se siente atrapada porque firmó un contrato. En este caso, el analista de conducta no debe acercarse a los padres del niño que está sirviendo como *co-terapeuta* debido a que el analista de conducta se estaría aprovechando de su posición de autoridad en el aula. Este sería un caso sutil de explotación que no está permitido en nuestro Código.

CONSULTA ÉTICA NÚM. 4 - RESPUESTA ÉTICA

Tengo una consulta ética. Una persona está usando el título de analista de conducta en varias reuniones de un programa de formación individualizada en las que participo; lo usa cuando se presenta a los padres, representantes del colegio o con cualquier otra persona presente. Actualmente, esta persona está realizando sus prácticas y aún no se ha presentado al examen de la BCBA. Creo que ha hecho 500 horas de prácticas.

¿Tiene conocimiento de esta información de primera mano?

Cuando se le pregunta por qué se representa a sí misma como analista de conducta, dice que a los representantes del colegio les parece bien, porque están en proceso de convertirse en analista de conducta. Además, "analista de conducta" es el trabajo para el que fue contratada.

¿Es una RBT o BCaBA?

¿Es ético que esta persona se autodenomine analista de conducta?

No, esto es una infracción del 10.07 del Código:

***10.7 Desaconsejar la presentación sesgada del análisis de conducta por parte de personas que no estén certificadas** [RBT]*
Los analistas de conducta denunciarán al colegio u organización profesional oficial competente a quienes, sin estar certificados, registrados, o colegiados, realicen trabajos propios de un analista de conducta. Dicha denuncia se hará extensiva a la BACB si dichas personas expresan información engañosa relativa a las certificaciones de la BACB o a su estatus como portador de una certificación de la BACB.

Además, si miras la definición de "analista de conducta" en el Glosario del Código encontrarás:

"Analista de conducta"
Analista de conducta se refiere a un individuo que tiene la credencial de la BCBA o BCaBA, un individuo autorizado por la BACB para proporcionar supervisión, o un coordinador de las secuencias de curso aprobadas por la BACB. Cuando los elementos del Código se consideran relevantes para la práctica de un RBT, el uso del término "analista de conducta" incluye al técnico conductual.

Podrías comentar esto directamente con la persona en vez de dirigirte al colegio y señalar los dos puntos anteriores. Si ella no responde, entonces podrías llevarlo a la atención de su supervisor.

Este no es un evento poco común en nuestro campo. Muchos colegios no entienden la diferencia entre un trabajo y una certificación profesional. Por ejemplo, una persona con poca o ninguna experiencia en análisis de conducta podría tener un trabajo de técnico conductual o especialista en análisis de conducta. Incluso podría haber un trabajo denominado *analista de conducta*, que realmente resultaría confuso. Preferimos el uso de las designaciones de la BACB ya que delinean claramente la diferencia entre RBT, y los niveles universitarios de grado[3] (BCaBA), máster (BCBA) y doctorado (BCBA-D). Un RBT que estudia para convertirse en un BCBA sigue siendo un RBT; los RBT no pueden llamarse a sí mismos analistas de conducta hasta que hayan finalizado todos los cursos, terminado su supervisión y aprobado el examen.

---

[3] N. del E.: en sentido estricto el nivel BCaBA está reservado para personas con un grado de *bachelor's* o equivalente.

CONSULTA ÉTICA NÚM. 5 - RESPUESTA ÉTICA

Querido experto en ética,

¡Gracias por leer esta consulta! Estoy trabajando para una compañía que no se comporta de forma ética y no estoy segura de qué tengo que hacer. La situación me preocupa. Le pongo en contexto: actualmente, trabajo como BCBA en una compañía de análisis aplicado de conducta que es propiedad de un neurólogo pediátrico. La administración de la compañía me presiona para que realice un procedimiento, recomendado por el neurólogo, al que denominan "sentarse en silencio". Este procedimiento requiere que el niño se mantenga sentado, sin hacer absolutamente nada, durante intervalos de 10 minutos. No se le enseñan conductas alternativas y le faltan varios de los requisitos de un programa de intervención conductual ético.

El director clínico (también BCBA) me indica que aplique los métodos tal cual aparecen en mis programas ABA, junto con intervenciones que están fuera de mi ámbito de trabajo (terapia ocupacional, intervenciones de logopedia y programas académicos).

¿Tienes las indicaciones del director clínico por escrito? El director clínico es, en realidad, el que está fuera de los límites en este caso. Echa un vistazo al 1.02 (a).

Cuando informé a la dirección del centro que estas prácticas no están dentro del ámbito profesional que recoge mi Código Ético, me dijeron que estaba haciendo una interpretación muy limitada del Código y que esto podría hacer que perdiese mi trabajo.

Durante las sesiones de intervención, me di cuenta de que los niños están siendo retenidos en sesiones en las que se incluye el procedimiento "sentarse en silencio". No estoy segura de sí lo mejor para mi es irme a otra empresa o debería hacer algo más para defender a estos clientes en particular y, por lo tanto, al análisis aplicado de conducta en general.

¿Tiene algún comentario que me ayude a estar segura de que cumplo con mis obligaciones éticas?

Es poco probable que tengas éxito a la hora de cambiar la orientación de esta organización, pero al menos debes informar al director clínico que es BCBA de tus preocupaciones en virtud del 7.02 (c) del Código. Luego, toma los pasos necesarios si no obtienes una respuesta apropiada, incluyendo dar un aviso con 30 días de anticipación y encontrar otro trabajo donde te asegures de trabajar dentro de los límites de nuestro Código.

Es muy difícil siendo analista de conducta influir en una organización que tiene una orientación teórica completamente diferente del análisis de conducta. Los estudiantes y jóvenes graduados que buscan su primer trabajo deben ser conscientes de que hay un gran número de organizaciones que aceptan analistas de conducta, utilizan partes seleccionadas de nuestra tecnología y facturan por los servicios ABA, pero no tienen el mismo compromiso con el análisis de conducta como un enfoque específico basado en la evidencia. Si permaneces dentro de los límites de tu competencia como BCBA y trabajas para una compañía que respeta esos límites, deberías prosperar como profesional.

CONSULTA ÉTICA NÚM. 6 - RESPUESTA ÉTICA

Buenas noches,
Soy un estudiante de análisis de conducta a punto de finalizar el curso. Como parte de nuestro programa de estudios, tenemos que realizar un análisis funcional en nuestro centro de prácticas.

Como estudiante de postgrado que estudia el ABA, debes regirte por el Código.

También soy padre de acogida de una niña de seis años, que tiene autismo y que ha empezado a tener una conducta preocupante en el colegio y en casa. Me gustaría hacer un análisis funcional de su conducta con el apoyo de algunos compañeros. Sin embargo, no tengo su custodia legal.
¿Qué cuestiones éticas debería tener en consideración en este caso?

Necesitarías el consentimiento escrito de la agencia que tiene la custodia legal del menor según 3.03 del Código. Pero, como es tu hija adoptiva, esto constituiría una relación múltiple, con respecto a la niña y está cubierto por el 1.06:

1.6 Relaciones múltiples y conflictos de intereses [RBT]

(a) *Debido a los efectos potencialmente dañinos de las relaciones múltiples, los analistas de conducta deben evitar mantener relaciones múltiples.*

(b) *Los analistas de conducta siempre deben ser sensibles a los efectos potencialmente nocivos de las relaciones múltiples. Si los analistas de conducta encuentran que, debido a factores imprevistos, ha surgido una relación múltiple, tratarán de hallar una solución a esta circunstancia.*

(c) *Los analistas de conducta reconocen e informan a los clientes y estudiante supervisados sobre los posibles efectos nocivos de las relaciones múltiples.*

¿Son insuperables?

Los principios éticos le impiden trabajar con su propia hija. Aunque tuvieses su custodia legal, seguirías teniendo el problema de las relaciones múltiples. Deberías buscar la ayuda de un BCBA que no esté relacionado contigo para hacer la evaluación. Si esto funciona, sin duda recibirá formación de ese BCBA en la aplicación de una intervención para la niña.

Lidiar con relaciones múltiples es uno de los problemas más comunes que los analistas de conducta encontrarán. Es posible que se le pida a un analista de conducta que supervise a un primo suyo que es RBT; o que el hijo del director general quiere un puesto en el centro para que pueda obtener sus horas de supervisión. O quizás un BCBA puede desarrollar una relación romántica con un miembro de su equipo. Las variaciones parecen interminables. ¿Puede una BCBA propietaria de una compañía contratar a su hija para que obtenga horas de supervisión para conseguir registrarse como RBT o ser BCBA? No. ¿Puede un padre unirse a la junta directiva del colegio privado donde su hijo recibe los servicios ABA? No. ¿Puede un director de oficina que acaba de descubrir que su hijo ha sido diagnosticado con TEA llevarlo a la agencia donde trabaja e inscribirlo en un tratamiento de análisis de conducta? No. Todas estas situaciones representan ejemplos de relaciones múltiples y no están permitidas por el punto 1.06. del Código. Así funciona: Hay un conflicto de intereses o un conflicto de intereses percibido que siempre ocurre cuando el padre de un niño trabaja en la agencia donde se le trata: 1) otros padres probablemente sentirán que su hijo está recibiendo menos servicios porque el hijo de un empleado está recibiendo más tratamiento, o servicios de mayor calidad, o quizás esté exento de las reglas establecidas por los equipos de tratamiento; 2) como empleado, el padre de un niño inscrito en la agencia tendrá acceso a información confidencial sobre todos los demás clientes, lo que probablemente viola las leyes de protección de datos personales; 3) cuando el personal se reúna con los padres para tratar asuntos y opciones de tratamiento, siempre estarán al tanto de que están hablando con un compañero de trabajo; y 4) finalmente, si por alguna razón la agencia decidiera dar por finalizados los servicios siguiendo el punto 2.15 del Código, sabrán muy bien que esto podría afectar al empleo del padre y viceversa. Si quisieran despedir al empleado/padre, sabrían perfectamente que esto afectaría a los servicios del cliente.

CONSULTA ÉTICA NÚM. 7 - RESPUESTA ÉTICA

Estoy preocupado una posible infracción del Código. Me gustaría saber si efectivamente ha habido una infracción y qué puedo hacer al respecto. Soy BCBA y estoy trabajando en una agencia de ABA. Hace poco, presenté mi renuncia con 30 días de anticipación para tener el tiempo suficiente de hacer una transición adecuada de mis casos a otro supervisor y despedirme de las familias.

Esta misma mañana, la directora ejecutiva de la empresa me citó a una reunión en la cual me ha entregado mi última nómina y me ha dicho que debía de dejar la empresa de inmediato. También, me ha comentado que no me permitían hacer una transición adecuada de mis casos al nuevo supervisor y que no se me permitiría contactar con ningún miembro de la empresa ni con los familiares de mis casos. He tenido que entregarles toda la documentación de los casos y me pidieron que borrara de mi teléfono toda la información de contacto de mis clientes. Les pregunté que por qué estaban haciendo esto y no me dieron ninguna razón. Pregunté si había hecho algo mal y me dijeron que no.

Les dije que creía que lo que estaba pasando no era ético, porque parece que estoy dejando de forma inapropiada a mi cliente. Además, debo señalar que varios BCBA han presentado su renuncia recientemente y muchos otros están buscando trabajo en otras empresas.

Podría ser el caso, pero ahora dependerá de los propios clientes que tendrían que informar a la BACB sobre el director ejecutivo (si es un analista de conducta) por abandono.

Estoy muy preocupado por el bienestar de mis clientes y de los demás empleados. No estoy de acuerdo, ni creo que esta decisión sea la correcta. Creo que es una forma inapropiada de tratar a los clientes ya que me iré sin dar apoyo, ni indicaciones necesarias a los empleados que trabajen en estos casos.

Es una pena que esto te haya pasado a ti, pero no estás solo. Una y otra vez, cuando los analistas de conducta con un comportamiento ético avisan de que se van a ir, se les deja ir casi inmediatamente (la empresa no quiere que te quedes durante 20 días por miedo a que puedas influir negativamente en el resto del personal).

2.15 Interrupción o suspensión de los servicios
(e) *Los analistas de conducta no abandonan a clientes y supervisados. Antes de la suspensión, por cualquier razón, los analistas de conducta: tratan en detalle las necesidades de servicio, ofrecen adecuados servicios previos a la terminación, sugieren proveedores de servicios alternativos y, según corresponda con el consentimiento, toman otras medidas razonables para facilitar la transferencia oportuna de la responsabilidad a otro proveedor.*

En esta situación, ¿hubo alguna infracción del Código? ¿Hay algo que pueda hacer al respecto?

Lamentablemente, no puedes hacer nada al respecto a menos que algunos de los antiguos clientes (padres) se pongan en contacto contigo. Si los clientes se ponen en contacto contigo (no debes contactarlos), puedes informarles de la infracción de la ética con respecto al abandono y decirles cómo pueden presentar un aviso. Aparte de eso, no hay nada más que pueda hacer en este momento.

##

Dos semanas después...

Tengo una pregunta sobre algunos cambios en mi situación. Un padre (antiguo cliente) me llamó hoy y dejó un mensaje de voz diciendo que no ha habido supervisión en las últimas tres semanas. El padre dijo que los terapeutas se presentan tarde, se van temprano y que no hay nadie que los supervise.

Contesté a la llamada de los padres para hacerles saber que ya no trabajaba para la compañía y les indiqué que se pusiera en contacto con la oficina. Dijo que intentó llamar a la oficina para preguntar por un supervisor y que la persona con la que habló fue muy grosera. Le dijeron a la madre que no había nadie disponible en esa zona para supervisar y que los terapeutas seguirían sin supervisión. La madre también dijo que nadie le llamó para informarle sobre mi despido involuntario.

Todavía me preocupa que sea un caso de abandono de un cliente. ¿Debo enviar un correo electrónico a la directora ejecutiva para hacerle saber que este padre me llamó, decirle que siento que está infringiendo el Código y pedirle que resuelva el problema?

No, no debes contactar con el director ejecutivo. Debido a que, para ti, la información es de segunda mano,la persona que debe reportar la situación es el padre. El padre debe tratar de reunirse con el director ejecutivo en persona y si no está satisfecho, puedes recordarle que puede presentar una notificación de presunta infracción ante la BACB.

Honestamente estoy en un punto en el que necesito olvidarme de esto y seguir adelante con mi vida, pero tampoco me siento bien por quedarme sentado sin hacer nada. ¿Estaría infringiendo el Código si no dijera algo sobre una infracción de la que soy consciente?

Claramente esta situación es incómoda para ti y es comprensible que sientas la necesidad de hacer algo. Sin embargo, en este momento recuerda que solamente son rumores sobre lo que está pasando en tu antigua agencia y no puedes hacer nada sin información de primera mano.

Nuestro Código es claro, "Los analistas de conducta no abandonan a los clientes... " y, sin embargo, la decisión de dar de alta a un cliente no suele estar en manos del analista de conducta individual. Además, el término "abandono" no se usa en el Código ni se define en el Glosario. "Interrupción" tiene un significado similar, pero tampoco está definido. Los analistas de conducta se apegan a sus clientes y quieren velar por los intereses de sus clientes hasta las últimas consecuencias. Cuando la mayoría de los analistas de conducta dejan una compañía, quieren hacer la transición de los clientes a otro analista de conducta competente y cuidadoso. A veces, la orientación comercial de estas organizaciones simplemente no lo permite. Esto es ciertamente frustrante para el analista de conducta con un comportamiento ético que entiende que el coste real de los servicios interrumpidos a los clientes es incalculable.

CONSULTA ÉTICA NÚM. 8 - RESPUESTA ÉTICA

Uno de mis clientes tiene 20 años, está diagnosticado de TEA y vive en una residencia. Estoy realizando una intervención conductual para su comportamiento autolesivo (favoreciendo la aparición de conductas alternativas) y, también, estoy interviniendo en sus quejas. Cuando no se sale con la suya o si un reforzador prometido no se entrega lo suficientemente rápido, se queja persistentemente y puede volverse agresivo. Está a punto de someterse a varios tratamientos para un posible diagnóstico de la enfermedad de Lyme, también para una infección por cándida (infección fúngica), etc. Creo que las intervenciones tendrán impacto sobre las operaciones motivadoras y estímulos discriminativos.

Los padres han contactado con un naturópata (persona que trabaja con medicina alternativa) para el tratamiento de la infección por hongos sin consultar al equipo de analistas de conducta. No puedo trabajar junto con el naturópata porque no quiere colaborar, lo que a los padres le parece bien.

Esto no suena bien. Usar un "naturópata" es un modo de tratamiento cuestionable y bajo el 3.02 del Código debería sugerir que la familia busque una consulta médica real.

3.2 Consulta médica
Los analistas de conducta recomiendan buscar una opinión médica si existe alguna posibilidad razonable de que el comportamiento en consulta esté influenciado por variables médicas o biológicas.

Estoy tratando de encontrar una manera razonable de analizar esta situación, pero por el momento no sé por dónde empezar.

Como parece que la familia está eligiendo otra opción para el tratamiento, tendría sentido que le dijeras a los padres que tus servicios se pospondrán y que pueden ponerse en contacto contigo cuando el "naturópata" haya finalizado su trabajo. Podrías explicarles que será imposible evaluar los efectos de tu programa cuando hay múltiples enfoques en marcha.

Según me ha comentado, la conducta de mi cliente cambiará tras liberarse de la cándida. En concreto, creen que los problemas de conducta desaparecerán cuando no haya cándida. Si los problemas de conducta persisten, indicaría que aún hay cándida. Por supuesto, esperan que en el "proceso de eliminación de la cándida" se produzcan molestias.

**Esto es lo que la Clínica Mayo dice sobre la cándida:
https://www.mayoclinic.org/es-es/healthy-lifestyle/consumer-health/expert-answers/candida-cleanse/faq-20058174**

Después de revisar las evidencias científicas y pedirle al naturópata que me proporcione más información, no he obtenido respuesta, por lo que estoy un poco perdido. Creo que a futuro podría haber problemas de interferencia en la planificación y aplicación del tratamiento conductual.

Como he comentado, pausa los servicios hasta que la enfermedad haya seguido su curso, pero tenga en cuenta que la prestigiosa Clínica Mayo tiene una interpretación diferente de la relación causa-efecto para este caso.

Como se trata de un adulto y los fondos son públicos, no hay límite de financiación ya que es uno de los casos de "circunstancias especiales", lo que significa que no habrá problema de financiación y, probablemente si quisieran podrían permitirse hacer terapia con delfines. Se les pagaría.

Sin embargo, me pregunto en qué punto se debería cuestionar la decisión de los tutores si los tratamientos elegidos no están basados en evidencias científicas. También me pregunto si tengo que planteárselo a los padres y, en caso afirmativo, cómo debería hacerlo

Esto es claramente un asunto médico, según el Código 3.02 citado anteriormente lo mejor es tratar de educar a los padres sobre lo que los expertos médicos (no los naturópatas) piensan que está pasando en este caso.

Gracias por cualquier sugerencia que pueda tener sobre esta situación.

El principal problema de que permanezca trabajando en el tratamiento mientras esto ocurre es que le será muy difícil determinar cuáles son las variables de control. Nuestro Código le exige que proporcione tratamientos basados en la evidencia, lo cual no puede hacer bajo estas circunstancias.

Dos semanas después, el analista de conducta...
Cuando me di cuenta de que la intervención del naturópata probablemente afectaría la conducta de mi cliente y no me permitiría determinar si mi tratamiento conductual estaba funcionando, traté de razonar con los padres; cuando se negaron, decidí retirarme del caso.
Vi en una guía de intervención para TEA que se permitía la planificación del alta cuando "la familia y el proveedor no pueden conciliar asuntos importantes en relación a la planificación y provisión del servicio" (CASP, 2020) y esta fue mi justificación.

Los analistas de conducta deben ser sensibles al hecho de que muy a menudo puede haber factores médicos implicados en las conductas que están tratando. La situación habitual es que el analista de conducta recomiende una consulta médica como alternativa a un tratamiento conductual como en el caso de los golpes en la cabeza o el rechazo de alimentos. En este caso inusual, los padres parecen estar decididos a usar un tratamiento alternativo y no están interesados en una intervención médica, lo cual es lícito. No obstante, este tratamiento alternativo probablemente interferirá con el tratamiento conductual, así que no involucrarte en el tratamiento hasta que el trabajo del naturópata haya terminado es probablemente lo mejor que puedes hacer.

CONSULTA ÉTICA NÚM. 9 - RESPUESTA ÉTICA

Mi cliente es un niño de preescolar y tiene una reunión de planificación individualizada programada para mañana. Anoche recibimos el borrador de la evaluación funcional y del plan de intervención conductual. En el plan de intervención leí que el colegio está usando una zona de aislamiento llamada "cuarto de la calma". La madre me dijo que es un armario acolchado con una puerta cerrada. Creo que esta zona de aislamiento es poco ética y extremadamente preocupante.

Este tipo de salas cerradas están prohibidas en la mayoría de los Estados Unidos.

¿El plan de intervención conductual fue preparado por un BCBA? Si es así, esa persona posiblemente ha infringido el punto 4.08 del Código.

4.8 Consideraciones acerca de los procedimientos de castigo.
(a) Los analistas de conducta recomiendan el reforzamiento en lugar del castigo siempre que sea posible.
(b) En caso de que procedimientos de castigo sean necesarios, los analistas de conducta siempre incluyen procedimientos de reforzamiento de conductas alternativas en el programa de cambio de conducta.
(c) Antes de la aplicación de procedimientos basados en el castigo, los analistas de conducta se aseguran de que se han tomado las medidas adecuadas para poner en práctica los procedimientos basados en reforzamiento a menos que la gravedad o peligrosidad de la conducta requiera del uso inmediato de procedimientos aversivos.
(d) Los analistas de conducta se aseguran de que los procedimientos aversivos son acompañados por un mayor nivel de formación, supervisión y vigilancia. Los analistas de conducta deben evaluar la eficacia de los procedimientos aversivos de manera oportuna y modificar el programa de cambio de conducta si es ineficaz. Los analistas de conducta siempre incluyen un plan para detener el uso de procedimientos aversivos cuando ya no sean necesarios.

¿Tenemos algún procedimiento establecido para informar o desaconsejar el uso de este tipo de procedimientos de castigo en los colegios públicos?

Los colegios son entidades independientes al Código y operan de acuerdo con sus propias reglas. Sin embargo, los analistas de conducta que trabajan para un colegio deben seguir adhiriéndose al Código, al igual que los BCBA que los asesoran. En este caso, significa asegurarse de que se han seguido los procedimientos menos restrictivos. En una conferencia reciente, un presentador dijo que más del 80% de los BCBA que trabajan en colegios han sido presionados para infringir nuestro Código, así que no estás sólo.

##

Cuatro días después...

Muchas gracias por esta información. El procedimiento de la sala de aislamiento fue establecido por el psicólogo del colegio. Solicité, antes de la reunión, que el colegio convocase a la reunión a su BCBA, u otro trabajador en un cargo equivalente para que esté presente. En el colegio no trabaja ningún BCBA, pero su "especialista en conducta" estuvo presente en la reunión. Argumenté extensamente mis razones a favor de que no se usara la sala de aislamiento en el plan de intervención conductual de mi cliente. Finalmente, el distrito accedió a ello. Aunque estoy muy contento con el resultado de la reunión, me horroriza que este procedimiento se esté usando con otros niños en ese colegio.

##

Un tema persistente en la investigación de análisis aplicado de conducta en los últimos 20 años ha sido la búsqueda de alternativas al uso del castigo. El desarrollo y la adopción generalizada del análisis funcional como método para descubrir las operaciones motivadoras (OM) ha demostrado que, si entendemos las OM, podemos reducir o eliminar los problemas de conducta o conductas peligrosas eliminando la motivación para que las conductas ocurran y luego reemplazándolas por conductas mantenidas por reforzamiento positivo. Este colegio no tiene un BCBA en su personal y parece que la "sala de la calma" no fue recomendada por un analista de conducta. El BCBA actuó rápidamente y argumentó persuasivamente a favor de que este procedimiento de castigo fuera eliminado del plan de intervención del estudiante. Es bastante desalentador que los analistas de conducta que trabajan en colegios sean incitados a ignorar nuestro Código tan a menudo, afectando a procedimientos éticos y eficaces establecidos en la investigación basada en la evidencia. Si trabajas en un colegio, ten cuidado cuando te digan que tu Código no puede ser aplicado en el colegio: ¡Sí que debe aplicarse!

CONSULTA ÉTICA NÚM. 10 - RESPUESTA ÉTICA

Soy un BCBA recién certificado. No he recibido muy buena supervisión durante mis prácticas, pero quiero ser un supervisor responsable. Mi empresa está dirigida por una BCBA que me apoya, pero que en realidad no trabaja con clientes y no está al día del Código.

Estaba leyendo el artículo 5.0 del Código y me quedé perplejo por el punto 5.07 donde dice, "Los analistas de conducta diseñan sistemas para la evaluación continua de sus propias actividades de supervisión". No sé exactamente lo que significa. Le he preguntado a la otra BCBA que ha estado aquí un tiempo y ella tampoco lo sabe, pero me dijo que no me preocupase.

¿Puede decirme qué significa esto y qué necesito hacer para actuar según las normas? No quiero tener problemas con la BACB en mi primer trabajo.

Hay dos conceptos clave aquí, «sistemas» y «evaluación» de sus actividades de supervisión. Sistemas se refiere a la idea de que en una organización hay muchas partes móviles que tienen que coincidir precisamente para que haya un resultado fiable. Supervisar eficazmente a una persona implica:

1) Programar regularmente las observaciones del individuo mientras lleva a cabo sus tareas como analista de conducta.

2) Tomar datos sobre su desempeño usando listas de verificación.

3) Determinar qué aspectos requieren mejoras o modificaciones.

4) Ordenar esos aspectos en orden de importancia.

5) Reunirse con la personas supervisada y proporcionarle entrenamiento en habilidades conductuales (EHC).

6) Programar la próxima observación.

7) Determinar si la persona mostró una mejora en la habilidad que fue entrenada y comenzar el ciclo de nuevo. Este sistema de supervisión puede ser muy útil si se usa como se describe y se ha incorporado en él la evaluación de su rutina de supervisión.

Al llegar al paso 7, sabrá si lo que hizo durante el paso 5 ha sido efectivo, es decir, ¿muestra la persona supervisada una mejoría en las habilidades objetivo? Si es así, su método de supervisión fue efectivo y puede continuar agregando nuevas habilidades. Pero ¿qué pasa si el supervisado no mejoró? Si esto es lo que mostraron sus datos, entonces necesita revisar su método de EHC, tal vez dividiendo la tarea en pasos más pequeños o haciendo más role-play o añadiendo feedback de grabaciones. Debes evaluar tus tácticas de supervisión de la misma manera que determinas si el terapeuta está siendo efectivo con un cliente, mirando los datos del cliente para ver si hay mejora. Si tu supervisado muestra una mejora constante a lo largo del tiempo, entonces tu supervisión es efectiva.

Ahora, volvamos a la parte de los sistemas del punto 5.07. La descripción anterior cubre sólo un supervisor. Imagina que tienes cinco o diez RBT que supervisar, imagina lo que implica llevar estas supervisiones adelante correctamente Aquí es donde adquiere importancia el "sistema". Primero, necesitarás un sistema de planificación para llevar la cuenta de quién será observado cada día y quién recibirá EHC. Además, necesitarás un sistema de seguimiento para saber cuáles son las prioridades de cada persona y un sistema de gráficos para saber si tu intervención de EHC está funcionando *con cada persona que supervisas*. Si tus datos muestran que los supervisados A, D y F están bien, pero que B, C y E no han mostrado mejoras en las últimas semanas, necesitará cambiar tus tácticas para B, C y E. Tu sistema de seguimiento tiene que poder indicarte cambios individualizados para cada persona que supervisas yes importante estar al tanto sobre cómo funcionan esas modificaciones a corto plazo y para cada persona.

Una forma de pensar en un "sistema" es un conjunto autorregulado de contingencias entrelazadas. Un buen método para los supervisores principiantes es establecer un sistema para uno de sus supervisados, asegurarse de que todas las partes funcionan y luego agregar un segundo y un tercer supervisado. Establecer indicaciones para reunirse con los supervisados, tener un sistema de recolección de datos y gráficos que te diga cómo lo están haciendo te mantendrá al tanto de lo que necesitas hacer para ser un supervisor efectivo. Los supervisores tendrán que dominar el software de planificación de citas, así como el uso de listas de control y programas informáticos de cálculo con generador de gráficos. El *entrenamiento de habilidades conductuales* es la práctica más recomendada para entrenar a los supervisados a mejorar sus habilidades. Las reuniones tradicionales con los supervisados para tratar el progreso y las deficiencias no cumplirían los requisitos del punto 5.07 del Código.

CONSULTA ÉTICA NÚM. 11 - RESPUESTA ÉTICA

¡Hola!

Tengo una pregunta sobre los programas de postgrado, las políticas académicas y las reglas de autoría. En mi país, un programa de postgrado, verificado por ABAI, da a todos sus estudiantes de máster las siguientes instrucciones escritas para los trabajos de fin de máster: «En caso de publicación, los supervisores académicos serán reconocidos como coautores». Sin embargo, no se menciona ninguna contribución por parte de los supervisores académicos, a pesar de que lo establecen las directrices éticas de la APA y la BACB.

Esto es claramente contrario a la APA y al Código de Cumplimiento Profesional y Ético de la BACB para analistas de conducta.

9.08 Reconocer contribuciones

Los analistas de conducta reconocen las contribuciones de los demás a la investigación mediante su inclusión como coautores o en una nota de agradecimiento. La autoría principal y otros méritos de la publicación reflejan con precisión las contribuciones científicas o profesionales relativas de los individuos involucrados, independientemente de su estatus jerárquico. Las contribuciones menores a la investigación y/o escritura de las publicaciones serán adecuadamente reconocidas, en una nota al pie o en una declaración introductoria.

Estoy pensando en dirigirme al departamento directamente y me pregunto si ABAI tiene alguna política oficial más allá de lo establecido en el Código de la BACB (como las directrices del Comité Internacional de Editores de Revistas Médicas (ICMJE), el Grupo de Vancouver, etc.).

ABAI se suscribe al Código de la Asociación Americana de Psicología. La parte relevante de ese Código está impresa a continuación.

8.12 Crédito de las publicaciones (Código de Conducta de la APA, 2017)

(a) Los psicólogos asumen la responsabilidad y el crédito, incluido el crédito de autoría, solamente por el trabajo que realmente han realizado o al que han contribuido sustancialmente. (Véase también la norma 8.12b, Crédito de las publicaciones).

(b) La autoría principal y otros créditos de publicación reflejan con precisión las contribuciones científicas o profesionales relativas de las personas involucradas, independientemente de su estatus jerárquico. La mera posesión de un cargo institucional, como el de jefe de departamento, no justifica la autoría. Las contribuciones menores a la investigación o a la redacción de publicaciones se reconocen debidamente, por ejemplo, en notas de pie de página o en una declaración introductoria.

Es importante señalar que como no existe una relación oficial entre ABAI (que verifica los programas de análisis de conducta) y la BACB que ha establecido el Código, puede haber lagunas en este tema. Debes ir a la página de contacto de ABAI y preguntar qué opciones tienes: www.abainternational.org/contact-us.aspx

Por cierto, la mayoría de los supervisores no son analistas de conducta certificados por la BACB.

Esto proporciona un giro interesante. Si no son BCBA, no entran en el Código de la BACB. Además, al menos que sean psicólogos de EEUU, el Código de la APA tampoco se aplica. ¿Hay una organización profesional similar en su país que pueda tener un artículo del Código que cubra esto?

Si se rigen por el Código de la BACB, debe acercarse a su departamento y solicitar respetuosamente que revisen su política para estar de acuerdo con el Código de la BACB.

Tanto el Código de la BACB como el de la APA hacen hincapié en que el crédito de autoría debe basarse en el mérito, es decir, en la contribución que cada persona del equipo de investigación hace al producto final de la investigación. Si un supervisor ha hecho una contribución significativa, entonces, por supuesto, este individuo debe ser reconocido. Si los supervisores o el personal han colaborado en el proyecto, pero no han hecho una contribución significativa, podrían recibir un agradecimiento en una nota de pie de página indicando que han participado, pero sus nombres no se incluirían en la lista de autores.

CONSULTA ÉTICA NÚM. 12 - RESPUESTA ÉTICA

Soy profesor en un curso de ética en el que estamos revisando el Código. ¿Podría ayudarnos a clarificar un punto? El punto 10.02 (b) del Código que habla de la necesidad de informar de "todas las sanciones o multas a nombre del analista de conducta relacionadas con la salud y seguridad pública". ¿Podría darme ejemplos de los diferentes tipos de sanciones o multas a los que se refiere?

Aquí está el punto 10.02 del Código en su totalidad...

10.02 Responder, reportar y actualizar a tiempo la información aportada a la BACB [RBT]
Los analistas de conducta deben cumplir con todos los plazos de la BACB incluyendo, pero sin limitarse a: asegurarse de que la BACB es notificada dentro de los treinta (30) días siguientes a la fecha de cualquiera de los siguientes motivos que pueden afectar a su estado como analista de conducta:

(a) Una infracción de este Código, o investigación disciplinaria, acción o sanción, presentación de cargos, admisión o sentencia de culpabilidad por una agencia gubernamental, organización sanitaria, pagador o institución educativa. Nota de procedimiento: Los analistas de conducta condenados por un delito grave directamente relacionado con la práctica del análisis de conducta y/o la salud pública y la seguridad no serán elegibles para su inclusión en el registro de la BACB, certificarse o re-certificarse por un período de tres (3) años a partir del agotamiento de los recursos judiciales, finalización del periodo de libertad condicional, tercer grado, o reclusión (si han habido penas de privación de libertad), lo que suceda más tarde (véase también, 1.04(d) Integridad)
(b) Cualquier multa relacionada con la salud o seguridad de los clientes o del público en general, particularmente si el nombre del analista de conducta aparece en el documento sancionador;
(c) Una condición física o mental que pueda menoscabar la capacidad de los analistas de conducta de practicar de manera competente; y
(d) Un cambio de nombre, dirección o correo electrónico.

A continuación, se expone la información fundamental sobre la aportación voluntaria de información a la BACB:

Lo que debe ser reportado (obtenido de BACB.com)

En un plazo de treinta (30) días, los analistas de conducta deben informar a la BACB:
1. Cualquier infracción del Código o investigación, acción o sanción disciplinaria, presentación de cargos, condena o admisión de culpabilidad o nolo contendere ("no refuto los cargos") por parte de un organismo gubernamental, organización de atención de la salud, pagador o institución educativa.
2. Cualquier sanción o multa relacionada con la salud y la seguridad pública donde el analista de conducta sea el receptor de dicha multa;
3. Una condición física o mental que perjudicaría la capacidad del analista de conducta para realizar su trabajo de forma competente.
4. Un cambio de nombre, dirección o correo electrónico de contacto.

Las sanciones o multas relacionadas con la salud y la seguridad pública deben ser comunicadas a la BACB en las siguientes circunstancias:
- *El incidente o la multa pueden indicar una condición física o mental que podría afectar a la prestación competente de servicios.*
- *El incidente o la multa es evidencia de otra infracción del Código (p.ej., una citación por dejar a un cliente desatendido por negligencia).*
- *El incidente involucró la acción con un vehículo motorizado y la multa fue mayor a $750.*
- *Un cliente estuvo presente durante el incidente (independientemente de la cantidad de la*

multa).

- *Se le exige que informe sobre el incidente a su proveedor de seguro de responsabilidad profesional.*
- *Se le exige que informe sobre el incidente a terceras partes implicadas en el pago de un cliente.*
- *Se le exige que informe sobre el incidente a una institución colegial o gubernamental.*

Las sanciones o multas relacionadas con la salud y la seguridad públicas no tienen que ser comunicadas a la BACB en las siguientes circunstancias:

- *El incidente no señala al analista de conducta como el "infractor" (p.ej., multas de estacionamiento, multas por exceso de velocidad que se apoyan en videograbaciones)*
- *El incidente ocurrió en el lugar donde se prestan los servicios de análisis de conducta, pero no involucró a un cliente (p.ej., una citación por infracción de restricciones de salario y horario, reclamaciones de compensación por desempleo)*
- *El incidente implica la utilización de un vehículo motorizado y señala como infractor al analista de conducta, pero no involucra nada de lo siguiente:*
  - *Una multa de más de 750 dólares*
  - *Un cliente presente durante el incidente o puesto en riesgo por el incidente*
  - *Evidencia de otra infracción del Código*

(Newsletter de la BACB, noviembre de 2016, abril de 2017)

Cualquier cambio en su situación, desde un cambio de dirección a una sentencia condenatoria reciente, debe ser comunicado a la BACB en un plazo de 30 días. A fin de proteger al público de un analista de conducta que pueda presentar un riesgo para la salud o la seguridad de las personas, la BACB establece situaciones de declaración obligatoria, por ejemplo, para un analista de conducta que este siendo investigado por cometer un crimen o que haya sido demandado por una institución gubernamental. Estos incidentes pueden también ser comunicados por otros, si se tiene constancia de que la persona certificada involucrada no lo haya hecho.

CONSULTA ÉTICA NÚM. 13 - RESPUESTA ÉTICA

Soy gerente regional de un programa de ABA. Una de nuestras BCBA me envió la siguiente consulta sobre un RBT que trabaja en su equipo.

El último día que este RBT trabajará con nosotros es el viernes. Hoy, uno de los maestros de prescolar de su cliente le ha dado un regalo de despedida. Sabemos que lo mejor es no aceptar regalos de los clientes ni de sus familiares, pero no habíamos recibido antes un regalo de otro profesional. La RBT rechazó el regalo, pero le pusieron el regalo en su bolso cuando no estaba mirando.

Mi pregunta es, ¿debemos rechazar todos los regalos de las familias y otros profesionales, o esto sólo implica a los clientes y las familias?

El código 1.06 (d) se refiere principalmente a que los BCBA no acepten regalos de los clientes actuales cuando el regalo podría tener alguna influencia en su juicio profesional futuro con respecto al tratamiento o la supervisión. Los regalos de antiguos clientes u otros que no son clientes no están incluidos en estas restricciones. Dado que la RBT está dejando la compañía, no podría haber ninguna influencia en su juicio profesional.

1.06 Relaciones múltiples y conflictos de interés [RBT]

(d) Los analistas de conducta no darán ni aceptarán regalos de sus clientes ya que ello constituye una relación múltiple.

Los analistas de conducta trabajan en estrecha colaboración con sus clientes, a menudo en sus casas. A veces se les describe como parte de la familia; lo mismo ocurre con los analistas de conducta que trabajan o asesoran en los colegios, donde se les considera como parte del equipo y se les invita a participar en eventos sociales o vacaciones anuales. Sin embargo, esas condiciones de trabajo tan estrechas pueden dar lugar a relaciones múltiples que el Código desaconseja enérgicamente.

El fundamento del Código 1.06 (d) se introduce en el 1.06 (a, b, c), es decir, dar y aceptar regalos es característico de las amistades más que de las relaciones con clientes y profesionales. Para evitar esta forma de relación dual, se anima a los analistas de conducta a tratar este asunto con los clientes al comienzo de la terapia para evitar situaciones embarazosas que pudieran darse. Tenga en cuenta que la categoría "regalo" incluye comida y bebida (sí, botellas de agua incluidas) y, también, tangibles como tarjetas de regalo y televisores de pantalla plana (sí, el incidente de la TV sucedió realmente). Se aconseja a los analistas de conducta que consulten el boletín de la BACB, de mayo de 2015, págs. 1-2, para una nota ampliada sobre el uso de regalos donde hallarán comentarios sobre «las intenciones y los efectos del regalo».

CONSULTA ÉTICA NÚM. 14 - RESPUESTA ÉTICA

Soy BCBA en un colegio. Doy asesoramiento a maestros que tienen en sus clases niños con problemas emocionales o de conducta. Un miembro del equipo de dirección, que no es mi supervisor, me ha pedido que cree el currículo académico para los maestros. Tengo un grado universitario en ciencias de la educación y creo que se cómo realizar un plan de estudios que incluya habilidades funcionales, habilidades socio-emocionales y habilidades conductuales. Sin embargo, creo que es difícil creer que el contenido del currículo, en el que se incluyen matemáticas, ciencias sociales, inglés y literatura, estén bajo la responsabilidad de un BCBA. No estoy trabajando como profesor, solamente como BCBA. He estado ayudando en la estructuración de las clases para promover conductas prosociales y fomentar el seguimiento de instrucciones durante las clases.

Espero que me ayude a determinar si el desarrollo de planes de estudios está dentro de la responsabilidad de un BCBA. He mirado la lista de tareas para BCBA y no veo…

Es una buena idea tener a mano una copia impresa de la lista de tareas.

nada ni remotamente cercano a proporcionar un currículo académico para maestros.

Aquí está el enlace a esa lista en la web BACB.com.

https://www.bacb.com/task-lists

Tiene razón. La creación de materiales curriculares no está en la lista de tareas y no es una de las habilidades especiales que fundamentan nuestra profesión. En muchos colegios puede haber tan solo un BCBA por cada 400 estudiantes y las evaluaciones funcionales y planes de conducta efectivos que se les piden son tantos que apenas dan abasto.

Podrías decir con seguridad, "Lo siento. Esto requeriría que infringiese el punto 1.02 de mi Código sobre los *Límites de la competencia profesional*".

No debemos esperar que este miembro del equipo de dirección de este colegio comprenda nuestra Lista de tareas o nuestro Código de Cumplimiento Profesional y Ético. Es muy probable que ni siquiera haya oído hablar del Código. En este caso, este miembro del equipo de dirección del colegio puede haber sabido que esta BCBA dispone de formación como maestra. Debido a que se necesitaba que algunos materiales se desarrollaran rápidamente, pudo haber actuado sin preguntar a la BCBA si tendría algún problema para desarrollar el plan de estudios. Esta no es una situación inusual en los colegios donde el personal y los administradores están cortos de personal y carecen de recursos. Sin embargo, el Código 1.02, Límites de la Competencia, proporciona un escudo contra las solicitudes que están fuera del alcance de la práctica de los analistas de conducta. Aunque la BCBA ha sido un maestra y ha recibido capacitación relacionada con la elaboración de planes de estudio, el punto 1.02 significa que los BCBA trabajan como BCBA y, por lo tanto, deben permanecer en el ámbito de los servicios realizados por un analista de conducta.

CONSULTA ÉTICA NÚM. 15 - RESPUESTA ÉTICA

¿Hay alguna situación, en la cual se haya producido una infracción ética, en la que claramente un BACB debería tomar partido? Por ejemplo, si veo a un compañero (otro BCBA) aceptar café en casa de un cliente (una infracción del Código 1.06 (d)), ¿debería informarlo a la BACB? Supongo que la respuesta es no.

Tienes razón. Esto es una infracción, pero primero debe contactar con la persona y tratar sus preocupaciones de manera informal (según el Código 7.02 (c)). Solamente tras haber hecho esto, (quizás después de haber intentado más de una vez) y tras comprobar que esta práctica está afectando la calidad de los servicios al cliente, deberá presentar un aviso. Tenga en cuenta que necesitará documentación para argumentar la infracción y puede ser difícil encontrar evidencias escritas de tales conductas.

7.02 Infracciones éticas cometidas por otros y riesgo de daño [RBT]

(c) Si una resolución informal parece apropiada y no infringe ningún derecho de confidencialidad, los analistas de conducta intentan resolver el problema al llamar la atención de ese individuo y documentar sus esfuerzos para abordar el asunto. Si el asunto no se resuelve, los analistas de conducta informan del caso a la autoridad competente (por ejemplo, el empleador, supervisor, autoridad reguladora).

¿Qué ocurre si un tratamiento conductual ha empezado sin el consentimiento informado? Es totalmente posible infringir daños en esta situación, por lo que creo que quizás debería informar de ello ¿no?

Es una clara infracción que se menciona varias veces en el Código: 3.03, 4.02, 4.04. Esto pasa mucho con los analistas de conducta que trabajan para colegios y que creen que no necesitan consentimiento para probar cualquier tratamiento.

¿Dónde está el límite?

Si hay algún indicio de daño a un cliente o una infracción de sus derechos, es hora de tratar el asunto, primero de manera informal, y luego, si no se resuelve, lo notificaremos a la BACB.

Cuando se dice cualquier indicio de daño a un cliente, generalmente estamos hablando de programas que se hacen incorrectamente, la aplicación de contención física sin la aprobación de los padres, el uso de extinción para una conducta peligrosa, etc. No estamos hablando de abuso físico. Las autoridades legales apropiadas y la BACB deben ser notificadas inmediatamente en el caso de que el daño al cliente sea un abuso físico o maltrato.

CONSULTA ÉTICA NÚM. 16 - RESPUESTA ÉTICA

¡Buenas! Estoy en una situación complicada y me pregunto si implica una infracción ética (probablemente sea una infracción menor) o una simple falta de profesionalidad.

Estoy realizando el proceso de selección de un profesional apropiado que realice ABA a domicilio para una familia del colegio para el que trabajo. La familia, actualmente, está siendo asesorada por un psicólogo certificado como BCBA. Este profesional trabaja en un programa de desensibilización alérgica a medicamentos que toma el niño a fin de reducir reacciones adversas y ayuda a la familia a comunicarse con el distrito escolar.

Mientras analizaba a dos profesionales para determinar cuál sería el más adecuado para el estudiante, el psicólogo/BCBA, sin que el colegio lo solicitara, envió un correo electrónico a todo el equipo educativo en el que informaba de que había hablado con un antiguo compañero, que era un proveedor de ABA de otra compañía, sobre el caso. El psicólogo/BCBA dijo que este profesional estaba disponible para asumir los servicios del estudiante. Ahora, la familia exige que se contacte con él. Me preocupa mucho que la familia no acepte a otro profesional que no sea el recomendado por el BCBA.

Mientras tanto, los profesionales, que iban a dar el servicio a domicilio y que estaban listos para comenzar la próxima semana, están en espera mientras me pongo en contacto con este profesional sin haberlo yo solicitado.

En este caso, ¿el psicólogo/BCBA se comportó de forma poco ética, infringiendo el punto 2.04 (a)…

Sí, el psicólogo/BCBA cometió una infracción del punto 2.04 (a) del Código. No debió haber hecho la llamada telefónica a su antiguo compañero, revelando así posiblemente información confidencial sobre la familia y evidenciando que tenía algo que ver con el proceso de selección. Al hacerlo, se convirtió en un tercero y, por lo tanto, entra en esta sección del Código.

2.04 (a). Cuando los analistas de conducta acuerdan proporcionar servicios a una persona o entidad a petición de un tercero, aclararán en la medida de lo posible y desde el principio del servicio, la naturaleza de la relación con cada parte y cualquier posible conflicto de intereses. Esta aclaración incluye el papel del analista de conducta (como terapeuta, consultor organizacional, o testigo experto), los usos probables de los servicios prestados o de la información obtenida y el hecho de que puede haber límites a la confidencialidad.

excediendo su rol en el equipo educativo y potencialmente infringiendo el punto 1.06 del Código, participando en una posible relación múltiple con este profesional a domicilio mientras aún trabajaba con la familia? ¿O el psicólogo/BCBA simplemente fue poco profesional al sugerir un proveedor diferente, poniendo más trabas en una relación que ya era tensa?

Definitivamente, es poco profesional. Además, no es ético hablar del caso con alguien más sin el permiso por escrito de la familia según el punto 2.08 del Código ("…nunca revele información confidencial sin el consentimiento del cliente…").

El tercero en este escenario fue un BCBA que también era psicólogo, el que se encargó de encontrar una persona para el puesto que necesitaba la familia. El psicólogo/BCBA creó una relación múltiple y un conflicto de intereses (Código 1.06) con la familia. El psicólogo/BCBA no reveló "la naturaleza de la relación con el BCBA", es decir, que no había sido autorizado a hacer la llamada telefónica y no estaba en condiciones de recomendar a su antiguo compañero para el puesto.

CONSULTA ÉTICA NÚM. 17 - RESPUESTA ÉTICA

Estimados compañeros de esta consultoría ética,

He visto en Internet un BCBA que dice estar certificado en "entrenamiento de astronauta". A primera vista, parecía genial. Pero, al investigar, vi que esta forma de "entrenamiento" es simplemente una versión exagerada de la terapia de integración sensorial. Con el entrenamiento para astronautas, los clientes se sientan sobre una pequeña plataforma que gira despacio o rápido, mientras el terapeuta pone una "música espacial". Compruébalo tú mismo, pero en mi opinión, es un absoluto fraude.

Me incomodan varias cosas: (1) Parece que no hay ninguna investigación revisada por pares que apoye el entrenamiento de astronautas; (2) el entrenamiento de astronautas se deriva de la terapia de integración sensorial, que tiene poco o ningún apoyo empírico; (3) la conceptualización de la conducta desde una perspectiva de integración sensorial es diametralmente opuesta a nuestra conceptualización de la conducta; (4) al practicar este método, esta BCBA NO está poniendo el análisis de conducta por encima de las otras profesiones, lo cual creo que es una especie de infracción de nuestro Código.

Sí, ciertamente es una infracción; hay dos puntos del Código que son relevantes aquí: 4.01 y 6.01.

4.01 Consistencia conceptual
Los analistas de conducta diseñan programas de cambio de conducta que son conceptualmente consistentes con los principios analítico-conductuales.

6.01 Principios [RBT]
(a) Por encima de cualquier otro tipo de formación profesional, los analistas de conducta defienden y promueven los valores, la ética y los principios de la profesión de análisis de conducta.

Este BCBA no parece adherirse a lo que ha aprendido en su formación de postgrado sobre la práctica basada en la evidencia. Además, utiliza este entrenamiento de astronauta con sus clientes por lo que ellos no están recibiendo un "tratamiento efectivo".

De nuevo, estas en lo cierto. Como se describe en el punto 2.09 (a) del Código. Nuestros clientes atendidos por analistas de conducta certificados tienen "derecho a un tratamiento efectivo".

2.09 Eficacia de la intervención
(a) Los clientes tienen derecho a un tratamiento eficaz (es decir, basado en la literatura de investigación y adaptado a cada cliente). Los analistas de conducta siempre tienen la obligación de promover y educar al cliente acerca de los procedimientos de tratamiento con apoyo científico más eficaces. Los procedimientos de tratamiento eficaces han debido ser validados produciendo beneficios a corto y largo plazo adecuados para el cliente y la sociedad.

"Eficaz" en análisis de conducta significa que hay una importante cantidad de evidencias publicadas en revistas científicas, revisadas por pares que utilizan nuestra metodología (es decir, investigación con diseños experimentales de caso único que se muestra control experimental utilizando tratamientos conductuales).

¿Qué debo hacer?

El Código especifica que debes contactar directamente con el BCBA e intentar resolver la situación informalmente, es decir, ver si le puedes traer de vuelta a las formas de actuar típicas de ABA. Tal vez se perdió temporalmente y olvidó usar sus herramientas analíticas para evaluar esta novedosa terapia nombrada con tanta gracia. O, tal vez la descripción en el sitio web no es muy clara y el «entrenamiento de astronauta» estaba siendo utilizado como un reforzador, de alguna manera para enseñar nuevas habilidades. En cualquier caso, es importante que contactes con él y le hagas estas preguntas antes de informar so-

bre esta persona a la BACB. Si decides hacerlo, usarás el formulario de Aviso de Presunta Infracción y describirás los diversos puntos del Código que han sido infringidos como se ha descrito anteriormente.

El Código de la BACB está diseñado para ayudar a los analistas de conducta a mantenerse dentro de su rol. El mundo está lleno de modas, fraudes y tratamientos pseudocientíficos, controvertidos y peligrosos para clientes con diagnóstico de TEA (Foxx & Mulick, 2016). El trabajo del analista de conducta es ser capaz de analizar estos "tratamientos" alternativos para ver si hay alguna evidencia sólida, revisada por pares, que cumpla con nuestros exigentes estándares, es decir, si un efecto del tratamiento puede ser demostrado experimentalmente a nivel de cada cliente (Bailey & Burch, 2021). Tenemos la obligación de informar a nuestros clientes acerca de estos costosos métodos que hacen perder tiempo y evaluarlos si el cliente insiste en probarlos.

2.09 d) Los analistas de conducta revisan y evalúan los efectos de cualquier tratamiento que pueda afectar a los objetivos del programa de cambio de conducta y, en la medida de lo posible, su posible impacto en el programa de cambio conductual.

En este caso, el analista de conducta descubrió esta anomalía (un analista de conducta apoyando la integración sensorial) y solamente ha tenido acceso a través de Internet a esta información, no en persona. Creo que será capaz de convencer al BCBA de que el entrenamiento de astronauta no encaja con el análisis de conducta.

CONSULTA ÉTICA NÚM. 18 - RESPUESTA ÉTICA

Estoy considerando la posibilidad de empezar a ofrecer supervisión a distancia en mi país (Australia) y me gustaría conocer más sobre la relación entre el supervisor y los clientes del supervisado.

En Australia, es probable que algunos profesionales trabajen de forma independiente o para empresas que no tienen analistas de conducta en plantilla. Lo que significa que es probable que haya una gran variabilidad en sus servicios. Dado que los supervisores están obligados a observar directamente al supervisado trabajando con los clientes en cada periodo de supervisión, la calidad y la seguridad de los clientes también serán responsabilidad del supervisor.

Sí, bajo la responsabilidad del supervisor estará también la calidad del tratamiento y seguridad de los clientes del profesional al que supervisas. Los analistas de conducta siempre deben preocuparse por la calidad de los servicios y la seguridad de los clientes. En el punto 5.0 del Código, encontrará esta clara declaración: "Cuando los analistas de conducta ejercen como supervisores, deben asumir la plena responsabilidad de todas las facetas de esta actividad". Esto incluiría la calidad y la seguridad de los clientes. Determinar si existe algún riesgo para los clientes que serán atendidos por el profesional a supervisar, debería ser un factor importante para determinar si usted les acepta como supervisados. Y, si hubiera algún giro en los acontecimientos en la situación y ésta fuese insegura, necesitaría involucrarse para remediar la situación. Es una gran responsabilidad asumir una supervisión y por ello no recomendamos aceptar este trabajo a la ligera.

¿Qué nivel de responsabilidad tienen los supervisores sobre los clientes de un supervisado que trabaje de forma autónoma?

El supervisado con el que elija trabajar no es «independiente» en lo que a usted respecta. Es una persona a la que supervisas trabajando con clientes en un entorno. En las entrevistas con futuros supervisados, se aconseja que vaya al lugar donde va a trabajar para observarle. Evalúe el lugar en cuanto a seguridad, limpieza y adecuación como un lugar de entrenamiento para el cliente y lugar de trabajo en el que tú proporcionarás supervisión. Debe estar preparado para usar los puntos 5.01-5.07 del Código como una lista de verificación para determinar si está preparado (5.01) para supervisar a este profesional y a este cliente. También revise otros puntos de esta sección para asegurarse de que la relación entorno-supervisado-cliente encaja a nivel ético.

Los supervisores juegan un papel muy importante en el sistema de prestación de servicios. Están en la cima de una pirámide que desciende en cascada hasta los BCaBA y los RBT y luego, por supuesto, a los clientes. Hay muchas cosas que pueden salir mal y que pueden afectar negativamente a la persona que recibe el tratamiento. Por ejemplo, los BCaBA pueden no hacer su parte al apoyar a los RBT. El RBT puede no estar a la altura del reto de proveer una terapia consistente día tras día y accidentalmente reforzar una conducta inapropiada o peligrosa, o simplemente sucumbir a la "deriva de la conducta" de modo que la conducta del cliente se agrave gradualmente de un problema menor a un problema mayor. Estar directamente involucrado con su equipo es un trabajo a tiempo completo, que merece atención y consideración en la selección de los individuos que desean ser supervisados. Un último consejo, si está considerando a alguien como supervisado en un entorno que no es el suyo, sería conveniente que hablara con el administrador o gerente de ese centro o entorno de trabajo para que sea plenamente consciente de la situación. Los administradores pueden apoyarle en su papel de supervisor, de modo que, si surge algo que interfiera con la prestación humana y ética de los servicios, le apoyarán y tomarán medidas correctivas.

CONSULTA ÉTICA NÚM. 19 - RESPUESTA ÉTICA

Teniendo en cuenta que no están basados en evidencias científicas, ¿deberían los BCBA aplicar tratamientos como *Zonas de Regulación* (Kuypers Consulting, 2021) y *Mapeo de Conducta Social* con niños diagnosticados de autismo?

Para contextualizar el caso con información, "zonas de regulación es un enfoque sistemático cognitivo-conductual utilizado para enseñar la autorregulación mediante la categorización de todas las diferentes maneras en que nos sentimos y los estados de alerta que experimentamos en cuatro zonas concretas. El plan de estudios de las zonas consiste en proporcionar estrategias a los estudiantes para que sean más conscientes e independientes a la hora de controlar sus emociones e impulsos, gestionar sus necesidades sensoriales y mejorar su capacidad para resolver conflictos.

Al abordar los déficits subyacentes en la regulación emocional y sensorial, las funciones ejecutivas y la cognición social, el plan de estudios está diseñado para ayudar a que los estudiantes avancen hacia una regulación independiente. Las Zonas de Regulación incorporan conceptos de Social Thinking® (www.socialthinking.com) y numerosos elementos visuales para enseñar a los estudiantes a identificar sus sentimientos/nivel de alerta, entender cómo su conducta afecta a los que los que le rodean y aprender qué herramientas pueden usar para gestionar sus sentimientos y estados".[2]

Como puede ver, este no es un enfoque analítico conductual de tratamiento y la limitada investigación con diseños de grupo que se ha hecho no cumple con los estándares de *Journal of Applied Behavior Analysis* (JABA); si un BCBA estuviera aplicando "Zonas" sería una infracción de los puntos 6.0 y 6.01 (a) del Código.

6.0 Responsabilidad ética de los analistas de conducta hacia la profesión
Los analistas de conducta tienen un compromiso con el análisis de conducta como ciencia y como profesión.

***6.01 Principios* [RBT]**
(a) Por encima de cualquier otro tipo de formación profesional, los analistas de conducta defienden y promueven los valores, la ética y los principios del análisis de conducta como profesión.

Además, una búsqueda en el índice JABA a través del motor de búsqueda de Wiley muestra que NO hay estudios conductuales publicados sobre este enfoque.

¿Debería la BACB ser informada de esta cuestión?

Lo responsable y ético es contactar con el/la BCBA y preguntar sobre esta estrategia de tratamiento (lleva una copia del Código contigo). Escuchar respetuosamente las respuestas de la BCBA. Luego, enséñele el elemento 6.0 y 6.01 y 4.01 (Consistencia Conceptual) del Código para tratar de informar a la BCBA sobre la necesidad de que todos los analistas de conducta sigan el Código. Si la BCBA escucha y está de acuerdo en corregir el error, puede que no tenga que informarlo a la BACB. Si la BCBA dice que estás equivocado y planea continuar con esta actividad poco ética, entonces debería considerar informar sobre esta BCBA a la BACB. Para ello, necesitará el formulario de notificación del sitio web BACB.com. Revise los requisitos para reportar a alguien y asegúrese de tener toda la documentación lista. Esta es una tarea que consume mucho tiempo, pero es la única manera de asegurar que tenemos una profesión fuerte y ética.

##

Un día después...

Gracias por una respuesta tan completa; es extremadamente útil. En Canadá, específicamente en Ontario, estos dos enfoques se utilizan muy habitualmente y se denominan ABA. Aunque no puedo hacer un cambio en la provincia entera, espero empezar haciendo cambios dentro de mi agencia.

Los tratamientos de moda como estos aparecen por todas partes en Internet, con sitios web llamativos y testimonios convincentes. Habitualmente tienen una compleja teoría para respaldarlos. La combinación de teoría, sitio web y testimonios es suficiente para convencer a algunos padres de probar estos métodos. Los analistas de conducta bien entrenados deben estar preparados para hacer preguntas difíciles sobre la investigación de estos enfoques y rechazarlos cuando no haya investigación. Varios elementos de nuestro Código se refieren específicamente a los tratamientos no conductuales. La idea general del Código es que los analistas de conducta utilizan sólo procedimientos y tratamientos de análisis de conducta. Nuestro campo tiene décadas de análisis experimental de la conducta a sus espaldas; más de 50 años de investigación bien controlada de ABA publicada en JABA y otras revistas para ayudarnos a determinar lo que funciona y lo que no. Y, siendo claros, hay que decir que ninguno de estos enfoques tiene nada que ver con ABA.

CONSULTA ÉTICA NÚM. 20 - RESPUESTA ÉTICA

Como padre, tengo una consulta ética sobre el cobro de honorarios. Recientemente, mi mujer y yo nos pusimos en contacto con una analista de conducta para nuestro hijo diagnosticado de autismo leve. La terapeuta nos envió sus honorarios y programamos una entrevista telefónica. Sabíamos que nos cobrarían por esa entrevista, pero quería dejar claro que no habíamos firmado nada que afirme que conocemos en detalle sus honorarios. Con nuestro permiso, ella observó a nuestro hijo en el colegio. También sabíamos que nos cobraría por ello. La analista también preguntó a otros profesionales del equipo escolar acerca de nuestro hijo (profesores, logopedas, etc.). En sus honorarios se mencionaba que cobraba por el tiempo invertido en cualquier consulta que durase más de 15 minutos. Antes de contactar a estas personas, no nos recordó sus honorarios, ni nos preguntó sobre lo que le pagaríamos por el tiempo de consulta telefónica. No estuvimos presentes en esas llamadas, así que no tuvimos ningún tipo de control, además no informó a las personas consultadas de los cargos asociados.

Nos ha cobrado una elevada cantidad por estas llamadas y por las que nos hizo después de la entrevista telefónica inicial. Nos ha cobrado por consultas que no hubiéramos permitido si hubiéramos estado informados adecuadamente de sus honorarios. ADEMÁS, nos está cobrando por obtener información sobre nuestro hijo. ¿Constituye esta práctica una forma de chantaje o secuestro económico?

En dichos casos habitualmente una persona, primero, te quita algo y luego te ofrece recuperarlo por un precio, que no es el caso. Pero, si lo que quieres decir es que sientes que se han aprovechado de ti, es comprensible.

Yo también soy maestra y sé que a mi director ni se le ocurriría cobrar a los padres por hablar con los maestros. Es parte del trabajo, es esperable. Hemos hablado con muchos otros BCBA que nos han comentado que las prácticas de este analista de conducta están fuera de lo normal.

Sí, es correcto. Este tipo de consulta telefónica no suele ser facturada.

Por lo tanto, supongo que mi pregunta es: ¿Esta analista de conducta ha infringido su Código?

Por favor, eche un vistazo a los puntos 2.12 (a, b, c) y 2.13 de nuestro Código (escritos más abajo). La BCBA debería haberle presentado una propuesta de contrato de servicios por adelantado en la que todos los honorarios se especificasen. Tu descripción da a entender que había honorarios "ocultos" que no fueron explicados. Los analistas de conducta deberían ser absolutamente transparentes sobre sus honorarios. Somos profesionales y no queremos ser acusados de actuar como un banco o una compañía telefónica que tiene tarifa ocultos.

2.12 Contratos, honorarios y acuerdos económicos.

(a) *Antes de la aplicación de los servicios, los analistas de conducta se aseguran de que existe un contrato firmado que detalla las responsabilidades de todas las partes, el alcance de los servicios analítico-conductuales que se van a proveer y las obligaciones de los analistas de conducta en virtud de este Código.*

(b) *Tan pronto como sea posible en una relación profesional o científica, los analistas de conducta llegan a un acuerdo con sus clientes especificando los acuerdos de compensación y de facturación.*

(c) *Los honorarios de las prácticas de los analistas de conducta son consistentes con la ley y los analistas no tergiversan sus honorarios. Si se pudieran anticipar limitaciones en el servicio debido a limitaciones en la financiación, ello debe hablarse con el cliente tan pronto como sea posible.*

2.13 Precisión en los informes de facturación

Los analistas de conducta indican con precisión la naturaleza de los servicios prestados, las tasas o costes, la identidad del proveedor, los resultados relevantes y otros datos descriptivos requeridos.

Si lo ha hecho, ¿qué podemos hacer?

Puedes presentar un Aviso de Presunta Infracción ante la BACB; para ello, ve a BACB.com y busca el formulario de Aviso y preséntalo como se indica.

No continuaremos con este terapeuta, sus intereses ocultos nos han dado mala espina.

¿Ha tratado de poner por escrito sus preocupaciones sobre los honorarios y pedir un ajuste?

Los analistas de conducta que se comportan de forma ética se esfuerzan por ser transparentes en todos los sentidos con sus clientes, desde la admisión hasta la evaluación y el tratamiento. La facturación es una parte necesaria de ese ciclo y no debe haber sorpresas en lo que se le cobrará al cliente. Este cliente ahora ve a este BCBA (y posiblemente a nuestro campo) como deshonesto y retorcido, y probablemente tendrá una tendencia a llevarse esa impresión de futuros analistas de conducta con los que trate. Esto podría dificultar que los padres trabajen sin problemas con otro analista de conducta en el futuro. Los analistas de conducta deben esforzarse seriamente en trabajar honesta y abiertamente con todos los clientes teniendo en cuenta que la impresión que causamos a un cliente puede durar mucho tiempo.

CONSULTA ÉTICA NÚM. 21 - RESPUESTA ÉTICA

Tengo una pregunta sobre el consentimiento informado. No encuentro ninguna respuesta correcta que, de alguna manera, se cite directamente en el Código. Asumo que debería actuar con cautela, sin embargo, me gustaría escuchar su opinión sobre el tema.

He sido BCBA durante un año. Actualmente trabajo para una empresa que realiza asesoramiento, supervisión y evaluación de necesidades en colegios y para varias disciplinas (BCBA, Psicólogos Escolares, LICSWs, ABA, servicios de evaluación, etc.). Estoy contratado en un colegio 12 horas a la semana. Dentro de este asesoramiento (propio de un BCBA)realizo cualquier evaluación funcional (FBA) que el colegio necesite y mis horas restantes las dedico a ayudar a observar y a hacer sugerencias para cualquier estudiante con el que puedan tener dificultades. Antes de que yo realice los FBAs, mi compañía normalmente cumplimenta de forma independientemente una Carta de Acuerdo y/o los colegios obtienen un consentimiento informado firmado de la evaluación.

Mi pregunta es, para los otros estudiantes con los que se me están pidiendo "ayuda", ¿es necesario que también reciba el consentimiento de los padres para la observación y para cualquier intervención sugerida a partir de entonces?

Sí, una parte significativa de la "evaluación" para los analistas de conducta es la observación directa en el entorno natural, por lo que según el Código 3.03 se necesitaría el consentimiento de los padres de estos niños.

3.03 Consentimiento de la evaluación analítico-conductual.
(a) Antes de la realización de una evaluación, los analistas de conducta deben explicar al cliente los procedimientos a utilizar, quién participará y cómo se usará la información resultante.
(b) Los analistas de conducta deben obtener la aprobación por escrito del cliente de los procedimientos de evaluación antes de su aplicación.

¿O procedo bajo la premisa de que estoy actuando como un BCBA empleado en ese colegio y ya tengo algún tipo de consentimiento inherente?

No, no es seguro asumir que dispones del consentimiento a nivel implícito. Eres un analista de conducta primero y un empleado después; debe preocuparse en primera instancia por los derechos del estudiante (en este caso la privacidad). Recuerde que el Código dice que pedimos permiso/consentimiento para trabajar con los estudiantes. Y, además, como se describe en el punto 3.03 (a) usted, «debe explicar al cliente el procedimiento/s a ser usado, quién participará y cómo se usará la información resultante» así que simplemente tener firmado un formulario de consentimiento general no es suficiente.

(No estoy seguro de sí un BCBA trabajando en un colegio necesitaría consentimiento para estas cosas, además, teniendo en cuenta mi posición más bien de contratado como "tercero").

Los analistas de conducta necesitan el consentimiento independientemente de donde trabajen.

¿En qué momento del proceso de consulta necesita un BCBA, que está trabajando en el colegio, el consentimiento para observar a un estudiante en particular?

Sí, los BCBA de los colegios definitivamente necesitan consentimiento para observar a un estudiante ya que estarían bajo el Código sin importar quién los emplee. El consentimiento es necesario cuando se pide una evaluación u observación.

¿sería después de la observación?, o simplemente ¿el BCBA necesita un consentimiento para observar? ¿Mi situación de contratado externo difiere con la situación de un empleado permanente del colegio?

Los empleados del colegio no tienen un Código por lo que llevan a cabo sus deberes como se les ha instruido, pero los analistas de conducta son profesionales y tenemos un Código fuerte que está centrado en el cliente.

Mi compañía está esforzándose para encontrar la forma correcta de actuar en esta situación. Teniendo contratados profesionales de varias disciplinas, sería importante que cada empleado comprenda su obligación de obtener el consentimiento y conozca si necesitan delegar esta responsabilidad a los colegios antes de interactuar con los estudiantes.

Cada disciplina tiene su propio Código y muchos son mucho menos específicos que el Código de Cumplimiento Profesional y Ético de la BACB.

Muchos colegios utilizan un formulario de "consentimiento general" que se envía a todos los padres al comienzo del año para cubrir una amplia variedad de asesoramiento u otras intervenciones terapéuticas y permisos para excursiones, etc. Esto puede verse como una táctica "centrada en el colegio" en lugar de un enfoque "centrado en el cliente" y beneficia principalmente al colegio ya que la búsqueda de permisos individuales requiere más trabajo y más tiempo. Sin embargo, como se describe en este caso, nuestro Código es muy claro que debemos ser transparentes en todo lo que hacemos y por tanto se opone a una regla diseñada para beneficio de los administradores del colegio.

Esta pregunta plantea muchas cuestiones relacionadas. El lector interesado puede consultar los puntos 2.03, 2.05, 2.08, 2.15, 3.01, 4.02 y 9.03 del Código.

CONSULTA ÉTICA NÚM. 22 - RESPUESTA ÉTICA

Le escribo porque no estoy seguro de cómo abordar un problema ético en mi trabajo. En los últimos dos meses, por mi trabajo (una empresa que da servicio ABA a colegios infantiles) me he reunido con dos familias a las que les gustaría que sus hijos recibieran nuestros servicios. Actualmente, ambas familias están trabajando con otra empresa ABA dirigida por un BCBA.

Ambas familias nos han dado información sobre el comportamiento de esta empresa que compromete el cumplimiento del Código. Ninguna de las dos familias se enteró de la existencia del Código o de cómo pueden presentar una queja.

Esto en sí mismo es una infracción del Código 2.05 (d).

2.05 Derechos y prerrogativas de los clientes [RBT]

(d) Los clientes y los estudiantes supervisados deben ser informados de sus derechos y sobre los procedimientos disponibles para la presentación de denuncias dirigidas al empleador o las autoridades que correspondan sobre las prácticas profesionales del analista de conducta.

No saben que tienen el derecho de reclamación. Mi supervisor para la BCBA (aún no estoy certificado) ha dicho que en esas situaciones no puedo explicar directamente a los padres cómo presentar una queja contra la empresa que les dio servicio anteriormente. Puedo explicar nuestras políticas aquí (que incluyen informar a los padres del código y explicarles cómo presentar una queja) y dejarlo así.

En realidad, si los padres piden ayuda para rellenar el formulario (puede que tengas que descargarlo para ellos en la página web BACB.com) puedes ayudarles; lo que no puedes hacer es iniciar la queja con ellos contra otra agencia.

Si los padres deciden usar esta información para presentar una queja contra la empresa que les dio servicio anteriormente, es algo que excede mi responsabilidad.

No, tu trabajo es velar por el MEJOR INTERÉS de tus clientes y si esto significa ayudarles a presentar un aviso, entonces es apropiado bajo el 7.02 (b).

(b) Si se están infringiendo los derechos legales de un cliente, o si existe la posibilidad de causar daño, los analistas de conducta deberán tomar las medidas necesarias para proteger al cliente, incluyendo, pero no limitándose a, ponerse en contacto con las autoridades pertinentes, manteniendo consultoría con los profesionales adecuados y documentando sus esfuerzos para abordar el asunto.

Lo que me genera dudas es: ¿En qué momento las infracciones éticas que estoy escuchando constituyen un problema tan grande que yo, como profesional, tenga el deber ético de intervenir? No son asuntos menores que podría resolver con esta BCBA en una conversación cordial. Las quejas incluyen prácticas de facturación dudosas, cobrar por servicios que los padres no han consentido, pedir que los padres se inscriban en servicios fuera del alcance de ABA, no proveer servicios que cumplan con los estándares de las mejores prácticas y, en una ocasión, la falta de seguimiento del protocolo cuando un niño se lastimó.

Esto es serio y justifica la presentación de un informe a la BACB.

Esta no es, ni siquiera, una lista completa de los asuntos los padres me han comentado.
Tengo muchas dudas, sé que no puedo indicar directamente a estos padres que hagan una denuncia.

Correcto, pero si no han sido informados de sus derechos por el anterior BCBA entonces es tu obligación como se describe en el 2.05 (d) anterior y de ayudarles si lo piden (lo cual estoy seguro de que harán).

Sin embargo, sé que la probabilidad de que inicien este proceso por su cuenta es mínima. Este profesional sigue prestando servicio a las familias y los niños de mi ciudad.

¡Apreciaré cualquier orientación sobre el tema!

Esta es una situación delicada que no hemos abordado anteriormente. Los BCBA tienen la obligación de explicar el punto 2.05 del Código (d) en un lenguaje sencillo y responder a cualquier pregunta que pueda plantearse. Ese derecho fundamental no fue expuesto a los clientes y ahora, puede que un segundo analista sea necesario para ayudar a los clientes a presentar un informe, teniendo en cuenta el punto 7.02 (b) «los analistas de conducta deben tomar las medidas necesarias para proteger al cliente». El segundo analista de conducta debe recordar que debe tratar la información obtenida del cliente como confidencial por naturaleza y no actuar fuera de la relación con el cliente.

CONSULTA ÉTICA NÚM. 23 - RESPUESTA ÉTICA

Recientemente, se ha publicado un artículo, del cual suponía que era autor y me han excluido de la lista de autores.

El protocolo es que todas las partes involucradas deben reunirse al comienzo del proyecto de investigación para acordar la autoría. Luego se reúnen de nuevo al final del proyecto para ver si hay algún ajuste. Es posible que algunos participantes se adelanten ya que hicieron una contribución mayor de la prevista originalmente y que otros se retrasen en el orden ya que desempeñaron un papel menor. Además, todos los que contribuyeron lo suficiente para ser coautores deberían tener la oportunidad de examinar los borradores del documento antes de su presentación. Se podría eliminar de nuevo cuando regresase del editor de la revista. Por lo tanto, cada participante tiene múltiples oportunidades de figurar como coautor. ¿Cómo no sucedió esto en tu caso?

Me puse en contacto con el autor principal y me dijo que él mismo certificaría que soy autor si alguien lo ponía en duda. ¿Es esa la forma correcta de actuar cuando se excluye a un autor de un artículo ya publicado?

No, el autor principal debe contactar con el editor y solicitar que se publique una corrección de errores en el próximo número.

##

Seguimiento del caso días después...
Desafortunadamente, mi problema no se resolvió. Parece que el coautor, que originalmente me excluyó por error, contactó con la revista y la revista impidió arreglar el error, cosa que yo también he visto. Me puse en contacto con la editora y ella habló con la editorial y dijo que no publican correcciones de errores a menos que aborden inexactitudes científicas. El primer autor y el editor son ambos analistas de conducta.

##

Los analistas de conducta que participan en la investigación deben enseñar a otros con antelación sobre el proceso de coautoría para evitar que esto suceda. ¿Sigues en contacto con su "coautor"? ¿Sigues investigando?

##

Ya no tengo un contacto regular con el coautor, pero todavía tengo su información de contacto. No estoy investigando en este momento; me estoy centrando en otros trabajos que necesitan ser escritos y presentados para su publicación, pero ninguno de ellos es con el mismo autor.

##

Algunas de las mayores recompensas en nuestro campo vienen cuando trabajamos "en pro del estudiante" y buscamos maneras de ayudar a los estudiantes a interesarse e involucrarse en la investigación. Eventualmente, podemos ayudarles a convertirse en un autor o coautor de un estudio. Esto podría ayudar a estudiantes brillantes y ambiciosos a entrar en el colegio de posgrado o podría ayudar a los estudiantes de posgrado a obtener una beca o un puesto de asistente. Para los estudiantes, tener sus nombres en una publicación es la marca éxito como investigador. Los profesores deben reconocer la importancia de este reconocimiento y hacer lo mejor para promover la próxima generación.

CONSULTA ÉTICA NÚM. 24 - RESPUESTA ÉTICA

Hace una semana, conocí a una persona en una recaudación de fondos contra el autismo y me pidió mi tarjeta de visita. Cuando vio que soy BCBA, lo comentó y dijo que hará su examen en noviembre.

Me dio su tarjeta y hasta hace nada no la he mirado. Tiene su nombre seguido de, BCBA(C). Siento que se está presentando erróneamente como BCBA ya que no ha hecho su examen todavía. Además, nunca he oído hablar de BCBA(C).

¿Tengo que informar de esto a la BACB?

Deberías empezar por seguir el consejo del punto 7.02 (c) del Código y tratar de abordarlo informalmente. Esto implicaría llamar o escribir para hacerle saber que está infringiendo el Código. Probablemente podría saber por su reacción a la conversación con él (desafiante, defensiva o apologética, arrepentida) si va a cumplirlo. Si tiene una página web, podría comprobar si ha corregido el problema.

7.02 Infracciones éticas por otros y riesgo de daño[RBT]

7.02 (c). Si una resolución informal parece apropiada y no infringe ningún derecho de confidencialidad, los analistas de conducta intentan resolver el problema al llamar la atención de ese individuo y documentar sus esfuerzos para abordar el asunto. Si el asunto no se resuelve, los analistas de conducta informan del caso a la autoridad competente (por ejemplo, el empleador, supervisor, autoridad reguladora).

##

Cinco días después...

¡Muchas gracias por su rápida respuesta! Me pondré en contacto con él sobre esto.

No indicó lo que significa la "(C)". Si lo hace, cuando hable con él sobre esto, me aseguraré de ponerte al día.

¡Gracias de nuevo!

##

Seguimiento seis días después...

Hola de nuevo,

Sólo quería contarte que contacté con el profesional para preguntarle por la tarjeta de visita y obtuve una buena respuesta. Se disculpó mucho, fue sólo un malentendido, ¡así que es genial! Gracias de nuevo por tu orientación. Por favor, vea su respuesta a continuación:

Le pido disculpas por no haberle contestado ayer; le agradezco que se haya tomado el tiempo de ponerse en contacto conmigo, soy consciente del problema y le pido disculpas por el error. He contactado a mi supervisor y al diseñador gráfico de nuestra agencia para corregir el problema. Hubo un error de comunicación entre nuestro departamento de recursos humanos y el diseñador gráfico que maneja todas las tarjetas de visita y el sitio web de nuestra agencia. Se supone que mi tarjeta de visita dice M. ABA (C), con la "(C)" que significa "actualmente inscrito". Recibí las tarjetas de visita el martes anterior al evento en el que me encontré contigo y no había notado el error hasta el fin de semana pasado. Te prometo que mi intención nunca fue tergiversar mi nombre como una BCBA. Estoy en el proceso de corregir el problema y en realidad estaba planeando contactarte esta semana. He estado reuniendo una lista de todos a los que creí haber dado mi tarjeta de visita para informarles del error. Además, he llevado el lote de tarjetas de visita con el error de vuelta a la oficina para ser desechadas y estoy haciendo que se impriman nuevas tarjetas con la corrección.

Además, quiero extenderle mis más sinceras disculpas por ponerle en la incómoda posición de tener que abordar este asunto. Como he dicho antes, nunca fue mi intención tergiversar y asumo toda la responsabilidad por el error. Espero que la situación no haya dañado ninguna relación profesional potencial.

##

El código 7.02 (c) fue pensado para tener exactamente este efecto, para que un profesional que nota un posible error ético por parte de otro se acerque a ese individuo de manera amistosa y le haga preguntas relacionadas con el incidente observado. El primer profesional debe asumir que, tal vez, no entiende la situación y sólo quiere aclarar algunas cosas para no ponerle inmediatamente a la defensiva, lo que podría empeorar las cosas. El segundo profesional en este caso fue lo suficientemente honesto como para admitir que se cometió un error e inmediatamente tomar medidas para corregir la tarjeta de visita y, además, trató de contactar con cualquiera a quien se la entregara; esto es realmente asumir toda la responsabilidad. Ciertamente no hay necesidad de presentar un aviso contra la persona en un caso como este.

CONSULTA ÉTICA NÚM. 25 - RESPUESTA ÉTICA

Tengo una compañera que es brasileña y vive en los Estados Unidos. Regresa a Brasil de vez en cuando para impartir "talleres". Constantemente publica en Facebook fotos de los asistentes a estos talleres.

Esto no está permitido a menos que obtenga el permiso de los participantes por escrito.

Además, en su página de Facebook, frecuentemente publica fotos con supervisores y estudiantes.

Cuando dices estudiantes, ¿te refieres a los clientes? Si es así, esto no está permitido por el punto 2.06 (a) del Código.

Si se trata de estudiantes universitarios, deben dar permiso por escrito. En el caso de los adultos, debe tener una autorización firmada por cada persona para las fotos.

También utiliza el sello de la BACB para difundir la publicidad de sus talleres. Parece que está usando el nombre de la BACB para dar a su taller un mayor valor o fuerza.

¿Estás hablando del logo de ACE? Los proveedores de capacitación deben solicitar convertirse en proveedores de ACE y se les exige que coloquen el logo para verificar que han sido aprobados e incluir una declaración como esta: "es un proveedor de Educación Continua Autorizada (ACE) de la BACB de Certificación de Analistas de Conducta (BCBA)". Si no incluyen su número autorizado, es probable que no estén aprobados. Si incluyen el número, se pueden comprobar con la BACB si están actualmente aprobados. Además, si tiene quejas sobre la capacitación de un proveedor aprobado, asegúrese de incluir su número en su carta a la BACB.

10.03 Confidencialidad y propiedad intelectual de la BACB[RBT]
Los analistas de conducta no infringirán los derechos de propiedad intelectual de la BACB, incluyendo, aunque sin limitarse a los derechos de la BACB a los siguientes elementos:

(a) Logotipo de la BACB, logotipo de secuencias de créditos aprobada (ACS), logotipo de proveedores de formación continua (ACE), certificados, cualificaciones y denominaciones, incluyendo, pero sin limitarse a: marcas comerciales, marcas de servicio, marcas de registro y marcas de certificación de propiedad reivindicadas por la BACB (aquí se incluyen marcas que por similitud, puedan inducir a confusión sobre su referencia a la filiación, registro o certificación profesional de la BACB, así como certificados educativos en análisis aplicado de conducta que de forma engañosa sugieren conferir una certificación de carácter nacional;

He oído (pero no tengo pruebas), que ella ha estado diciendo que es la única en Brasil que puede ofrecer servicios basados en el Análisis de Conducta Aplicado.

Esto es una infracción del 1.04, Integridad, del Código. Si tiene pruebas, la persona puede ser reportada a la BACB. Cuando dices "he escuchado", esto se considera un rumor y no puedes hacer mucho al respecto. Sin pruebas y solamente teniendo rumores no fundamentados de otros, estás a un paso de transmitir un rumor.

El año pasado, en la publicidad de uno de sus talleres ponía que ella era doctora. Le escribí para pedirle que eliminase esa información ya que solamente tiene un máster.

Bien, ha cumplido con los requisitos del 7.02 (c) (resolución informal). Esto también es una infracción del 1.04, Integridad, del Código. Si tiene pruebas (p.ej., una copia del volante), la persona puede ser reportada al Consejo.

Hay personas que me escriben todas las semanas para contarme algo que ha hecho. Sin embargo, sigo diciendo que, si alguien quiere informar de algo, deben escribir a la BACB.

Es bueno que le dijeras a la gente que habla del compañero que escriban ellos mismos a la BACB. Recuerda que sólo aquellos con conocimiento de primera mano del incidente pueden presentar un informe a la BACB y que la persona que está siendo reportada debe ser un analista de conducta certificado.

Mi pregunta es: Dada toda la información que hay en su página de Facebook (que es a lo único a lo que tengo acceso), ¿debería denunciar a esta persona?

Por supuesto.

CONSULTA ÉTICA NÚM. 26 - RESPUESTA ÉTICA

Tengo la siguiente consulta: Se ha publicitado una formación escolar que se llevará a cabo próximamente. Una conocida BCBA es la persona de contacto. La formación es sobre Pensamiento Social, el cual no tiene una base de investigación sólida, pero es usado frecuentemente en la comunidad de terapeutas que trabajan con personas diagnosticadas de autismo.

Los clientes tienen derecho a un tratamiento efectivo como se describe en el Código 2.09. Una revisión que utiliza el motor de búsqueda de JABA (Biblioteca Online Wiley) y se remonta a 50 años atrás no encuentra ni un solo estudio sobre "Pensamiento Social". Además, al examinar la sección de "investigación" del sitio web de Pensamiento Social, parece que allí tampoco hay estudios legítimos revisados por pares.

La BCBA solamente tiene la responsabilidad de tomar nota de las preguntas y emitir créditos CE para el desarrollo profesional/formativo. No estoy seguro de cuánto participó en la toma de decisiones previa al anuncio del curso (es decir, si recomendó el plan de estudios, participó en las conversaciones sobre si se basa en pruebas o no, cómo anunciarlo, etc.).

¿Cuál es la relación profesional de la BCBA con la gente que se está formando en el colegio? ¿Está empleada por el colegio?

He estado en contacto con la BCBA para ver si había alguna manera de que se distanciara de la formación. Todo el mundo sabe que es una BCBA,incluso si ella no usa su credencial ya que estamos en una comunidad muy pequeña. Ella me dijo que no le correspondía a ella negar que el programa de estudios no está basado en evidencias. Desde entonces he preguntado si habría alguna manera de que ella dejase de ser la persona de contacto.

> Código
> 7.02 (c)

La BCBA puede no querer tener conflictos y pedir un descargo de responsabilidad, sin embargo, podría hacerlo.

Me preocupa que promover o aparentar promover este currículo no es ser consistente con el Código de la BACB específicamente relacionado con la dependencia del conocimiento científico (punto 1.01), consistencia conceptual (4.01), principios (6.01) y difusión del análisis de conducta (6.02).

¿Cuál es el siguiente paso más razonable? Como dije, soy muy consciente de que la formación de Pensamiento Social es muy popular en la comunidad de terapeutas y que muchos BCBA lo están usando dentro de un contexto analítico-conductual sólido (definiendo operacionalmente los términos, tomando datos, etc.).

Este enfoque de tratamiento parece derivar del movimiento de integración sensorial que nos ha traído tantos otros tratamientos de moda. Usted ha hecho un esfuerzo, de buena fe, para resolver esto informalmente (7.02 (c) del Código) por lo que tiene buenas razones para reportar este BCBA a la BACB. Otros puntos relevantes del Código son: 4.01, 6.01, 6.02, 8.01.

Gracias por su tiempo y por cualquier orientación.

##

Unos días después...

Gracias por su respuesta a mi pregunta. Quería contarle lo que ha pasado desde entonces. Redacté una carta para la BACB, la edité varias veces antes de planear su envío. La BCBA se puso en contacto conmigo el día que planeé enviar un correo electrónico a la BACB. Ella misma se puso en contacto con la BACB y le dieron un consejo similar. Optó por eliminar su nombre de los materiales y proporcionó un descargo de responsabilidad a las personas con las que trabaja. Sin embargo, no estoy seguro de si ella proporcionó el descargo de responsabilidad a los asistentes que buscaban formación continua en el evento. Además, como vivimos y trabajamos en una zona rural, nos hemos cruzado de vez en cuando y trabajamos en algunos proyectos conjuntamente. Ha expresado su gratitud por haber hablado de esta cuestión con ella. Estoy seguro de que no todas las historias terminan con un final tan positivo.

El pensamiento social es un tema muy "caliente" en los colegios en este momento. Hay gran variedad de tratamientos, como las Zonas de Regulación, que tampoco se basan en la evidencia.

Gracias por toda su ayuda.

##

Los analistas de conducta deben ser siempre conscientes de que su reputación como terapeutas basados en evidencias científicas puede verse empañada por el hecho de que se les empareje con otros enfoques que no son tan rigurosos o que son conceptualmente inconsistentes con el ABA. El primer paso en esos casos es acercarse a la persona de manera informal, haciendo preguntas y planteando inquietudes sobre esta situación e intentando persuadirla de que aborde el problema. El analista de conducta que presentó la pregunta ha respondido apropiadamente en esta situación y ha recibido una respuesta muy positiva. En este caso no necesitará presentar un Aviso de Presunta Infracción al Comité de Cumplimiento del Código de la BACB.

CONSULTA ÉTICA NÚM. 27 - RESPUESTA ÉTICA

Mensaje para el experto en ética:

¿Es ético pedir a los empleados que publiquen una reseña en un sitio web de recursos humanos? Uno de mis empleados expresó su preocupación, por lo que quiero estar seguro.

Sí, esto parecería ser una infracción de 1.07 Relaciones de Explotación del Código. Usted está en una posición de poder con respecto a sus empleados y si ellos se expresan con sinceridad, por ejemplo, «Es una buena persona, pero creo que puede ser bipolar. Algunos días camina feliz y sonriente y al siguiente, sin ninguna razón se encierra en su oficina y no responde a las llamadas telefónicas o al correo electrónico. ...» es muy posible que ese empleado sea colocado en puestos de menor responsabilidad o despedido.

1.07 Relaciones abusivas [RBT]

1.07 (a). Los analistas de conducta no explotan a las personas a las que supervisan, evalúan, o sobre las que ejercen autoridad de cualquier tipo, tales como estudiantes, estudiantes supervisados, empleados, participantes en investigación y clientes.

Quizás sea una pregunta muy específica y necesite tener más información. Desde mi punto de vista este es el contexto:

Envié un correo electrónico a toda la empresa con la petición y no lo he mencionado desde entonces. El sitio web requiere que las personas que escriben la reseña indiquen si son empleados actuales.

Los revisores, para ser considerados objetivos, deben ser anónimos.

Por lo que no se ha engañado a nadie, no les dije qué decir. Tampoco les insinué que dependiendo de su reseña tendrían consecuencias deseables o indeseables. Hacer esto ¿es ético?

Si hubiera sugerido que las críticas fueran positivas, esto sería realmente una forma de abuso.

Hay relaciones de poder sutiles y no tan sutiles en todos los entornos de trabajo. El presidente o el propietario de una empresa puede exigir al CEO que acepte más y más clientes, aunque el personal esté ya muy ocupado, el director clínico puede sobrecargar a los BCBA con casos que requieren mucho tiempo y un BCBA puede dar a los RBT "malas" asignaciones que implican una gran cantidad de transporte a casa de los clientes y por lo que tienen una gestión compleja. Usar a la gente de esta manera es una forma flagrante de explotación y es una infracción del Código.

Y luego hay formas sutiles de abuso como muestra este caso. Esta petición de la empresa para animar a los analistas de conducta a inscribirse es una forma sutil de abuso. El dueño de la compañía que veía testimonios de empleados en otros sitios web pensó que era una práctica aceptable, después de todo, no pedía a los clientes que publicaran estas revisiones ya que sabía que eso no estaba permitido. Pero, como el propietario estaba en posición de saber quién escribía la reseña, los empleados serían reacios a decir la verdad sobre su trabajo allí por temor a perder sus empleos o a ser acosados por la gerencia (la que probablemente despediría a cualquiera que escribiera una mala reseña).

CONSULTA ÉTICA NÚM. 28 - RESPUESTA ÉTICA

Me gustaría conocer su opinión sobre una situación compleja y así asegurarme de que estoy actuando éticamente

Hace dos meses avisé, con 30 días de antelación, que dejaría de trabajar en mi antigua empresa.

¿Por escrito y tienes una copia? ¿También informó a su supervisor de la BCBA?

Trabajé para esa compañía como BCaBA ayudando a BCBA. Después de mi aviso, nadie de la empresa contactó conmigo para la transición de uno de mis clientes a un nuevo terapeuta. La compañía ni siquiera contactó a los padres del cliente para programar la transición con el otro terapeuta (1:1) hasta mi última semana. En mi último día de trabajo en la empresa, una RBT me contactó para preguntarme qué debía hacer con ese cliente (lo mencionó por su nombre). Dijo que obtuvo mi número de teléfono de los padres del cliente. Le informé que ya no era un empleado de la compañía y que cualquier decisión de planificación o tratamiento debería venir del equipo de profesionales que actualmente estuviera trabajando con el cliente. Le dije que hablase con uno de los propietarios de la empresa o con el BCBA responsable del caso y que tratase en profundidad con ellos las opciones disponibles.

¿Hay alguna posibilidad de que nunca hayan recibido su aviso de 30 días? ¿Firmó una cláusula de no competencia en su contrato?

En marzo de 2017, recibí un correo electrónico muy desagradable de uno de los propietarios, afirmando que...

1.05 (g). Los analistas de conducta no acosan, degradan a personas con las que se relacionan en su trabajo por motivos tales como la edad, el género, la raza, la cultura, el origen étnico, nacionalidad, religión, orientación sexual, discapacidad, idioma o condición socioeconómica según la ley.

En marzo de 2017, recibí un correo electrónico muy desagradable de uno de los propietarios, afirmando que durante tres años no había entregado ningún registro de sesión, que iban a retener mi último pago e iban a informar sobre mí a las "agencias apropiadas". Le respondí indicando que revisasen los mensajes de correo electrónico de principios de marzo en los que presentaba la documentación de todo el año 2015 hasta febrero de 2017. También dije que el resto de los documentos habían sido cargados en la base de datos de la empresa desde febrero hasta que me fui.

¿Tienes una copia de esta correspondencia?

En febrero de 2017, la empresa realizó una auditoría interna y vio que me faltaba documentación. Proporcioné toda la documentación restante que se solicitó a principios de marzo de 2017. El propietario no ha respondido a ese correo electrónico.

Si fuera por correo electrónico, lo enviaría de nuevo con "2° Intento" en el asunto.

También vi en mi última declaración de principios de marzo que retiraron un cargo administrativo de 100 dólares por "incluir documentación y notas en la base de datos".

Más tarde, en el mismo día que envié el correo electrónico (en marzo), recibí una llamada del director ejecutivo. Me dijo que después de leer el correo electrónico "sabía a dónde iba esto" y quería intervenir. Le expliqué que yo sabía que esto era sólo una estrategia para tratar retener mi último pago; es una práctica comercial común en esta empresa. (Tengo documentación de técnicos anteriores que han dejado esta compañía preguntando sobre por qué no recibieron su último pago).

Sí, este tipo de acoso es bastante común como castigo. Sin embargo, es ilegal en algunos estados. Deberías comprobarlo.

Tengo correspondencia, por correo electrónico, entre yo y un copropietario de la compañía en la que comenté que inmediatamente después de avisar de que me iba de la empresa, un administrador redujo mis honorarios en casi 10 dólares por hora para una compañía de seguros y para otra a 0,00 dólares. El copropietario me envió un correo electrónico diciendo que arreglaría esto. No dijo que fuese un accidente, ni negó que un administrativo cambiase ilegalmente los códigos.

Estamos a junio. Ayer por la mañana, envié un correo electrónico al director ejecutivo para poner nuestra conversación telefónica por escrito y confirmar con el que me dijo que "sabe que es ilegal intentar retener el sueldo de alguien" y que "iba a trabajar para resolver esto lo antes posible". No ha respondido a mi correo electrónico.

Anoche, recibí una llamada de otro analista de conducta pidiéndome que le diera información sobre el mismo cliente por el que me habían llamado antes. Le expliqué que ya no trabajo para esa empresa y que sería una infracción hablar de este cliente. Me dijo que la BACB me exige que trabaje con él para derivarle este cliente.

Tienes razón, a menos que hubiera alguna otra cláusula en su contrato.

Le dije que la transición se debería haber hecho durante mi período de aviso de 30 días y dijo que la compañía no había podido encontrar a nadie hasta ahora. En ese momento, le dije que me pondría en contacto con la BACB para que me guiara en esta situación y que seguiría cualquier sugerencia y recomendación que hicieran.

Por favor, tenga en cuenta que los autores no trabajan para la BACB. Si quiere una respuesta oficial de la BACB, tendrá que escribir a la BACB a través de su enlace "Contáctenos".

Lamento que el mensaje sea tan largo, pero siento que estoy siendo acosado y que están tratando de que viole la ley de protección de datos personales, así como de que realice un trabajo sin remuneración. Me gustaría recibir consejo por su parte.

Debe crear inmediatamente un esquema temporal (con horas y fechas específicas) de lo que ocurrió y adjuntar su documentación en cada paso para demostrar que estaba operando de buena fe. Si tuvo una conversación por teléfono, trate de recordar textualmente cómo fue y comprométase a escribirlo para que no haya lagunas significativas en su línea temporal.

Nota de Jon S. Bailey: En mi opinión que por lo que has descrito, no has infringido el Código de la BACB. Parece que ha actuado de buena fe en esta situación difícil. En un caso similar al suyo, la compañía demandó a la BCaBA y tuvo que presentar toda la documentación para demostrar que había hecho lo que debía. Ese caso fue finalmente resuelto fuera de los juzgados y ella fue absuelta. Si tiene razones para creer que la empresa podría demandarla, debe consultar a un abogado con antelación para ver si hay algo más que deba hacer. Además, si alguna de las partes que ha mencionado es un analista de conducta certificado por la BACB, puede considerar la posibilidad de presentar una "notificación" contra él ante la BACB ya que es evidente que ha infringido el Código en varios aspectos. Si no están certificados, entonces tristemente, hay muy poco que el Consejo pueda hacer.

Se ha convertido en un estándar en análisis de conducta aplicado dar 30 días de aviso a su empresa cuando planea renunciar. También debe ofrecerse a ayudar en la transición de sus clientes a otro BCBA o a otro proveedor. No es apropiado que la compañía espere hasta el último minuto y luego acose a un analista de conducta que está actuando de buena fe. Esta es una infracción de la ley 1.05 (e) y es un delito denunciable. Es bastante inusual que una compañía "desaparezca" durante el período de 30 días; normalmente tendrían a alguien en la compañía que se pusiera en contacto inmediatamente con la BCBA e hiciera planes para la transición. En este caso, la empresa es claramente responsable de la transición del cliente, no el BCBA.

Por último, con respecto a nuestra pregunta anterior, "¿Hay alguna posibilidad de que nunca hayan recibido su aviso de 30 días?" en cualquier momento en el que los analistas de conducta (u otros profesionales) están renunciando a un puesto o enviando cualquier información importante, siempre es mejor hacerlo a través correo postal con una carta certificada y solicitando acuse de recibo. Se puede enviar un correo electrónico como copia de seguridad, pero el correo certificado con acuse de recibo proporciona una prueba legal y no deja ninguna duda de que su renuncia fue recibida.

CONSULTA ÉTICA NÚM. 29 - RESPUESTA ÉTICA

Trabajo en un colegio en el que un padre llamó al BCBA para decirle que no consentía el inicio de la intervención.

¿Si el colegio se lo indica,el BCBA puede iniciar la intervención en el colegio?

Aunque un BCBA esté empleado por un colegio, su principal compromiso es con el cliente, en este caso el estudiante. Cuando un BCBA está considerando un puesto en un colegio, recomendamos llevar una copia del Código a la entrevista. En la entrevista, los BCBA deben señalar las secciones que deben seguir para evitar cualquier conflicto posterior. Esto cumple con el requisito de que los analistas de conducta «den a conocer su compromiso con este Código» y tomen medidas para «resolver el conflicto de manera responsable» bajo el 1.04 (e) del Código.

1.04 Integridad[RBT]

(e) Si las responsabilidades éticas de los analistas de conducta entran en conflicto con la ley o cualquier regulación de la organización con la que están afiliados, deberán dar a conocer su compromiso con este Código y tomar medidas para resolver el conflicto de una manera responsable, de acuerdo con la ley

Nótese que los BCBA están comprometidos en primer lugar con los Códigos de Cumplimiento Profesional y Ético para Analistas de conducta que especifica claramente que los clientes, en este caso los padres, deben dar su consentimiento para una evaluación (Código 3.01, 3.03) y para el desarrollo de un plan de tratamiento (Código 4.02).

4.02 Involucrar a los clientes en la planificación y el consentimiento

Los analistas de conducta implican al cliente en la planificación y el consentimiento de los programas de cambio de conducta.

Los analistas de conducta necesitan tener en cuenta constantemente quién es su cliente, en este caso su cliente es el padre y obviamente el estudiante que sería el receptor de los servicios conductuales. Aunque el colegio puede ser el empleador, no puede exigir que la BCBA viole su Código para hacer su trabajo. No se puede esperar que los administrativos del colegio conozcan o entiendan nuestro Código, por lo que reunirse con ellos para formarles sobre los límites de lo que podemos y no podemos hacer es esencial. Conflictos como este pueden surgir entre un analista de conducta que se comporta de forma ética en cualquier entorno de tratamiento ya sea una clínica, en casa o en la comunidad. Es importante darse cuenta de que cuando los analistas de conducta comprometen su ética en una ocasión, seguramente habrá otras ocasiones. Un BCBA que no se adhiera a algún punto del código, no tardará en inclinarse por la pendiente resbaladiza del comportamiento no ético.

CONSULTA ÉTICA NÚM. 30 - RESPUESTA ÉTICA

Soy BCBA y copropietario de una compañía de ABA en el sudeste de los Estados Unidos. Anteriormente trabajé para otra compañía en el área supervisando casos. Llamaremos esa compañía "Empresa A". Aunque nunca firmé un contrato formal con la Empresa A, uno de los copropietarios de mi actual compañía firmó conmigo un contrato para BCBA. Este contrato era muy poco específico, pero había una cláusula de no competencia post-contractual en este contrato.

¿Su copropietario pidió ser liberado de la cláusula de no competencia?

De ninguna manera hemos estado contactando con los clientes que teníamos en la otra compañía. Sin embargo, en los últimos meses casi todos los clientes se han puesto en contacto con nosotros de forma independiente para cambiar de la Empresa A a nuestra nueva empresa. Inicialmente rechazamos estos clientes porque queríamos asegurarnos legal y éticamente de que no estamos derivando demasiado rápido clientes de nuestra empresa anterior. Hemos remitido estos clientes a otra empresa de la zona ya que no están contentos con los servicios que se prestan en la Empresa A. Les hemos dicho claramente los motivos por los que creemos que no podemos aceptarlos en este momento. Algunos de los clientes han decidido esperar hasta que estemos listos para aceptarles en nuestra nueva empresa. Les hemos dicho que les mantendremos informados sobre cuándo podremos hacerlo.

Pedir a los antiguos clientes que dejen su empresa y vengan a la suya sería un ofrecimiento personal de trabajo (*"soliciting"*) y no debería hacerse. No parece que estés haciendo esto. Si los antiguos clientes se ponen en contacto contigo y quieren trasladarse a su empresa, debe decirles que pongan esto por escrito y que mencionen específicamente que en absoluto recibieron un requerimiento personal por tu parte para hacerlo.

Nuestra principal pregunta es sobre cuál sería un límite de tiempo seguro para aceptar estos nuevos clientes. Tenemos algunos padres que están muy molestos y les cuesta entender por qué no pueden elegir quién trabaja con su hijo y su familia. ¡Es como si las familias estuvieran indirectamente bajo una cláusula de no competencia! Ha sido difícil para mí responder a esta pregunta.

No es cuestión de tiempo sino de protocolo, como se ha descrito anteriormente.

Hemos consultado a diferentes abogados y han examinado varios casos bajo nuestra ley estatal. Parece que este tema está muy en el aire.

La cláusula de no competencia laboral puede estar en el aire, pero no el ofrecimiento de servicios (*"soliciting"*), eso está bastante claro según la orientación anterior.

Sé que los proveedores de servicios sanitarios generalmente no pueden ser sometidos a pactos de no competencia post-contractual en los tribunales y no estoy seguro de si técnicamente como BCBA se nos considera proveedores de servicios sanitarios.

Sí, pero no firmaste una cláusula de no competencia. Su copropietario debe resolver esto con la empresa anterior. Como su abogado le ha dicho, las cláusulas de no competencia no son ejecutables en todos los estados y donde lo son dependen del sector del que se trate. La mayoría de las veces, la no competencia se refiere a la eventualidad de que un empleado se lleve información propiedad de la empresa, lo cual no puede suceder en ABA ya que todo nuestro conocimiento es público a través de revistas, libros y conferencias.

¿Conoce otra situación similar? También estamos buscando orientación sobre qué decir a las familias. Es difícil rechazar a estas familias cuando claramente no están contentas con su proveedor actual.

Vea los comentarios anteriores.

Otra pregunta que tenemos es sobre las reseñas en Google y Facebook. Estamos muy familiarizados con nuestro Código en lo que se refiere a testimonios y reseñas. Cuando tratamos de impulsar la optimización de nuestro sitio para aparecer en los motores de búsqueda, hemos leído que un factor importante es tener reseñas en Google, Facebook, etc. Sabemos que los clientes actuales no pueden darnos reseñas y que las reseñas tienen que especificar si son solicitadas o no. ¿Hay alguna forma ética de que podamos obtener reseñas en Google/Facebook? Hemos estado deshabilitando las reseñas y pidiendo que sean eliminadas. He notado que otras empresas si tienen reseñas. Cumplir con nuestro Código sería nuestra prioridad número uno, por supuesto. ¡Incluso si ello se traduce en una menor prioridad en las búsquedas de Google! Tenemos dudas sobre si podemos tener reseñas en nuestras redes sociales.

No puede solicitar reseñas de los clientes actuales y no debe hacerlo de los antiguos clientes a menos que utilice una nota de descargo de responsabilidad siguiendo el punto 8.05 del Código. Sin embargo, puede añadir una nota de descargo de responsabilidad en su red social que diga: "No solicitamos testimonios de antiguos clientes ni de clientes actuales". Cualquier comentario publicado aquí es puramente a elección de aquellos con los que hemos trabajado…" o algo similar. La Primera Enmienda aún se mantiene en el comercio.

8.05 Testimonios y Publicidad [RBT]
Los analistas de conducta no solicitan o utilizan testimonios sobre los servicios analítico-conductuales de sus actuales clientes para su publicación en sus páginas webs o en cualquier otro material electrónico o impreso. Los testimonios de antiguos clientes deben identificar si son solicitados o espontáneos, incluir una declaración exacta de la relación entre el analista de conducta y el autor del testimonio y cumplir con todas las leyes aplicables sobre el contenido del testimonio.

Los analistas de conducta pueden anunciar mediante la descripción de los géneros y tipos de servicios basados en la evidencia que proporcionan, la cualificación de su personal y los datos objetivos que hayan acumulado o publicado, de conformidad con las leyes aplicables.

Muchas gracias por su tiempo y por su ayuda.

##

Diez días después…
Gracias de nuevo por toda su ayuda durante las últimas dos semanas. He enviado un correo electrónico a las familias de mis antiguos clientes explicándoles que yo ya no estaba en su caso. Me alegro de haberlo hecho, porque por los correos electrónicos que recibo, la BCBA, que es la propietaria de la "Empresa A", aún no se ha reunido con las familias de mis antiguos clientes y les ha dicho que ya no soy la BCBA en el caso. He recibido correos electrónicos de varios padres y me llaman pidiendo "consejo" o "ayuda". Esperaba que pudiera orientarme sobre lo que puedo y no puedo comunicar a estos padres. Sé que no se me permite darles consejos.

Puede responder a ciertas preguntas, pero como ya no tiene una relación profesional con estos padres, la mejor política que puedes seguir es la de no dar consejos.

Entiendo que no puedo pedir a estos clientes que me acompañen a mi próximo lugar de trabajo.   Correcto
¿Tiene alguna recomendación sobre lo que puedo decir a estos padres?

Sí, puede decir que dejó la compañía por circunstancias ajenas y que ahora está en otra agencia. Si te preguntan dónde estás, puedes decírselo. Si ellos dicen, "Nos gustaría seguir trabajando con usted…" diles que por razones éticas deben hacer esa solicitud por escrito y enviarla a tu nueva agencia. También puedes decirles que no pueden ser asignados como clientes tuyos, ya que ese tipo de decisión es tomada por el director clínico.

##

Esta pregunta encarna tres fundamentos de la práctica empresarial en ABA. El primero tiene que ver con las cláusulas de no competencia post-contractual en los contratos laborales, también conocidas como pactos restrictivos. El propósito de este tipo de disposición contractual es proteger al empleador de un empleado que podría abandonar la empresa y llevarse información confidencial a otra empresa o iniciar su propio negocio. En el análisis de conducta, no tenemos "información confidencial" (excepto listas de clientes) ya que todos nuestros tratamientos se basan en pruebas que son públicas en artículos de revistas y libros, así como en métodos y prácticas que se describen en talleres y charlas en conferencias. La razón principal de los empleadores que utilizan las cláusulas de no competencia es evitar que los empleados se vayan a trabajar a otro lugar, pero esto puede ser visto como una práctica de comercial restrictiva. Además, muchos analistas de conducta pueden descubrir después de unos meses que su nueva empresa, para su disgusto, está llevando a cabo prácticas profesionales y comerciales poco éticas; renunciar en estas circunstancias puede hacer que se rechace la cláusula de no competencia ya que la empresa ya ha infringido el Código. Los BCBA que se encuentren en esta situación deben ponerse en contacto con un abogado laboral y pedirle consejo sobre cómo gestionar la salida sin tener que pagar una fuerte penalización o trasladarse a cientos de kilómetros para poder trabajar.

La segunda consulta tiene que ver con un BCBA que deja una empresa y se lleva a sus clientes. Este es el gran temor de una agencia (a menudo se le llama a esta práctica "caza furtiva" o robo de clientes), siendo la razón principal de las cláusulas de no competencia post-contractual. Si una empresa quiere evitar que esto suceda, tendría que incluir una cláusula de "no ofrecimiento personal" (*"non-solicitation"*) en sus contratos. Pero, si un empleado deja la empresa y los clientes se ponen en contacto con ellos y les piden que se muden con ellos no se consideraría "ofrecimiento". Además, un analista de conducta que se traslada a una nueva empresa no debe prometer que, si las familias se van a esta nueva empresa él o ella será su BCBA, esa decisión la tomará el propietario o el director clínico. Esos clientes tendrían que enviar una carta a su actual compañía dando por finalizada la relación con el cliente y pidiendo que sus archivos sean transferidos a la nueva compañía sin mencionar a su antiguo BCBA.

La tercera consulta tiene que ver con los testimonios de clientes actuales o anteriores. Los analistas de conducta deben reconocer que los testimonios no son declaraciones basadas en pruebas, son en el mejor de los casos anécdotas y en el peor, historias inventadas que pueden tener poco o nada que ver con la realidad. En su vida diaria, los analistas de conducta están asediados con publicidad salvaje de servicios que son fácilmente identificados como producto de la imaginación de un departamento de marketing. Los analistas de conducta son pensadores críticos que pueden diferenciar el grano de la paja. Los anuncios hechos por actores que se hacen pasar por médicos, ancianos con dolor de espalda y adolescentes con acné que leen guiones escritos por empresas de publicidad; no nos impresionan. ¿Por qué entonces pensaríamos que un testimonio redactado por un novato del departamento de recursos humanos o un padre con ganas de impresionar al gerente de un proveedor de servicios tendría alguna validez? El mejor consejo aquí es seguir el segundo párrafo del Código 8.05: "Los analistas de conducta pueden anunciar mediante la descripción de los géneros y tipos de servicios basados en la evidencia que proporcionan, la cualificación de su personal, y los datos objetivos que hayan acumulado o publicado, de conformidad con las leyes aplicables".

CONSULTA ÉTICA NÚM. 31 - RESPUESTA ÉTICA

Espero que este bien. Le escribo de nuevo ya que, en otras ocasiones, sus consejos y sugerencias me han ayudado mucho.

Soy BCBA y propietario de una clínica ABA en el sur de Florida. Desafortunadamente, he recibido cuatro renuncias en el último mes. Algunos de los empleados han dicho que les han ofrecido 10 dólares por hora más de lo que yo les ofrezco y algunas de estas ofertas son para trabajadores autónomos[5]. Tras la primera renuncia, empecé a reunirme con los empleados que se iban para preguntarles sobre qué podríamos haber hecho mejor y qué les hizo tomar la decisión de renunciar. Con esta información espero hacer algunos cambios en mi empresa.

Sin embargo, estoy un poco preocupado ya que he estado participando en un grupo de Facebook donde se ha hablado de esto y muchas personas, recientemente, han expresado las altas tasas de burnout en esta profesión. Mi pregunta para Vd. es: ¿Pueden los RBT ser catalogados como trabajadores autónomos o deben de ser empleados sin importar el número de horas trabajadas mensualmente?

Los RBT no pueden ser autónomos[4] según la legislación de Estados Unidos. La condición de trabajador autónomo es una designación de la agencia tributaria norteamericana (Internal Revenue Service, IRS) que establece que si tienes que ser supervisado en tu trabajo, no puedes ser autónomo. Realmente no tiene nada que ver con cuántas horas trabaja una persona, el tema es la supervisión. Vea abajo una declaración del IRS sobre esto.

Personas como médicos, dentistas, veterinarios, abogados, contables, contratistas, subcontratistas, taquígrafos públicos o subastadores que ejercen un oficio, negocio o profesión independiente en la que ofrecen sus servicios al público son considerados generalmente IC[5]. Sin embargo, el hecho de que estas personas sean IC o empleados depende de los hechos de cada caso. La regla general es que una persona es un IC si el pagador tiene derecho a controlar o dirigir sólo el resultado de la obra y no lo que se hará y cómo se hará. Los ingresos de una persona que trabaja como contratista independiente están sujetos al Impuesto sobre el Trabajo por Cuenta Propia ("self-employment tax").

Si eres un IC, estás auto-empleado. Para saber cuáles son sus obligaciones fiscales, visite el Centro de Impuestos para Trabajadores Autónomos.

No es un IC si realiza servicios que pueden ser controlados por un empleador (qué se hará y cómo se hará). Esto se aplica incluso si se le da libertad de acción. Lo que importa es que el empleador tiene el derecho legal de controlar los detalles de cómo se realizan los servicios.

Si existe una relación empleador-empleado (independientemente de cómo se llame la relación), no es un IC y sus ingresos generalmente no están sujetos al Impuesto sobre el Trabajo por Cuenta Propia.

Sin embargo, sus ingresos como empleado pueden estar sujetos a FICA (Social Security Tax and Medicare o Impuesto de Seguridad Social y Medicare) y la retención del impuesto sobre la renta.

Para obtener más información sobre cómo determinar si usted es un IC o un empleado, consulte la sección sobre IC o empleados.[3]

Lo pregunto porque he oído respuestas contradictorias de parte de las personas que están en el grupo de Facebook, así que no estoy seguro de lo que legalmente deberíamos hacer.

También hay una decisión de la Corte Suprema de California al respecto que establece claramente los requisitos para los IC (véase a continuación).

---

[4] N. del E.: *independent contractor* o *IC*, en inglés, en el original. Usaremos indistintamente la traducción de compromiso "autónomo" o el acrónimo en inglés IC. Las circunstancias descritas en este escenario es análoga a la existente en España con los conocidos como *falsos autónomos*.

4.1.18 Sentencia del Tribunal Supremo de California

Entonces, ¿qué dijo la Corte Suprema de California esta semana?

El presidente del Tribunal Supremo Tani Cantil-Sakauye estableció tres cosas que un negocio debe mostrar para que un trabajador sea clasificado como IC:
1. El trabajador está libre del control y la dirección del empleador
2. El trabajador realiza un trabajo que está fuera de la actividad principal del arrendatario
3. El trabajador se dedica habitualmente a "un comercio, ocupación o negocio establecido de forma independiente."[4]

¡Agradeceré mucho su consejo!

Hay fuertes ventajas económicas al asignar al personal de RBT la condición de IC en lugar de empleados. Se estima que el ahorro es del 20-30% en comparación a si fuesen empleados regulares. Una desventaja para el RBT es que tienen que pagar sus impuestos por su cuenta, ello constituye una cantidad sustancial de dinero que tienen que reservar mensualmente. Su salario parece más grande como un IC, pero esto es engañoso. Algunas empresas miran para otro lado sobre esta práctica ilegal y pretenden negar que este sea un problema, «Todo el mundo lo hace así que ¿cómo puede ser ilegal ...?» es una reacción común cuando se presentan las cuestiones éticas y legales. El resultado final es que la asignación de RBT a la condición de IC es una infracción de las normas del IRS y del punto 1.04 (d) del Código.

CONSULTA ÉTICA NÚM. 32 - RESPUESTA ÉTICA

Por el momento, nuestra agencia no ha participado en investigaciones aprobadas por el Comité de Ética de la Investigación (CEI). Sin embargo, una de nuestras BCBA se interesó mucho en un tema en particular y buscó un experto de nuestro campo en esa área. Este experto nos preguntó si nuestra BCBA estaría interesada en ayudar a generalizar sus resultados en entornos naturales (ya que tenemos muchos BCBA trabajando en colegios públicos donde esta investigación aún no se ha llevado a cabo), nos dijo que nuestra empleada podría ser el primer autor del artículo.

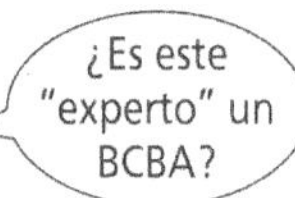

> **Si se propone una investigación para los colegios, por lo general también tiene que ir ante el comité de ético del colegio.**

El investigador pudo añadir uno de los casos de nuestra BCBA a una investigación que ya contaba con la aprobación del CEI y nombró a uno de sus estudiantes de doctorado para que apoyase a nuestra BCBA en la realización del estudio. Por ahora, la ayuda ha sido telefónica. En los últimos dos años, nuestra BCBA ha asistido a varias de las sesiones de entrenamiento de este experto. La BCBA ha hecho mucho trabajo aplicado relacionado con el tema y ha leído la limitada investigación que el experto ha publicado. Pensábamos que el estudiante de doctorado iba a estar presente con la BCBA para calcular el acuerdo entre observadores, sin embargo, después de haber comenzado el proyecto…

> **¿Se recibió el consentimiento del colegio para este proyecto, también del director y los padres?**

el experto indicó que nuestro personal solamente podría seguir adelante con el trabajo de investigación si le pagábamos para hacer una sesión de entrenamiento intensivo. Este caro entrenamiento se llevaría a cabo debido que es necesario poder decir que la persona que realizó el estudio dispone de la formación adecuada antes de poder publicarlo.

> **El entrenamiento debería aparecer en la primera parte de un acuerdo por escrito. Esa no es la forma en que se hace. El investigador solicita y recibe financiación para el estudio, después encuentra dónde realizar el estudio. Por lo tanto, la investigación se lleva a cabo sin coste para el centro donde se realizará la investigación. Esto podría considerarse una infracción del punto 9.01. del Código.**

9.01 Conformidad con leyes y reglamentos [RBT]
Los analistas de conducta planean y llevan a cabo la investigación de una manera consistente con todas las leyes y reglamentos, así como con las normas profesionales que rigen la realización de investigaciones. Los analistas de conducta también cumplen con otras leyes y reglamentos aplicables en materia de casos de comunicación obligatoria.

Ciertamente, estamos de acuerdo en que la fidelidad de tratamiento es crucial, así como la formación del terapeuta. Sin embargo, nos preguntamos si esto está creando un sesgo y cruza algunos límites éticos. Pagar al experto para que lo haga crearía un interés en la obtención de resultados positivos. Las revisiones del CEI se realizan a través de una universidad, pero no está claro si esta formación es llevada a cabo por el experto o si también se realiza a través de la universidad.

> **Vd. podría comunicarse con el responsable del CEI en la universidad y preguntar sobre este proyecto. También puede preguntarle sobre la cuestión del pago. Probablemente oirá un exclamación de sorpresa al otro lado del teléfono.**

¿Estoy sobreanalizando la situación?

> **No, parece que es el nivel justo de escepticismo.**

Me quedé un poco sorprendido y sentí que se burlaban de nosotros una vez que nos comprometimos con el proyecto. El experto comenzó a buscar negocio en lugar de investigar.

Esto suena muy parecido a una operación comercial más que a una actividad de investigación y puede ser una infracción del Código 9.02 (k).
9.02 (j). Los analistas de conducta evitan conflictos de intereses cuando se realiza la investigación.

Además, si fuese serio con la investigación, ¿en lugar de pedirnos hacerlo nosotros solos, no querría venir o enviar a alguien competente para obtener el acuerdo entre observadores?

Por esta razón, ¿es el entrenamiento necesario?¿Es normal que la gente pague para poder realizar investigación?

Jon S. Bailey: He estado involucrado en investigación en análisis de conducta durante casi 50 años y nunca he oído hablar de un acuerdo como este. Esto podría ser interpretado como una infracción de los puntos 9.02 (b) y 9.02 (d) del código.

9.02 (b). Los analistas de conducta que llevan a cabo una investigación aplicada conjuntamente con la prestación de servicios clínicos o servicios a personas en general deben cumplir con los requisitos tanto de intervención como de investigación en lo que respecta a los participantes implicados y clientes. Cuando la investigación y las necesidades clínicas estén en conflicto, los analistas de conducta priorizan el bienestar del cliente.

9.02 (d) Los analistas de conducta planean sus investigaciones a fin de minimizar la posibilidad de que los resultados sean engañosos.

Me preocupa que después de pagar todo ese dinero, pueda cambiar de opinión y vendernos más formación argumentando de nuevo que nuestro personal no estaba demostrando la competencia necesaria y necesita hacer más entrenamientos por los que deberíamos pagar mucho dinero.

Podría hacerle saber que se ha topado con un obstáculo burocrático y luego dejar de contactarle o responderle. En unas pocas semanas probablemente abandonará. ¿Ha mirado un número reciente de JABA? La revista tiene una nueva sección llamada "Replicaciones" en la que publican trabajos que replican estudios anteriores. Considere esta opción si esta fuese apropiada para usted. ¿Este "experto" es un BCBA?

Seguimiento dos meses después...

Nos pusimos en contacto con el experto/investigador, que era un BCBA-D, para obtener algunas aclaraciones, eliminar el intermediario y los posibles mensajes confusos o mal interpretados. El experto desapareció y no respondió a las múltiples invitaciones para hablar. Terminamos el proyecto en el colegio de forma al mismo tiempo debido a que el estudiante se fue a otro colegio antes de que realmente pudiéramos empezar.

Esta es una situación muy inusual. Cuando se realiza una investigación en entornos aplicados, el profesor universitario implicado se acercará primero al centro en los que le gustaría llevar a cabo el estudio. Hablará con los administradores y otros posibles participantes acerca de la propuesta y de su participación, de manera que tengan muy claro lo que se espera de ellos y cuánto tiempo va a llevar colaborar con el estudio. Si aceptan participar, el nombre de la organización, en este caso el colegio, se incluirá en la subvención que el investigador prepare y que luego presentará primero al CEI de la universidad y luego, si se aprueba, al organismo financiador. No se espera que los participantes financien de ninguna manera la investigación. A lo sumo, podrían contribuir cediendo espacio, personal y posiblemente el uso de algún equipo.

CONSULTA ÉTICA NÚM. 33 - RESPUESTA ÉTICA

Tengo un dilema ético sobre la aceptación o derivación de clientes en análisis aplicado de conducta.

Me estoy haciendo cargo de los casos de otro BCBA. Uno de estos clientes es un adolescente varón que recibe pocas horas de tratamiento (dos por semana). Ha estado trabajando en un programa de contacto visual durante un año con su primer BCBA y no ha progresado.

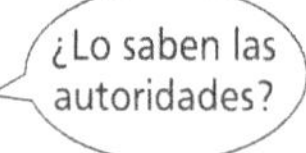

La semana pasada, ha amenazado con un arma en el colegio y fue expulsado a la espera de una evaluación psicológica. La evaluación ya se ha hecho, pero no hemos recibido ningún resultado.

Cualquier amenaza relacionada con un arma de fuego no debe ser ignorada. Informe esto inmediatamente a las autoridades correspondientes.

Anteriormente, este cliente ha amenazado también a nuestro personal clínico. No he sido testigo de esto, pero varios técnicos lo han denunciado.

La mayoría de los técnicos ahora tienen miedo a trabajar con él y para serle honesto, no les culpo. No quiero reaccionar de forma exagerada ni actuar a la ligera en esta situación.

En lugar de reaccionar en exceso o en defecto, una respuesta intermedia estaría bien. Ponga esto por escrito a las autoridades locales.

¿Es ético derivar al cliente a servicios psicológicos dada su falta de progreso en sus objetivos?

Sí. Este cliente debe ser remitido a los servicios psicológicos.

No me ha sido oficialmente transferido como caso todavía. Antes de este incidente tenía pensado que algunos cambios en su programación podrían aumentar sus posibilidades de éxito.

A menos que tengas experiencia en este área, no tomes este caso. No hay literatura analítico-conductual disponible sobre cómo tratar casos así y nosotros nos basamos en la evidencia científica.

Ahora, me pregunto si nuestros servicios son adecuados para él y, también, si los acontecimientos recientes están nublando mi juicio clínico. ¡Ayuda por favor!

Lo ético es seguir la guía del Código 2.01 y 2.03 (a).

2.01 Aceptación de un nuevo cliente
Los analistas de conducta aceptan como clientes sólo a aquellas personas o entidades que soliciten servicios que sean adecuados a la formación del analista de conducta y a su experiencia y recursos disponibles, y siempre de acuerdo a las regulaciones de la organización a la que pertenezcan. Caso de no darse estas condiciones, los analistas de conducta deberán funcionar bajo la supervisión de, o en consulta con, un analista de conducta cuyas certificaciones profesionales permitan la realización de los servicios en cuestión.

2.03 Consulta
(a) Los analistas de conducta realizarán consultas y derivaciones adecuadas basadas principalmente en los intereses de sus clientes, con el consentimiento adecuado y sin perjuicio de otras consideraciones pertinentes, incluida la legislación aplicable y las obligaciones contractuales.

Esta consulta tiene que ver con aceptar a un nuevo cliente o darle de alta y remitirle a algún otro profesional. En este caso, la posible violencia con armas de fuego no debe ser ignorada y no está dentro del ámbito del análisis de conducta. Los BCBA siempre deben tener cuidado de no pensar que pueden tomar todos y cada uno de los casos que se les presenten ya que podrían haber serias consecuencias para el cliente y para el analista de conducta. ABA no es una cura para todos los problemas de "conducta". Las amenazas de violencia con armas no deben ser tomadas como operantes verbales que pueden ser puestas en extinción o ser simplemente remplazadas con tactos, mandos e intraverbales más apropiadas. Es alarmante la incidencia de tiroteos en colegios y es nuestro deber ayudar alertando a las autoridades de cualquier signo de este tipo de conductas verbales anticipatorias.

CONSULTA ÉTICA NÚM. 34 - RESPUESTA ÉTICA

He sido testigo de cómo una BCBA agredió físicamente a mi estudiante.

La BCBA cruzó los brazos del estudiante sobre el cuerpo de este mientras estaba en el suelo y cuando se levantó sus labios estaban azules. No estoy seguro de qué punto del Código ha sido infringido, si es que lo hay. Necesito más información sobre cómo puedo realizar una denuncia y qué documentación necesitaría para ello.

Esto parece un procedimiento de contención física. ¿Fue parte del tratamiento conductual del cliente? Las infracciones del código podrían ser citadas en los puntos 4.08 o 4.09 del Código.

4.08 Consideraciones sobre los procedimientos de castigo
(a) Los analistas de conducta recomiendan el reforzamiento en lugar del castigo siempre que sea posible.
(b) En caso de que un procedimiento de castigo se necesario, los analistas de conducta siempre incluyen procedimientos de reforzamiento de conductas alternativas en el programa de cambio de conducta.
(c) Antes de la aplicación de procedimientos basados en castigo, los analistas de conducta se aseguran de que se han tomado las medidas adecuadas para aplicar procedimientos basados en reforzamiento, a menos que la gravedad o peligrosidad de la conducta requiera del uso inmediato de procedimientos aversivos.
(d) Los analistas de conducta se aseguran de que los procedimientos aversivos son acompañados por un mayor nivel de formación, supervisión y vigilancia. Los analistas de conducta deben evaluar la eficacia de los procedimientos aversivos de manera oportuna y modificar el programa de cambio de conducta si es ineficaz. Los analistas de conducta siempre incluyen un plan para detener el uso de procedimientos aversivos cuando ya no sean necesarios.

4.09 Procedimientos mínimamente restrictivos
Los analistas de conducta revisan y analizan el grado de restrictividad de los procedimientos y siempre recomiendan, de entre los procedimientos que tienen probabilidad de ser eficaces, aquellos que son lo menos restrictivos posible.

Necesitará un testigo que firme una declaración jurada de que vio el suceso, además de cualquier documentación escrita, por ejemplo, un informe del incidente presentado en el momento del evento.

Dado que su objetivo es prevenir futuros acontecimientos, puede considerar encargarse de esta situación, primero, informalmente y de acuerdo con el punto 7.02 (c) del Código. Si decides presentar una queja contra la persona, asegúrate de revisar el formulario de notificación en el sitio web BACB.com para que sepas de qué se trata, este procedimiento es anónimo y puede tomar un tiempo hasta que la BACB procese la queja.

##

Cinco minutos después...

Muchas gracias por su rápida respuesta. Desafortunadamente, fui el único que lo presenció. Ella y yo estábamos en la clase con seis niños. Tanto la profesora con la que trabajo, como mi supervisor estaban fuera ese día. Sin embargo, inmediatamente se lo hice saber a la maestra a través de un mensaje de texto. Notifiqué a mi supervisor lo sucedido al llegar al trabajo a la mañana siguiente. Actualmente hay planes para despedirla del trabajo. ¿Cambiaría esto los planes de aviso?

También le escribí un correo electrónico detallado a mi supervisor describiendo los eventos y cómo fue la sucesión de eventos esa mañana. También adjunté la captura de pantalla del texto a un maestro que trabaja con la misma clase.

##

Mencionaste que sus labios estaban azules, ¿lo llevaste a la enfermera del colegio? ¿Creó ella un informe del incidente? ¿El niño es verbal y un testigo fiable? ¿Tenía marcas de golpes en la piel? Si es así, tal vez el niño y/o la enfermera podrían ser testigos y describir lo que pasó. ¿Se informó a los padres? ¿Cuál fue su reacción?

Podría presentar un informe contra la persona en cuestión, pero es probable que la BACB lo considere como una situación de "tu palabra contra la suya". Si lo manejas informalmente, quizás la persona explique por qué hizo lo que hizo o posiblemente se disculpe. Si la BCBA niega rotundamente que haya sucedido, no tienes muchas opciones.

##

Cinco minutos después...

No tenemos una enfermera escolar en el personal ya que somos un colegio con un presupuesto ajustado. Es verbal, sin embargo, no podría decir qué le pasó. Sus padres fueron informados y la madre estaba muy molesta. La madre le dijo a mi supervisor que, si se permite que esta BCBA vuelva al colegio, no la quiere cerca de él. Este niño tiene un historial de problemas de salud, incluyendo problemas de corazón y si ella le hubiera sujetado sólo unos segundos más, el resultado podría haber sido muy diferente.

Entiendo lo que quiere decir sobre lo de "tu palabra contra la suya" y es triste que esto pueda suceder porque realmente creo que no debería ocurrir en este campo. Consideraré mis opciones, pero supongo que a partir de ahora esperaré a ver qué pasa cuando se reúna con mi supervisor y con la dirección el martes.

##

Una última recomendación es que deberías hablar con la BCBA, no con tu supervisor o con alguien de la empresa. Tu fuiste el único testigo y los demás están operando con información de segunda mano. ¿Sabes quién informó a los padres? ¿Fuiste tú?

##

Dos minutos después...

No creí que hablar con la BCBA fuera el paso correcto en ese momento. No estoy certificado por la BACB, así que no pensé que estaba éticamente obligado a hablar con ella sobre su conducta. Soy un ayudante del maestro y sin el maestro principal o el supervisor, temía que ella inmediatamente diera excusas por su conducta, lo cual hizo sin que yo tuviera que decirle nada. Ella me dijo a mí y a otro profesor de otra clase, "Me asusto cuando llora porque sus labios se ponen azules" lo cual es mentira; se pone azul cuando no puede respirar; tal y como pasó hace unos meses por un problema respiratorio. Esta BCBA tiene un historial conocido de menospreciar a aquellos que la acusan de hacer algo malo o de inventar excusas por sus actos. No es la primera vez que ha actuado agresivamente con los niños, aunque si es la primera vez que le he visto hacerlo. Mi supervisora fue la que notificó a los padres ya que es la directora del colegio.

##

En realidad, cualquiera puede denunciar a un BCBA usando el formulario de notificación.

Ciertamente parece que este BCBA actuó de manera inapropiada y probablemente pagó un precio por hacerlo. Se instó a la persona que realizó la consulta/testigo a presentar un informe. Aunque la analista de conducta probablemente fuera despedida, aun podría cambiar de trabajo y tener una reacción peligrosa en circunstancias similares. Es probable que no sea la primera vez que responde de esta manera ante un cliente sin que nadie haya observado o denunciado el incidente. En primer lugar, somos responsables del bienestar de nuestros clientes y debemos estar atentos para proporcionar feedback y responder meditadamente cuando la situación se presente.

CONSULTA ÉTICA NÚM. 35 - RESPUESTA ÉTICA

Mensaje para el experto en ética:

Quería saber si, en una situación reciente, una actuación podía considerarse "más o menos restrictiva"

En nuestro edificio de oficinas, que alberga una pequeña clínica ABA, tenemos simulacros de incendio mensuales. La mayoría de nuestros clientes tienen problemas de conducta que requieren procedimientos de tiempo fuera, por su seguridad y la del personal. Los clientes saben perfectamente qué hacer cuando se disparan las alarmas de incendio y cómo comportarse mientras los empleados estén con ellos y sean capaces de modelar una salida apropiada.

Esta semana, cuando tuvimos un simulacro de incendio, una de mis clientes estaba en periodo de exclusión y no estaba lista para salir. Estaba agrediendo físicamente a los demás cuando se le acercaban. Normalmente le damos unos minutos hasta que se calme, luego reanudamos sus actividades y está bien. Sin embargo, el simulacro ocurrió justo después de que la estudiante entrase en el periodo de exclusión. Entonces nos enfrentamos al dilema de tener que sacarla antes de tiempo de la zona de exclusión. Nuestra empresa nos había advertido de que los simulacros eran obligatorios.

Probablemente lo que querían decir era: "Debemos seguir las instrucciones que nos dan los bomberos y el jefe de bomberos y que, para mantener nuestra acreditación, debemos presentar una orden que demuestre que hemos seguido al pie de la letra todos los simulacros de incendio cada vez que se produzcan".

Sé que en una verdadera emergencia (que sabíamos que no era el caso), haríamos lo que fuera necesario para sacar a los clientes del edificio a salvo, a menos que no pudiéramos hacerlo. También sé, debido a mi historial de aprendizaje con este cliente, que la habilidad está en su repertorio y que seguirá las instrucciones para participar adecuadamente en el simulacro de incendio cuando no esté en el periodo de exclusión.

Pero también debemos cumplir con los requisitos legales de nuestro entorno y comunidad, véase el punto 1.04 (d) del código que expongo a continuación:

1.04 Integridad[RBT]
1.04 (d). Los analistas de conducta siguen los códigos legales y éticos de la comunidad social y profesional de la que son miembros (ver también, 10.02(a) Responder, reportar y actualizar a tiempo la información aportada a la BACB).

Sin embargo, ese día, teníamos que hacer algo con lo que no me sentía cómodo. Tuvimos que mover físicamente a una cliente que (según la evaluación funcional) encuentra el contacto físico muy desagradable. Debido al simulacro de incendio y a que no se ponía los zapatos, tuvimos que cogerla, llevarla fuera sin zapatos y traerla de vuelta a nuestro edificio.

Todo esto lo hicimos porque así se nos indicó. No creo que esto sea acorde con el uso de "procedimientos mínimamente restrictivos" y puede suponer una extralimitación en el uso de procedimientos de contención y una aplicación inadecuada de la formación en seguridad y riesgos laborales que hemos recibido, al no estar esta acción justificada por la necesidad de preservar la seguridad del individuo y el personal. ¿Estoy en lo cierto o estoy completamente perdido?

¡Gracias de antemano por su opinión sobre el tema!

Puede que no sea lo que quieres oír, pero en este caso debería ponerse de parte de los normativa de seguridad del edificio. Imagine una situación en la que decide no sacar a la estudiante del periodo de "exclusión" (¿era esto realmente un tiempo fuera?) por miedo a reforzar accidentalmente una conducta inapropiada. Más tarde, si hubiese un incendio real y de alguna manera esta cliente resultase herida por negarse a salir, usted podría ser considerado responsable de lo ocurrido por no fomentar la participación en los simulacros. En nuestra lista de prioridades, la seguridad es más importante que el tratamiento.

Aunque esta persona debe ser elogiada por su compromiso con el bienestar de su cliente y en particular por su interés en mantener la consistencia e integridad del tratamiento conductual, hay momentos en los que otras leyes, reglas, valores y contingencias son, simplemente, más importantes. Los analistas de conducta son responsables de mantenerse al tanto de las leyes que afectan a la comunidad local en la que trabajan. Esta es una de esas ocasiones.

CONSULTA ÉTICA NÚM. 36 - RESPUESTA ÉTICA

He escuchado varias opiniones diferentes sobre una misma consulta ética y me preguntaba si usted me podría ayudar.

Tengo entendido que las empresas no pueden publicar fotos de sus clientes en las redes sociales o en sus sitios web. La directriz ética 2.06 (e) dice que "los analistas de conducta no deben compartir o crear situaciones que puedan dar lugar a la difusión de datos de clientes actuales y personas supervisadas en las redes sociales, sean estos escritos, fotográficos o de vídeo".

Correcto. Creemos que la confidencialidad del cliente es muy importante. Hay cierto margen si las fotos se toman de tal manera que la cara del niño no sea visible. Aquí está el punto del código 2.06 (e):

2.06 (e). Los analistas de conducta no deben compartir o crear situaciones que puedan dar lugar a la difusión de datos de clientes actuales y personas supervisadas en las redes sociales, sean estos escritos, fotográficos o de vídeo.

Parece que está claramente indicado que no se permite compartir fotos.

Sí, correcto; las fotos con cualquier tipo de información que pueda identificar al cliente no deben ser compartidas.

Sin embargo, sigo viendo cómo muchas compañías publican fotos de sus clientes en las redes sociales y en sus sitios web.

Si esto fue promovido por un BCBA, puedes denunciar a esa persona.

Contacté con un podcast de análisis de conducta y me dieron esta respuesta: "Gracias por hablar de ética en las redes sociales. De acuerdo con nuestras directrices éticas (8.04), las empresas pueden publicar las fotos de sus clientes en el sitio web de la empresa o en sus cuentas de redes sociales sólo si no utilizan el nombre y el apellido del cliente y se ha obtenido el consentimiento por escrito para ese fin específico".

El mantenimiento de la confidencialidad según 2.06 (e) *prevalece* sobre el punto 8.04 (b), que en realidad se refiere a las presentaciones que una organización podría hacer en una conferencia y no a las estrategias comerciales de una empresa.

En relación al uso de testimonios, el punto 8.05 del Código establece que los analistas de conducta no deben usar testimonios de clientes actuales. Si se utiliza un testimonio, debe añadirse un aviso indicando de que se trata de un antiguo cliente y si el testimonio fue solicitado o espontáneo, e incluir una descripción exacta de la relación actual entre la empresa y la persona que ofrece el testimonio (si es que actualmente hay alguna).

Esto es muy diferente a las directrices éticas anteriores a 2016. Muchas compañías de análisis de conducta están trabajando lentamente para asegurarse de que sus estrategias comerciales cumplen con las directrices éticas.

Esta es una buena pauta de acción para toda compañía de análisis de conducta.

Las compañías tienen la responsabilidad de trabajar con sus equipos de marketing para asegurarse de que el marketing se adhiere a las directrices éticas (¡incluso si el departamento de marketing no está de acuerdo!).

El marketing no cambia la ÉTICA, sino al revés.

¿Puede una empresa publicar fotos de sus clientes en las redes sociales/sitios web, siempre que haya un consentimiento por escrito y no haya información que lo identifique?

NO. Lea el punto 2.06 (e) y siga las instrucciones dadas allí y habrá obrado bien. No permita que su departamento de marketing le lleve por mal camino[6].

Algunas empresas sienten la presión comercial de aumentar su visibilidad y competir en el mercado a pesar de que la mayoría de las agencias tienen grandes listas de clientes en espera y no pueden atender a todos los que desean sus servicios ABA. Muchos, como ilustra esta pregunta, creen que un plan de comercialización que utilice fotos adorables de clientes, testimonios creíbles y entusiastas de padres será su ticket para el crecimiento de sus beneficios y el aumento del flujo de ingresos. Tal enfoque es diametralmente opuesto al Código 2.06 (e) que requiere un control estricto sobre la información confidencial de los clientes. Esto incluye no mostrar las caras de clientes menores. Para más información sobre el uso de testimonios ver la consulta ética número 30.

---

[6] N. del E.: El Código desaconseja el uso en redes sociales de información que pueda identificar a clientes *actuales*. El nuevo *Código ético para analista de conducta*, vigente a partir de 2022, es más específico en la relación entre confidencialidad y consentimiento en relación al uso de contenidos fotográficos y de video en cuentas de redes sociales profesionales. Lo reproducimos a continuación (ver Apéndice 2).

5.10 Canales en redes sociales y sitios web *(véase 1.02, 2.03, 2.04, 2.11, 3.01, 3.10)*
Los analistas de conducta son conscientes de los riesgos para la privacidad y la confidencialidad asociados al uso de los canales de redes sociales y sitios web, y utilizan sus respectivas cuentas profesionales y personales en consecuencia. No publican información y/o contenido digital de los clientes en sus cuentas personales de redes sociales y sitios web. Cuando publican información y/o contenido digital de los clientes en sus cuentas de redes sociales y sitios web profesionales, los analistas de conducta se aseguran de que para cada publicación (1) obtienen el consentimiento informado antes de publicar, (2) incluyen un descargo de responsabilidad indicando que se obtuvo consentimiento informado y que la información no debe ser capturada y reutilizada sin permiso expreso, (3) publican en los canales de las redes sociales de una manera que minimice la posibilidad de una difusión inapropiada de la información, y (4) realizan las acciones apropiadas para prevenir y corregir el mal uso de la información compartida, documentando todas las acciones tomadas y los resultados alcanzados. Los analistas de conducta supervisan con frecuencia sus cuentas en las redes sociales y sitios web para garantizar la exactitud y adecuación de la información compartida.

CONSULTA ÉTICA NÚM. 37 - RESPUESTA ÉTICA

Buenas tardes. Estoy buscando orientación sobre la situación en la que me encuentro. Recientemente he aceptado dos clientes, derivados de otro BCBA que se va a ir de mi empresa. Cuando hice la transición de estos clientes y revisé sus casos, encontré múltiples infracciones éticas.

Revisé el Código para ver si podía denunciar las infracciones y he visto que lo primero es tratar de resolver el asunto con esa BCBA. He intentado hablar del caso con la BCBA anterior; sin embargo, como ella ya no es parte de nuestra compañía y no puedo hacer nada para remediar la situación, no estoy seguro de lo que se consideraría como una "resolución del asunto" en este caso.

Tiene razón. Esta situación no puede ser resuelta en este momento. Ya que la BCBA ha dejado la compañía, su próximo paso es seguir el 7.02 (d) y determinar si las infracciones cumplen con los requisitos para la realización de un informe. Si es así, puede presentarlo a la BACB.

Agradezco enormemente cualquier orientación en esta situación. Gracias de antemano por su tiempo y consideración.

Tres días después, el BCBA que envió la consulta añadió...

Quería hacer un seguimiento de la situación para obtener más feedback. Afortunadamente, nunca me he encontrado en una situación en la que haya tenido que denunciar a otro BCBA ya que he tenido el privilegio de trabajar con grandes profesionales con un admirable sentido ético. Para proporcionar más información, adjunto el correo original que envié a la BCBA.

La razón por la que me ha puesto en contacto contigo ha sido para tratar del Códigos de cumplimiento profesional y ético de la BACB. Como analista de conducta, es mi responsabilidad ética cumplir con el Código y en este caso, me refiero al punto *7.0 Responsabilidad ética de los analistas de conducta hacia sus colegas*. Como he hecho la transición de los casos que estaban bajo tu supervisión, me he encontrado con numerosas infracciones éticas sobre las que me gustaría llamar tu atención. A continuación, encontrará mis comentarios, seguidos de los elementos del Código que creo que han sido infringidos.

Entre los clientes que me han transferido, encontré tratamientos que se aplicaron sin el consentimiento firmado y programas de intervención conductual que se aplicaron sin estar por escrito y sin consentimiento firmado. También me llamó la atención que algunos de los tratamientos firmados se pusieron en marcha inmediatamente antes de que se hayan transferido los casos, en lugar de ponerse en marcha al inicio. Me ocupé de esto suspendiendo inmediatamente estos tratamientos. Luego creé una nueva programación escrita individualizada y la presenté para recibir el consentimiento firmado de los padres.

4.04 Los analistas de conducta deben obtener la aprobación del cliente por escrito para el programa de cambio de conducta antes de la aplicación de este...

4.05 Los analistas de conducta describen, por escrito, los objetivos del programa de cambio de conducta al cliente antes de intentar poner en práctica el programa.

También me he dado cuenta de que, para este caso, has utilizado un programa diseñado específicamente para otro cliente sin hacerle ninguna adaptación específica. El programa incluso tenía los pronombres equivocados. Por ejemplo, decía "él hará" en lugar de "ella hará" y las conductas objetivo estaban escritas específicamente según la estructura familiar del cliente original. Todos colaboramos y compartimos grandes ideas para todos nuestros clientes; sin embargo, los programas deben ser individualizados para cada cliente. Me ocupé de esto modificando el programa para adaptarlo a las necesidades y objetivos del cliente.

4.03 Programas de cambio de conducta individualizados
(a) Los analistas de conducta deben adaptar los programas de cambio de conducta a las conductas, a las variables ambientales, los resultados de la evaluación, y los objetivos de cada cliente.
(b) Los analistas de conducta no plagian los programas de cambio de conducta de otros profesionales.

Además, los clientes tenían algunos programas que no eran apropiados, o ya no eran necesarios. Había un programa basado en una evaluación que ya no era apropiada para el cliente. Además, las modificaciones del programa no se hacían en base al progreso (o la falta de este) que reflejaban los datos. Por ello, modifiqué los programas para que se ajustaran a las necesidades y objetivos del cliente en base a los datos recogidos y a las evaluaciones adicionales.

3.01 Evaluación analítico-funcional
(a) Los analistas de conducta realizan las evaluaciones pertinentes previamente a realizar recomendaciones o a desarrollar programas de modificación de conducta. El tipo de evaluación utilizado es determinado por las necesidades del cliente y el consentimiento de éste, parámetros ambientales y otras variables contextuales.

Aun así, me gustaría estar en contacto contigo y hablar de la situación actual para asegurarnos de que esto no ocurra en el futuro. Estoy disponible para tratar estos asuntos contigo por teléfono o en una reunión en la que estaría presente mi supervisor. Por favor, hazme saber si tienes alguna pregunta o si necesitas alguna aclaración. Gracias por tu atención a este asunto.

Hoy me han preguntado si se podría dar el caso por "resuelto" si esta BCBA se reuniese conmigo, si proporcionase una declaración por escrito de que ha sido informada y de que se va a asegurar de que cumple el Código en su práctica clínica. Pensé que era un punto interesante y no estaba segura, así que estoy buscando más orientación en este asunto.

##

Su correo electrónico a la BCBA es muy profesional y es precisamente el tipo de feedback que debe darse en estas circunstancias. El Código no es claro en cuanto a cómo se podría determinar si hay una resolución del problema. Si la persona que plantea el problema está satisfecha, se puede considerar cerrado el caso. Si no, está dentro de sus posibilidades notificar el caso a la BACB.

Esta BCBA manejó una situación muy difícil que implicaba múltiples infracciones éticas de un compañero que se iba de la empresa. No llevar a cabo evaluaciones actualizadas, no obtener aprobación previa para los cambios en un programa, no describir los objetivos por adelantado, no individualizar los programas de cambio de conducta y plagiar programas de otros clientes infringe aspectos que como analistas de conducta profesionales consideramos esenciales. Este caso también plantea preguntas sobre el significado de "resolución" cuando un BCBA negligente ya no está presente; este punto del código asume que la persona que necesita feedback está todavía disponible para recibirlo. Si la persona se ha ido a otra empresa, puede ser que el Comité de Cumplimiento del Código se involucre una vez que se haya presentado a la BACB una notificación de presunta infracción.

CONSULTA ÉTICA NÚM. 38 - RESPUESTA ÉTICA

Durante las últimas tres semanas, mi jefe ha estado actuando de forma muy poco común (lentitud extrema y olvido de conversaciones o eventos, hasta el punto de que los clientes y los padres se han dado cuenta). Los padres lo han comentado con los empleados porque estaban preocupados de que él estuviera bajo la influencia de alguna sustancia mientras veía y transportaba a sus hijos.

¿Tiene notas actuales en las que se indiquen las fechas y horas de estas observaciones?

Hoy encontré un frasco de varias pastillas (Vyvanse e Hidrocodona; un estimulante y un opiáceo) recetadas a alguien (de quien ninguno de los empleados ha oído hablar) y escondidas en un contenedor de toallitas para niños. Cuando los empleamos solicitamos una reunión, nuestro jefe se negó hasta que su abogado estuviera presente por teléfono.

Afirmó que las pastillas pertenecían a un cliente actual que él atiende a las 7 de la mañana en su oficina. El administrativo que lleva las facturas de los clientes no conoce a ese cliente.

¿Qué puedo hacer? ¿Me pongo en contacto con la policía para que se deshagan de las pastillas?

¿Quién tiene las pastillas? Si su jefe es un BCBA, está infringiendo el Código 1.05 (f) y debe declarar este incidente obligatoriamente a la BACB. Podría ser reportado a través de una notificación de presunta infracción a la BACB si no responde a sus comentarios sobre este tema. Si no es un BCBA, entonces puede ser necesario denunciarle a alguna otra autoridad. ¿La compañía tiene junta directiva? Si es así, me pondría en contacto con el presidente de la junta directiva.

1.05 Relaciones profesionales y científicas

(f) Los analistas de conducta reconocen que sus problemas y conflictos personales pueden interferir con su eficacia. Los analistas de conducta se abstendrán de la prestación de servicios cuando sus circunstancias personales puedan comprometer la prestación de servicios al mayor nivel de calidad posible.

##

Al día siguiente...

Gracias por responder. De hecho, él es BCBA y sí, dispongo de notas y otra documentación contemporánea a los hechos.

Muy bien, asegúrese de que se mantengan en un lugar seguro.

Dos de los empleados que pidieron la reunión eran BCBA y uno era un RBT que ha estado trabajando estrechamente con él. Los profesionales también estaban preocupados por su comportamiento.

Por consejo de su abogado, las pastillas se tiraron por el inodoro, se escribió y firmó un informe del incidente. Él es el dueño de la compañía y no hay una Junta Directiva.

Entonces, esta es una compañía privada sin supervisión. Esto no es una buena señal.

Además, consulté el punto específico del Código y estoy completamente de acuerdo con que lo está infringiendo. Me aseguraré de llamar su atención sobre la situación (conservando también la documentación por escrito) para ver si se puede resolver antes de informar a la BACB.

Según la descripción de su conducta, parece que el dueño de la empresa necesita tomarse un tiempo libre y posiblemente formarse. ¿Hay un profesional que pudiera tomar el relevo si esta persona necesita tomarse un respiro?

##

Diez meses después, en respuesta a mi pregunta sobre el resultado...

Dejé la compañía porque su comportamiento no mejoró. Por lo que sé, todos los trabajadores, asistentes y administrativos con los que trabajé en la compañía también se han ido. Su compañía sigue en funcionamiento. Sin embargo, la mayoría de las familias han seguido conmigo o con otros BCBA cuando nos fuimos porque no se sentían cómodos con él. No fue denunciado.

Los analistas de conducta que abusen de drogas o alcohol o desarrollen una adicción que perjudique su "capacidad para ejercer de manera competente" deben informar de esta situación a la BACB en un plazo de 30 días.[5] Todos los que trabajamos en este campo y representamos a la profesión, debemos estar constantemente al tanto de la impresión que causamos en nuestros clientes y otros profesionales. Ante todo, tenemos la obligación de proteger a nuestros clientes de los daños, especialmente si se producen debido a nuestros propios problemas personales. Según el 7.02 (b) del Código, los analistas de conducta deben ser conscientes de "si existe la posibilidad de causar daño" y "tomar las medidas necesarias para proteger al cliente".

CONSULTA ÉTICA NÚM. 39 - RESPUESTA ÉTICA

Trabajo en Oriente Medio y a la gente de aquí le encanta dar regalos o comida. Específicamente, cuando profesionales como analistas de conducta trabajan a domicilio, los padres a menudo traen comida, bocadillos elaborados, etc.

Me pregunto cómo encaja esto con los siguientes puntos del Código: 1.06 (d), "Los analistas de conducta no darán ni aceptarán regalos de sus clientes ya que ello constituye una relación múltiple."

Sí, es correcto de acuerdo con nuestro Código. Aceptar comida es una forma de regalo y debe ser rechazado educadamente.

y el 7.01 que indica, "Los analistas de conducta promueven una cultura ética en su ambiente de trabajo y hacen que otros conozcan este Código".

Ciertamente el Código 7.01 también entra en juego aquí ya que la "cultura ética" incluye formar a todos los empleados, y obviamente a todos los analistas de conducta, sobre todos los aspectos del Código y la explicación que subyace a ellos.

Trabajo en un centro donde ofrecemos servicios ABA a niños. Tenemos terapeutas que principalmente ofrecen servicios ABA individualizados (formato 1:1). La mayoría de estos terapeutas no tienen credenciales de la BACB y no planean certificarse como BCBA en un futuro próximo.

Tenemos supervisores que son BCBA y supervisan los casos

Los supervisores son responsables de los casos, aunque los terapeutas no sean RBT.

¿La norma de "no recibir regalos" se aplica a los técnicos conductuales o terapeutas de primera línea, aunque no estén certificados por la BACB?

¿Tiene la BACB la obligación de hacer cumplir la norma de "no recibir regalos" entre los técnicos o personal de primera línea?

Bajo el Código 7.01, como usted describió anteriormente, los analistas de conducta están obligados a «promover una cultura ética» incluyendo el rechazo cortés de un regalo, en este caso, comida. La BCBA debe educar al personal de primera línea sobre los peligros de hacerse amigo de las familias de los clientes (es decir, de intercambiar regalos). A menudo puede no acabar bien. La BCBA tiene autoridad sobre el personal de primera línea y podría exigirles que rechacen los regalos de los padres de los clientes bajo punto 1.06 (d).

La promoción de una cultura ética es una tarea compleja, pero es ciertamente un objetivo apropiado para los profesionales de nuestro campo. Hay tantas contingencias que desgastan nuestro sistema de valores y nuestro Código que todos tenemos que estar atentos cada día. Un empleado de primera línea que acepta un regalo puede sentir que es necesario ofrecer un regalo en el futuro o conceder un favor al cliente. Ser demasiado amistoso con los padres o cuidadores puede llevar a un cambio en la relación y a una disminución de la integridad del tratamiento lo que tendría un impacto directo de carácter negativo en el cliente. La relación ideal con los padres y cuidadores consiste en ser amables, pero no convertirse en sus amigos. Es una línea muy fina que los analistas de conducta tienen que transitar diariamente. Cuando se firma el contrato inicial de servicios, es un buen momento para que los padres firmen una "declaración" que incluya las reglas de los analistas de conducta que visitan su casa.

CONSULTA ÉTICA NÚM. 40 - RESPUESTA ÉTICA

Como analista de conducta, estoy profundamente comprometido en el uso de prácticas basadas en la evidencia en el análisis de conducta aplicado. Como parte del equipo directivo de un colegio, me he visto inmerso en una situación para la cual me encantaría recibir su opinión.

En mi pequeña área escolar de California, ha habido una oleada de familias que están adoptando el Método de Inducción Rápida (*Rapid Prompting Method*, RPM) y el Deletreo para Comunicarse (*Spelling to Communicate*, S2C).

¿Ha contactado con la asociación estatal CalABA sobre esto? Están bien conectados en el estado y estarían en posición de tratar de formar a la comunidad sobre este tema.

Como observador externo, las bases del RPM y el S2C parecen reminiscencias de la época de la Comunicación Facilitada, con la excepción de que ahora el "compañero de comunicación" está sosteniendo el tablero de ortografía en lugar de tocar al estudiante.

En nuestra comunidad, los padres han utilizado inicialmente RPM y S2C en el hogar, pero las últimas semanas, estoy teniendo información sobre solicitudes para entrenar al personal del colegio en la intervención con estas técnicas. Además, he recibido una solicitud de unos padres para que su hijo reciba pruebas cognitivas con un "compañero de comunicación". No hay una forma sencilla de determinar si es el niño o el compañero de comunicación el que responde a las preguntas de la prueba estandarizada.

El personal de servicios conductuales debe negarse a participar en la aplicación de estas intervenciones no analítico-conductuales ya que esto no está permitido por el Código 8.01 (b).

8.01 Evitar declaraciones falsas o engañosas [RBT]

8.01(b). Los analistas de conducta no aplican intervenciones que no sean analítico-conductuales. Los servicios que no son analítico-conductuales sólo pueden ser proporcionados en el marco de una formación que no es analítico-conductual y por tanto fuera de la formación y acreditación analítico-conductuales. Estos servicios deben distinguirse claramente de las prácticas analítico-conductuales y de las certificaciones de la BACB mediante el uso de la siguiente declaración expresa de renuncia: "Estas intervenciones no son de naturaleza analítico-conductual y no están cubiertas por mi certificación de la BACB." La renuncia debe ser colocada al lado de los nombres y descripciones de todas las intervenciones no analítico-conductuales.

En realidad, hay formas simples de hacer esto. En el documental *Prisoners of Silence*, disponible en YouTube, verá una demostración de cómo hacerlo.

En mi ciudad, incluso hay un colegio privado que abrirá en otoño con el fin de promover estos principios.

Me dirijo a usted porque tengo curiosidad por saber si ABAI adoptará una postura más visible en relación con las prácticas de RPM/S2C y los posibles efectos perjudiciales de su uso. Al recopilar la información para prepararme mejor para las solicitudes de los padres, encontré la Declaración de 1995 de ABAI sobre Comunicación Facilitada. Estoy muy esperanzado de que ABAI esté considerando tomar una postura similar sobre RPM/S2C y si es así, me gustaría saber si hay un grupo de trabajo que actualmente esté estudiando este tema en profundidad.

Para saber si hay alguna acción sobre este tema, contacte con alguien de la Junta Directiva de ABAI y le dirán si están planeando tomar alguna acción.

La Comunicación Facilitada, de la cual el RPM es un derivado, tiene una larga y sórdida historia que se remonta a la década de 1980. Estos procedimientos son casi universalmente reconocidos como pseudocientíficos y pueden tener consecuencias perjudiciales para los clientes y sus cuidadores. Los analistas de conducta deben ser conscientes de que a pesar de los numerosos estudios de investigación publicados que desacreditan la comunicación facilitada, este enfoque no basado en la evidencia no desaparecerá de forma sencilla y es posible que nos veamos forzados, por los padres o los maestros, a incorporarlo dentro de los planes de tratamiento. Una muy buena referencia es: Todd (2015). Obsérvese también que American Speech Language Hearing Association (ASHA) ahora oficialmente desaconseja el uso de la comunicación facilitada y el RPM como "prácticas sin fundamento" que podrían causar daños a las personas que los reciben. Vaya a: www.asha.org/policy/ps2018-00351 para más detalles.

CONSULTA ÉTICA NÚM. 41 - RESPUESTA ÉTICA

Hoy se me ha acercado un estudiante cuyo jefe requiere que todas las publicaciones/presentaciones del estudiante sean aprobadas por la administración de la empresa y que incluyan el nombre de esta como la afiliación principal del estudiante. Independiente de si el trabajo se hace en tiempo remunerado de la empresa o si utiliza los recursos de la empresa. Además, la empresa pide que el estudiante presente su propuesta de comunicación a los administradores de la empresa antes de ir a una conferencia para presentarla. El administrador dice incluso tener derecho a rechazar la propuesta de presentación y/o a hacer cambios.

Esta "norma" no puede mantenerse a menos que este en el contrato que el estudiante firmase. Este es un ejemplo clásico de un propietario, nada menos que un BCBA-D, explotando a un estudiante al exigirle que firme un contrato que infringe el Código 1.07 (a).

1.07 Relaciones abusivas [RBT]

(a) Los analistas de conducta no explotan a las personas a las que supervisan, evalúan, o sobre las que ejercen autoridad de cualquier tipo, tales como estudiantes, personas a las que supervisan, empleados, participantes en investigación y clientes.

Aunque no sé si se especifica en el Código algo para esta situación considero que está relacionado con la sección que trata sobre la autoría, en la que, en este caso, hay un supervisor que no participó en un proyecto e insiste en que su nombre y afiliación estén en una publicación o presentación.

El código pertinente aquí es el Código 9.08 sobre el reconocimiento de las contribuciones de otros.

9.08 Reconocer contribuciones

Los analistas de conducta reconocen las contribuciones de los demás a la investigación mediante su inclusión como coautores o en una nota al pie sobre contribuciones. La autoría y otros medios de reconocimiento de contribuciones a una publicación reflejarán con precisión las contribuciones científicas o profesionales de los individuos involucrados, independientemente de la jerarquía profesional de estos. Las contribuciones menores a una investigación serán adecuadamente reconocidas en una nota al pie o en una declaración introductoria.

Además, el Código de la APA coincide con lo anterior.

8.12 Crédito por la autoría de una publicación[6]

(a) Los psicólogos asumen la responsabilidad y el crédito, incluido el crédito de autoría, sólo por el trabajo que realmente han realizado o al que han contribuido sustancialmente (véase también la norma 8.12b, Crédito de publicación).

(b) La autoría principal y otros créditos de publicación reflejan con precisión las contribuciones científicas o profesionales relativas de las personas involucradas, independientemente de su estatus jerárquico. La mera posesión de un cargo institucional, como el de jefe de departamento, no justifica el crédito de autoría. Las contribuciones menores a la investigación o a la redacción de publicaciones se reconocen debidamente, por ejemplo, en notas de pie de página o en una declaración introductoria.

Por último, la empresa tiene una política que establece que todo lo que haga el empleado se convierte en la "propiedad intelectual" de la empresa. No importa si esto se hace en tiempo remunerado o en el tiempo libre del empleado.

Esta situación es muy clara, ninguna compañía puede reclamar el control sobre el trabajo hecho en el tiempo libre de un empleado con sus propios recursos.

La consulta es que tenemos muchos estudiantes que realizan investigaciones como parte de su formación de posgrado fuera de sus horas laborales.

Sí, un buen porcentaje de los estudiantes realizan proyectos de investigación fuera de su lugar de trabajo.

En mi opinión, el producto de los trabajos de los estudiantes/empleados realizados bajo la supervisión del supervisor académico no deberían ser reclamados automáticamente como propiedad de la empresa.

El hecho de ser empleado no da al empleador el derecho de reclamar la propiedad del trabajo del estudiante/empleado las 24 horas del día.

Exigir a los estudiantes que utilicen la afiliación de su lugar de trabajo si su investigación se publica no respeta el Código de analistas de conducta ni el de la APA. El trabajo, un proyecto o una tesis, de los estudiantes realizado mientras están inscritos en una universidad requiere que usen esa universidad como su afiliación. Esto es así, incluso si se publica después de que se hayan graduado. La regla general es que el crédito de afiliación se otorga al lugar donde se realizó el trabajo, la misma regla debe aplicarse a una empresa en la que el estudiante trabaja mientras está en el colegio. Si el trabajo se hizo con recursos de la empresa y en horario laboral, también se debe dar crédito a la empresa. A su vez, no se debe dar crédito a la empresa si el trabajo se hizo con recursos propios y en las horas libres en las que el estudiante estuvo fuera de las instalaciones de la empresa.

CONSULTA ÉTICA NÚM. 42 - RESPUESTA ÉTICA

Soy un terapeuta ABA que trabaja con niños con TEA en Europa. Me pongo en contacto con usted porque tengo un problema ético relacionado con mi práctica profesional.

Recientemente, me ha contactado la madre de un niño con el que trabajé durante unos años como terapeuta a domicilio. La familia se ha mudado a los Estados Unidos hace unos meses. La madre acaba de informarme de que ella y el padre están actualmente en proceso de divorcio. El padre solicita el 50% del tiempo con el niño, pero a ella le gustaría limitar su custodia al mínimo ya que cree que no puede asumir plenamente su papel de padre de un niño con autismo. La madre cree que el padre podría poner en riesgo la terapia ABA de su hijo ya que siempre se ha mostrado reacio al análisis aplicado de conducta y a las sugerencias hechas por diferentes profesionales.

La madre me pidió, así como a otros terapeutas que han trabajado con el niño, que escribiera un documento compartiendo nuestras observaciones sobre el papel que cada progenitor desempeñó durante los años que trabajamos con la familia. Espera que esta carta pueda ser útil para obtener la custodia.

Por regla general, no es buena idea involucrarse en una batalla por la custodia.

Creo que la acción correcta y diplomática en esta situación implicaría escribir un documento que tenga como objetivo proporcionar mis observaciones sobre el progreso del niño durante los años de terapia ABA y recomendar este enfoque en el futuro, sin entrar en detalles sobre los padres, ni defendiendo la posición de ninguno de ellos.

El enfoque que has descrito parece razonable. Ten en cuenta que somos analistas de conducta y que somos un campo basado en la evidencia; no hacemos proyecciones amplias ni proporcionamos pronósticos aun basados en nuestros datos, esto se lo dejamos a otros profesionales. Otra estrategia sería decir, "Lo siento, no me siento cómodo preparando un documento sobre esto ya que no sé qué pasará después del divorcio". Pero, volviendo a su idea original, podría preparar un documento cuidadosamente escrito basado en el progreso del niño. Tenga en cuenta sus obligaciones según el 1.04, 2.04 (b) y 2.10 del Código.

2.04(b). Si existe un riesgo previsible de que se solicite del analista de conducta el desempeño de funciones que pueden entrar en conflicto debido a la intervención de un tercero, los analistas de conducta aclararán la naturaleza y dirección de sus responsabilidades, mantendrán a todas las partes debidamente informadas del desarrollo de acontecimientos, y resolverán la situación en conformidad con el presente Código.

El siguiente paso será enviar este documento a la parte pertinente. La madre me pidió que se lo enviara al psicólogo forense, contratado por ella y a su abogado.

El psicólogo forense y el abogado son terceras partes en este escenario.
Si preparas un informe, debe ser enviado al padre también ya que tiene el 50% de la custodia. Si no compartes los informes con el padre, su abogado puede solicitarlos a través de un tribunal.

No estoy seguro de cómo actuar en esta situación. Me temo que al enviarles el documento signifique automáticamente que defiendo la posición de la madre y me obligue a responder cualquier pregunta adicional que puedan tener.

Cerciórese de que su informe sea neutral y basado en datos. Básicamente, lo que dices es que cuando los procedimientos conductuales se usan de esta manera son efectivos y "aquí están mis datos para probarlo". No deberías decir nada sobre ninguno de los padres.

Ya que nunca me he enfrentado a este tipo de situación como terapeuta, necesito consejo sobre cuál sería la manera apropiada de responder conforme al Código.

Este es un caso importante de un analista de conducta que es llamado a "...realizar funciones conflictivas debido a la participación de un tercero..." En casi todos los casos el analista de conducta no está adecuadamente entrenado o acreditado para manejarse en situaciones complejas derivadas de un divorcio sin ponerse en riesgo o actuar de una forma que pudiera tener serias implicaciones para el trabajo futuro del analista de conducta. La mejor regla es mantenerse fuera de las batallas por la custodia de un menor y dejar que los padres contraten a otros profesionales para que se ocupen de los asuntos relacionados con la custodia.

CONSULTA ÉTICA NÚM. 43 - RESPUESTA ÉTICA

Tengo una pregunta sobre el uso de las fotos de un cliente en páginas web de empresa. En mis estudios de postgrado en ABA aprendí que las fotos de los clientes no pueden usarse en páginas web, ya que ello atenta contra la confidencialidad. En el código parece haber dos recomendaciones al respecto; una en el punto 8.04 del Código (b), implica que cualquier información que pueda identificar al cliente debe ser retirada de medios de difusión electrónicos A MENOS QUE se obtenga el consentimiento.

8.04 (b). Los analistas de conducta que hacen declaraciones públicas o realizan presentaciones utilizando medios electrónicos no revelan información personal de sus clientes, de las personas a las que supervisan, estudiantes, participantes de investigación u otros destinatarios de sus servicios y que obtuvieron durante el curso de su trabajo, a menos que se haya obtenido el debido consentimiento por escrito.

Este punto del Código se refiere a las presentaciones públicas en una conferencia. Si va a hablar de un estudio en una conferencia, necesitará: a) alterar la información de tal manera que los miembros de la audiencia no puedan identificar el lugar donde se realizó el estudio o a cualquiera que participe en él y b) antes de hacer esta presentación, necesitará el consentimiento de cualquier persona cuya información aparezca en la presentación, por ejemplo, el nombre del centro, los nombres de los asistentes de la investigación o de los clientes. Este punto del Código no implica que con el disponer de consentimiento pueda permitir que información que permita identificar al cliente pueda filtrarse en su presentación y ciertamente no implica que pueda usar fotos del cliente ya que eso sería una infracción del Código 2.06 (a).

Sin embargo, el 8.04 (c) exige que se oculte la información de identificación siempre que sea posible.

8.04 Presentaciones y servicios a través de medios de comunicación.
(d) Cuando los analistas de conducta emiten declaraciones públicas, consejos o comentarios por medio de conferencias públicas, manifestaciones, programas de radio o televisión, medios electrónicos, artículos, material enviado por correo u otros medios de comunicación, toman precauciones razonables para asegurar que (1) las declaraciones se basan en la apropiada literatura y en la práctica analítico-conductual, (2) las declaraciones son por lo demás compatibles con este Código, y (3) el consejo o comentario no crea un contrato de servicio con el destinatario.

Obsérvese que este punto del Código aclara que la información de identificación, como una foto, no está permitida en las presentaciones de conferencias. Está claro que el 8.04 (c) suple al 8.04 (b).

Es una infracción ética clara el hecho de usar las fotos de los clientes en una página web sin el consentimiento del cliente.

Sí, o en una presentación o fotos en el pasillo de su agencia.

Mi pregunta es, ¿qué pasa con el uso de las fotos de los clientes para las que si se ha obtenido consentimiento para mostrarlas en una página web o en las instalaciones de una agencia?

No, el cliente tiene derecho a su derecho de confidencialidad y esto no puede ser cedido ni siquiera por los padres. El código 2.06 (a) es aplicable en estas situaciones.

2.06 Mantenimiento de la confidencialidad [RBT]
(a) Los analistas de conducta tienen como obligación principal el tomar las precauciones razonables para proteger la confidencialidad de las personas con quienes trabajan o consultan, reconociendo que la confidencialidad puede ser establecida por la ley, las normas de la organización, o por relaciones profesionales o científicas.

¿El uso de las fotos de los clientes en la web, incluso con el consentimiento, es una infracción del Código de la BACB?

Dado que están protegidos por el Código, los analistas de conducta no deben pedir permiso a los padres para publicar fotos de sus clientes. Hacerlo permitiría a cualquiera descubrir que el niño tiene un diagnóstico y está bajo tratamiento conductual. Los depredadores sexuales que rondan por internet o el personal de prestación de servicios que visitan una clínica o un colegio privado para niños con retraso en el desarrollo podrían identificar a los clientes mirando las fotos. Se debe desanimar a los padres de dar información sobre sus hijos.

Esta consulta es extremadamente importante ya que toca el corazón de un tema importante para todos en nuestro campo. Está claro que estamos trabajando con poblaciones vulnerables cuyo diagnóstico de TEA o de problemas del desarrollo les pone en riesgo de discriminación, en el mejor de los casos, y de intimidación o incluso abuso sexual por parte de adultos que les quieren hacer daño.[7] "Los resultados muestran que las personas con discapacidades intelectuales (mujeres y hombres) son víctima de agresiones sexuales a tasas siete veces más elevadas que las observadas en personas sin discapacidades". Obviamente, cuanto más expuestas estén sus vulnerabilidades (p.ej., identificándolas por su nombre o foto), mayor será el riesgo que corren. Las fotos en el pasillo o en las oficinas de un centro de tratamiento son vistas por algunos como una forma de aparentar ser amables con el consumidor, pero el objetivo real es atraer más negocio. No hay ningún beneficio para el cliente y los padres pueden pensar que, al dar su consentimiento, su hijo recibirá algún beneficio extra o un tratamiento especial. No es inteligente exponer a los clientes a los posibles riesgos de la exposición pública, que puede incluir a depredadores sexuales.

CONSULTA ÉTICA NÚM. 44 - RESPUESTA ÉTICA

La directora de un colegio privado local que atiende a niños con necesidades especiales me informó de que se le presentó una oferta por parte de una persona de alto rango de una empresa importante de análisis de conducta en una ciudad del sur de los Estados Unidos. Afirmó que esta persona le ofreció dinero por cada niño que ella (o cualquier otra persona del colegio) derivase a los servicios de su compañía, a cambio de permitir exclusivamente el acceso, a los terapeutas de esta empresa al colegio.

Es una clara infracción del punto 2.14 de nuestro Código. No podemos aceptar sobornos en estos acuerdos de negocio ya que son deshonestos y ponen en desventaja a los clientes.

2.14 Referir clientes y honorarios

Los analistas de conducta no deben recibir o dar dinero, regalos u otros beneficios por referir clientes. Al referir un cliente a otro profesional se deben considerar múltiples opciones y hacerse considerando objetivamente las necesidades del cliente y del repertorio del profesional al que se remite. Cuando se proporciona o se recibe una referencia o derivación, el alcance de cualquier relación entre las dos partes debe ser revelado al cliente.

Me dijo que se sentía muy ofendida por esta oferta y que le dijo a esta persona que de ninguna manera les diría a las empresas, que actualmente están ayudando a sus otros estudiantes, que ya no podían proporcionar servicios ABA, inmensamente beneficiosos, a otros estudiantes por este nuevo acuerdo.

Buena respuesta. Deberías animarla a denunciar a esta persona a la BACB.

En segundo lugar, la directora declaró que este acuerdo ha sido aceptado en otros colegios.

Por lo tanto, si hay personas con un comportamiento poco ético que han aceptado esta oferta, si se les conoce y hay documentación, también se les puede denunciar.

Esto implica que es posible que un niño que reciba servicios con otra compañía de ABA no pueda ser observado o tratado de ningún problema de conducta socialmente significativo o déficit en su entorno escolar por nadie más que los empleados de una compañía en particular.

A su vez, al explorar las dificultades que otros analistas de conducta podrían haber tenido al contactar con diferentes colegios para realizar asesoramiento, me dijeron que en realidad se les había negado el acceso a varios centros, les dijeron que "no podían dejarlos entrar".

Esto debería ser investigado, pero lo debería hacer uno de sus "compañeros" ya que tendrían conocimiento de primera mano de este tipo de infracción.

Siendo honesta, en mi opinión esto es un gran problema para la comunidad de ABA de mi estado, para el campo de ABA en general y, lo más importante, para los clientes. No sólo es un soborno por parte del representante de esta compañía, sino que también creo que decirles a los padres que si quieren los servicios de su hijo en el colegio (lo que sucede a menudo) deben ir a esta compañía o cambiar de compañía sin importar la efectividad, constituye un posible tipo de coacción.

O al menos explotación: Código 1.07

¿Qué se puede hacer al respecto?

El Código requiere que aquellos con información de primera mano presenten el informe contra el analista de conducta que está detrás de esto.

Lo que hace que esta situación sea poco ética y ofensiva es la oferta de un pago por permitir solamente a los terapeutas de una compañía acceder al colegio. El Código asume que los analistas de conducta son ciudadanos honrados y que observan la ley, que son directos en su trato con los clientes y el público en general (como se explica en el punto *1.04 Integridad*), este tipo de conducta malintencionada y sin escrúpulos es simplemente inaceptable. Los analistas de conducta deben darse cuenta de que tienen el deber de contribuir a la protección de nuestro campo profesional estando atentos y denunciando este tipo de conducta reprobable y que nos estigmatiza a todos.

CONSULTA ÉTICA NÚM. 45 - RESPUESTA ÉTICA

Tengo una compañera que es BCBA y dueña de una empresa proveedora de servicios ABA. No usa su nombre real en Facebook, pero sí que es BCBA y que trabaja como gerente de la empresa proveedora de servicios ABA (con el nombre adjunto).

¿Estás diciendo que tiene un nombre falso con BCBA detrás? Si esto es así, es claramente una tergiversación de su identidad.

Ayer, respondió a la publicación en Facebook de un estudiante acerca de una declaración de las autoridades sanitarias sobre las vacunas diciendo, de forma resumida, que ella cree que las vacunas causan autismo y son una conspiración de las grandes farmacéuticas y que por ello no vacuna a su hijo. Sugirió además que la única manera de saber con seguridad si las vacunas causan autismo es que todos dejen de vacunar durante cinco años para ver si las tasas de prevalencia general del autismo disminuyen. Me preocupa que esté defendiendo su postura anti-vacunación ante las familias y los miembros del personal con los que trabaja. Me preocupa más porque como compañera, no solamente representa al campo del análisis aplicado de conducta, sino que también representa al programa educativo donde trabajo. Además, su organización proporciona formación para los BCBA que vienen a mi colegio. Si está defendiendo esta postura, puede tener una amplia audiencia.

Mi pregunta es: Si los hay, ¿qué pasos debo dar? ¿Es una infracción denunciable?

Mucha gente podría denunciarla

Sí, es una clara infracción del 8.01 (a).

8.01 Evitar declaraciones falsas o engañosas [RBT]

(a) Los analistas de conducta no hacen declaraciones públicas que sean falsas, engañosas, exageradas, o fraudulentas, ya sea debido a lo que afirman, transmiten, o sugieren o por lo que omiten, en relación con su investigación, práctica profesional, u otros trabajos o actividades o sobre las personas u organizaciones con las que están afiliados. Los analistas de conducta presentan como cualificaciones de su trabajo méritos cuyo contenido es principal o exclusivamente de tipo analítico-conductual.

Si lo denuncio, es probable que ella pierda su certificación (la verdad es que no se si esto es posible). Si esto ocurriese, también perdería su medio de vida, además acaba de tener un hijo.

Mis estudiantes también sufrirían las consecuencias ya que obtienen horas supervisadas de esta BCBA a través de su organización. No estoy segura de qué hacer y agradecería cualquier orientación.

Haz lo que es correcto para el área

Con suerte, sus estudiantes podrán leer las últimas investigaciones sobre vacunas y tomar decisiones acertadas en relación a dónde trabajar.

Lo correcto es informar de esto a la BACB a través de la notificación de una presunta infracción. Si la BCBA influye en la gente con información falsa, sus hijos y otros niños podrían sufrir terriblemente. Aquí hay un enlace que proporciona la información adecuada.[8]

Los analistas de conducta son científicos-profesionales que apoyan un enfoque de tratamiento basado en la evidencia, así como las actividades de la comunidad científica de académicos y estudiosos que se esfuerzan por librarnos de enfermedades terribles. Como deja claro el artículo publicado en el *Journal of the American Medical Association* citado anteriormente, *"Los padres que retrasan o se saltan las vacunas infantiles incluso cuando los niños no tienen razones médicas están contribuyendo a los brotes de sarampión y tos ferina"*. Esta BCBA hace "declaraciones públicas que son falsas, engañosas, exageradas o fraudulentas" y nuestro comité de certificación debe hacer que se haga responsable de sus actos. Es poco probable que pierda su certificación o licencia, pero seguramente se le debería exigir que reciba más formación sobre el tema de las vacunas y sobre cómo la promoción de su rechazo podría estar incrementando significativamente el riesgo de enfermedades en su comunidad.

CONSULTA ÉTICA NÚM. 46 - RESPUESTA ÉTICA

Soy RBT y uno de mis supervisores tiene un cliente que durante el último año ha presentado problemas de desobediencia, berrinches y agresiones. Estas conductas han aumentado en frecuencia y duración. Ya que no se han tomado datos formales...

> Este es un problema serio

¡Los datos de algo tan peligroso como esto deberían tomarse todos los días! Esto es requerido por el Código 3.01 (b)...

3.01 (b). Los analistas de conducta tienen la obligación de recoger y mostrar gráficamente los datos utilizando las convenciones analítico-conductuales de forma que estos permitan tomar decisiones y realizar recomendaciones que permitan el desarrollo del programa de cambio de conducta.

Estimaría que actualmente el cliente realiza comportamientos problemáticos durante el 70% del tiempo que pasa en la clínica.

> ¿Hay datos sobre esto?

La BCBA nunca ha realizado un análisis funcional y no existe un plan formal para responder al problema de conducta, a pesar de que lo he pedido varias veces.

> ¿Dispones de estas peticiones por escrito?

Esto es una clara infracción de 3.01 (a)...

(a) Los analistas de conducta realizan evaluaciones pertinentes previamente a realizar recomendaciones o a desarrollar programas de cambio de conducta. El tipo de evaluación utilizado es determinado por las necesidades del cliente y el consentimiento de éste, parámetros ambientales y otras variables contextuales. Antes de desarrollar un programa de cambio de conducta, los analistas de conducta deben llevar a cabo una evaluación funcional.

Tampoco hay un programa de reforzamiento para tratar proactivamente la conducta problema. Se realizan cada día las mismas instrucciones y se espera que el niño cumpla el 100% de las veces.

> No es buena práctica

Las consecuencias cambian casi a diario y a menudo la BCBA u otro RBT retiene físicamente al niño en la silla. Me niego a hacer esto.

¿No se quejan los padres de esto? ¿Qué hay de la compañía de seguros? ¿Qué hay del director clínico o del dueño de la compañía?

He llevado este asunto a la directora clínica, que ha estado de acuerdo conmigo en que está mal, pero todo lo que ha hecho es observar una sesión y hacer sugerencias a la BCBA. La directora ha expresado que no es su cliente, por lo tanto, no puede tomar decisiones sobre el plan de tratamiento.

> Esto sigue 7.02(c)

Esto no es cierto, en realidad es una de las principales funciones del director clínico asegurar que el tratamiento sea humano, ético y efectivo.

Creo que esta situación es poco ética por varios motivos.

> Estás en lo cierto

No se han realizado evaluaciones, salvo una evaluación funcional inicial que tiene un año de antigüedad (además el niño no mostró falta de seguimiento de instrucciones durante la evaluación). No hay un plan formal para atajar el problema de conducta, no se están tomando ni analizando datos reales. Creo que mantener al niño en la silla es una consecuencia insegura que le está haciendo daño. He hablado con la BCBA y con la directora clínica y no han tomado ninguna medida para mejorar la situación. En este momento, no sé qué hacer y tengo miedo de perder mi trabajo si informo a la BACB de la situación.

Tienes razón. Podría perder su trabajo si informa de esto, pero tiene la obligación ética y moral de que se haga algo en esta situación. ¿Quiere trabajar para una compañía que no es ética?

La conducta de esta BCBA es similar con todos sus clientes. La mayoría de sus hojas de registro son *copia y pega* de las de otros clientes, no supervisa a sus RBT ni evalúa nuevos problemas de conducta, además la mayoría de sus clientes muestran un avance limitado.

Si copió programas y hojas de datos de otra persona, está incurriendo en plagio. Si sus programas son un "copia y pega" de programas previos no está dando el tratamiento individualizado que los clientes merecen.

¿Tiene algún consejo que darme?

Ciertamente, esto no es una buena praxis. De hecho, es una infracción del punto 4.03 del Código.

4.03 Programas de cambio de conducta individualizados.
(a) *Los analistas de conducta deben adaptar los programas de cambio de conducta a las conductas, variables ambientales, resultados de evaluaciones y objetivos de cada cliente.*
(b) *Los analistas de conducta no plagian los programas de cambio de conducta de otros profesionales.*

Eche un vistazo a el formulario de notificación de presunta infracción de la BACB y verifique si tiene suficiente evidencia para denunciar a la BCBA y al director clínico, y a la vez comenzar a buscar un puesto en una compañía dirigida de forma ética.

##

Dos días después...

Gracias por su rápida respuesta. Revisé el formulario y me preocupa no tener suficientes pruebas para denunciar el caso. La única petición que he puesto por escrito fue en un formulario de feedback de un supervisor, que se convirtió en parte del archivo de personal de la BCBA. Además, no trabajo directamente con este cliente, por lo que no tengo acceso a sus planes de tratamiento/datos. La mayor parte de mi información sobre el plagio de los planes de tratamiento y la falta de supervisión/evaluación continua y análisis proviene de otros RBT, que también tienen miedo de denunciar el caso.

Sólo aquellos con conocimiento directo y de primera mano pueden presentar una notificación, cualquier otra cosa es un rumor. Correspondería a los RBT presentar la notificación y, dado que están bajo el Código, deben considerarlo seriamente, ya que, al no hacer nada, están permitiendo esta práctica contraria a la ética profesional.

Estoy abierto a cualquier sugerencia que tenga sobre cómo empezar a documentar estos incidentes.

Básicamente, cualquier copia impresa de documentos que muestren claramente el "copia y pega" en programas conductuales podría ser utilizada como documentación y si hay algún correo electrónico o memoria que incite a los RBT a participar en una práctica antiética, estos también contarían como evidencia.

Esta es una situación inusual en la que el RBT del equipo es más consciente del Código que el BCBA. Ella es consciente de que algo está mal con la ejecución de este plan de tratamiento y tenía los medios para llevar el asunto al director clínico y para contactar con la línea directa de ABAI para pedir consejo. En este caso, parecería que esta RBT ha agotado todas las vías disponibles y, normalmente, estaría justificado enviar una Notificación de Presunta Infracción. Sin embargo, ella no tiene información de primera mano. Para los analistas de conducta que trabajan en cualquier escenario, si proporciona feedback verbal con respecto a las preocupaciones éticas, asegúrese de acompañarlo con alguna prueba por escrito para que tenga un rastro de papel. Y, aunque no tenga conocimiento de primera mano de infracciones significativas, puede alentar a los que sí lo tienen a tomar las medidas adecuadas.

CONSULTA ÉTICA NÚM. 47 - RESPUESTA ÉTICA

Trabajo en una pequeña clínica privada de ABA en el sudeste de los Estados Unidos, propiedad de una persona que tiene formación como fisioterapeuta (FT) y terapeuta ocupacional (TO). La propietaria de la empresa ABA y tiene también una empresa independiente que comparte local en el mismo edificio que la clínica ABA y que ofrece servicios de TO, FP y terapia del habla y el lenguaje.

¿Tiene la compañía ABA un BCBA como director clínico?

Muchos de los clientes atendidos por la clínica de ABA también son atendidos por la otra clínica. La dueña también ve a los clientes como TO o FT (a menudo TO para los niños con TEA).

¿Están las dos compañías físicamente separadas y hay carteles en cada una para indicar lo que son?

Mi pregunta/preocupación es la siguiente: La semana pasada, el padre de un niño con el que trabajo (como supervisora del caso) me informó que la propietaria, que ha estado proporcionando servicios como TO semanalmente, le recomendó un procedimiento de terapia de integración sensorial para manejar la conducta autolesiva del niño.

Podrías haber dicho algo como, "Hmmm, estoy confundido aquí, realmente no hay ninguna investigación que muestre que la integración sensorial sea apropiada para la conducta autolesiva, déjame investigarlo y te llamaré. . ."

El problema es que, aunque intentamos ayudar a los clientes a entender que las dos empresas son entidades distintas, muchas familias no lo tienen claro (ya que comparten la misma propietaria y oficina). Aunque no tuve ningún problema en recomendar una intervención basada en análisis de conducta para el tratamiento de la conducta autolesiva (un tratamiento que había tenido éxito cuando fue realizado hace algunos meses a pesar de que recientemente la conducta había resurgido), me quedé preguntándome cómo percibe el cliente esta situación. Por un lado, los servicios de TO son proporcionados en la clínica mientras que el servicio ABA se da en casa. No obstante, al ser propietaria de una empresa de ABA, las recomendaciones de la propietaria podrían parecer más creíbles por su relación con los servicios ABA.
Entonces, 1) ¿debo comentar esta preocupación a la propietaria?

Sí, usa tus mejores habilidades siguiendo a Dale Carnegie (Carnegie, 1936/2008) y plantéalo como una pregunta en lugar de una acusación; si la compañía ABA tiene un director clínico, sería el trabajo de esa persona sacar a relucir esto.

2) ¿al ser propietaria de una empresa de servicios ABA está la propietaria bajo el Código?

No si no es BCBA.

Cuando la propietaria da servicios a través de una de sus empresas, ¿tiene que seguir los estándares éticos de los servicios que ofrece en su otra empresa?

En esa situación tendría que cumplir con el Código para FT/TO. Podrías informarte de si estos códigos dicen algo sobre actuar solamente dentro de límites éticos y de competencia profesional especificados.

Gracias de antemano por su consideración.

##

Un día después...
Gracias por su respuesta. Compartí su correo electrónico con la directora clínica (a quien le planteé

mi preocupación) y ella hablará con la propietaria. Para responder a algunas de sus preguntas:

1. La compañía tiene un BCBA como director clínico.
2. La clínica ABA comparte un edificio con los servicios de terapia ocupacional, fisioterapia y logopedia, aunque en la puerta se indica claramente el nombre de ambas empresas por separado. Ambas tienen números de teléfono de oficina separados, identificaciones fiscales y registros mercantiles diferentes, etc. Por tanto, son entidades legalmente separadas.
3. Revisé el Código de la TO el otro día antes de enviarte un correo electrónico. La única cosa, hasta donde yo sé, relacionada con la provisión de servicios basados en la evidencia es:
    1. "Utilizar, **en la medida de lo posible**, la evaluación, planificación, técnicas de intervención y equipo terapéutico basados en la evidencia, actualizados y reconocidos dentro del ámbito de la práctica de la terapia ocupacional".

Parece que basándonos en la frase que he destacado en negrita más arriba, la práctica basada en la evidencia está claramente recomendada, aunque no es un requisito, para el campo de la TO.

De cualquier manera, enviaré un correo electrónico de seguimiento después de que tenga la conversación y le haré saber cómo ella (como propietaria) y nosotros (como analistas de conducta) rectificamos o al menos aclaramos nuestra forma de actuar de cara al futuro.

##

Al día siguiente...

La propietaria de la compañía, la directora clínica y yo nos hemos reunimos hoy para tratar mis preocupaciones así como posibles soluciones.

Resumiendo, acordamos a) elaborar un documento que delineará la distinción entre las dos clínicas en los casos en que un cliente reciba servicios de ambas, incluyendo una descripción de los servicios e información de contacto de los responsables y, b) si un TO/FT desea prescribir cualquier intervención para un problema de conducta de un cliente que también es visto por la empresa de servicios ABA, se llevará a cabo una reunión de equipo antes de empezar cualquier tratamiento.

Esto está en consonancia con el 7.0 del Código.

7.0 Responsabilidad ética de los analistas de conducta hacia sus colegas
Los analistas de conducta trabajan con colegas dentro de la profesión del análisis de conducta y de otras profesiones y deben ser conscientes de estas obligaciones éticas en todas las situaciones.

Si el equipo desea buscar una intervención alternativa, no conductual (p.ej., integración sensorial) que no presente un riesgo claro para el cliente, el equipo de ABA ayudará a recopilar datos sobre los efectos de esa intervención.

Esto está en conformidad con el 2.09 (d).

2.09 Eficacia de la intervención
2.09 (d). Los analistas de conducta revisan y evalúan los efectos de cualquier tratamiento que pueda afectar a los objetivos del programa de cambio de conducta y, en la medida de lo posible, su posible impacto en el programa de cambio conductual.

¿Pudieron negociar un acuerdo que establezca que, si los datos no muestran ningún efecto de la «intervención», acordarán finalizarla y considerar un enfoque conductual en su lugar?

##

Más tarde, esa misma tarde. . .

No se utilizó ese lenguaje específico. He notado que cuando se aplica un procedimiento conductual, normalmente esperamos aproximadamente dos semanas antes de revisar si la conducta del niño muestra o no los efectos deseados. También hablamos de nuestra preocupación en torno al uso de procedimientos de integración sensorial ante la presencia de una conducta desafiante (p.ej., un masaje de presión profunda después de una agresión física) y cómo este enfoque podría tener efectos paradójicos, es decir, aumentar la frecuencia de la conducta desafiante.

Por último, impartiré formación al personal de TO, FT y terapeutas del habla y del lenguaje [7] sobre estrategias para manejar problemas de conducta dando también información sobre cómo los analistas de conducta conceptualizan y diseñan programas de cambio de conducta.

##

Un día después...

Sólo quiero aclarar que nuestro personal de ABA no aplicaría ningún enfoque de tratamiento que no sea analítico-conductual.

Muy bien. Ningún analista de conducta con sentido ético aplicaría un tratamiento que no esté basado en la evidencia.

El TO y los padres aplicarían los enfoques de tratamiento y el personal de ABA recopilaría datos sobre la variable dependiente seleccionada.

Esto podría ser tu último recurso si no puedes convencer al equipo de que confíe en los tratamientos basados en la evidencia.

Teniendo esto en consideración, ¿procedería de manera diferente?

Como Plan B, podrías tomar datos según el punto 2.09 (d) para ver lo que sucede con la intervención/tratamiento pero con el acuerdo, de que si no funciona, el equipo y los padres se decidirán por un tratamiento basado en la evidencia. Necesitarían estar de acuerdo, "Probaremos esto por 30 días y veremos qué pasa y luego volveremos al Plan A".

Siempre me hicieron creer que en estas situaciones el equipo de ABA podría al menos recoger datos para mostrar si el tratamiento está produciendo cambios en la conducta del niño.

Sí, concéntrese en la recolección de los datos. Será difícil observar sabiendo que lo que está viendo está ocupando el tiempo y los recursos del personal cuando esos mismos recursos podrían ser utilizados para mejorar la condición del cliente.

##

En respuesta a mi pregunta unas semanas después, "¿Hay alguna información más que haya surgido sobre este caso?..."

Ambas clínicas se reunieron y acordaron que los TO/FT no harían recomendaciones para manejar conductas problemáticas sin consultar primero con el director de la clínica ABA en los casos en los que ambos grupos trabajen con un mismo cliente.

##

Trabajar con compañeros de otra profesión puede ser todo un reto, porque tienen una formación teórica diferente a la nuestra sobre los orígenes y el mantenimiento de la conducta, tienen estrategias de tratamiento bastante diferentes, no insisten en los métodos basados en la evidencia en la medida en que nosotros lo hacemos y no tienen las herramientas de medición para evaluar los casos individuales que nosotros tenemos. Este caso ilustra las complejidades con las que uno se puede encontrar y los pasos necesarios para resolverlos amablemente, lo cual es mucho más difícil de lo que sugiere el Código 7.0. El analista de conducta en este caso trabajó duro para asegurarse de que seguía nuestro Código mientras explicaba al dueño de las dos compañías y a su personal los procedimientos necesarios en el análisis de conducta y las protecciones contra comportamientos no éticos.

---

[7] N. del E.: en distintos contextos del español esta profesión puede denominarse *fonoaudiólogo*, *logopeda* o *terapeuta del lenguaje*.

CONSULTA ÉTICA NÚM. 48 - RESPUESTA ÉTICA

Trabajo para un colegio y estamos limpiando nuestros archivos antiguos. El equipo de profesionales BCBA se pregunta si hay directrices oficiales para almacenar y destruir los datos antiguos de los estudiantes que ya no están en el colegio.

Esta pregunta se refiere al punto 2.07 del Código, "Mantenimiento de registros".

(a) Los analistas de conducta mantendrán la debida confidencialidad sobre la creación, almacenamiento, acceso, transferencia y eliminación de registros bajo su control, ya se encuentren estos por escrito, informatizados, en formato electrónico o en cualquier otro formato.

(b) Los analistas de conducta mantendrán y dispondrán de registros de acuerdo con las leyes, regulaciones, normas corporativas u organizacionales; siempre cumpliendo con los requisitos de este Código.

Tenemos curiosidad por saber más sobre los siguientes puntos:

1. Sobre el almacenamiento, ¿necesita estar en un archivador cerrado en una habitación cerrada?

En EEUU, la información sanitaria personal debe ser almacenada según las directrices federales de la ley HIPAA. Dado que se trata de estudiantes de un colegio público, existen regulaciones federales que guían este proceso y algunas de esas regulaciones están cubiertas en la ley FERPA (Ley Federal de Derechos Educativos y Privacidad) e IDEA (Ley de Educación para Personas con Discapacidades)[8].

FERPA no detalla cuánto tiempo deben mantenerse los registros. Los colegios pueden establecer sus propias normas y procedimientos al respecto. Lo normal es mantenerlos de cinco a siete años después de que el estudiante sale del programa educativo.

IDEA sólo requiere que se creen ciertos registros (p.ej., informes de evaluación, planes educativos individualizados, etc.) y no establece un límite de tiempo para el mantenimiento de los documentos. IDEA también requiere que los colegios informen a los padres antes de que se destruyan los registros relativos a servicios de educación especial.

Los estados a menudo tienen sus propias leyes de archivo de datos de los estudiantes que dictan plazos específicos para mantener los registros. El equipo directivo de su colegio y el técnico informático con el que trabaje el colegio quizá puedan ayudarle a obtener esta información. La información sanitaria personal necesita ser almacenada en un archivo cerrado con llave en un cuarto, también bajo llave. En el caso de las copias impresas antiguas, algunos centros pagan para que estos registros se almacenen en un centro externo de documentos sanitarios (que cumpla con la ley HIPAA). Hay otras buenas prácticas para almacenar datos confidenciales, tales como la restricción del acceso a los archivos y el nombramiento de una persona a cargo de los archivos.

2. ¿Qué documentos tiene que haber en el archivo de un cliente?

Debido a que hay tanto requisitos federales como requisitos que un colegio individual puede tener, consulte esto con el director del colegio.

---

[8] N. del E.: referimos a lectores de otras nacionalidades al marco legal relevante en su medio. Por ejemplo, en España es de aplicación la Ley Orgánica 3/2018 de Protección de Datos Personales y Garantía de los Derechos Digitales disponible en https://www.boe.es/buscar/act.php?id=BOE-A-2018-16673 recomendamos también este informe legal sobre su aplicación en el sector sanitario https://www.e-coma.es/files/1470-134-fichero/GuiaLOPD_COMA.pdf y la normativa europea GDPR sobre protección y circulación de datos personales, disponible en https://eur-lex.europa.eu/legal-content/ES/TXT/?qid=1532348683434&uri=CELEX%3A02016R0679-20160504

3. ¿Cuánto tiempo hay que guardar un archivo?

Una buena práctica para los registros conductuales consiste en guardarlos siete años. Los expedientes del colegio deben ser guardados mucho más tiempo.

4. ¿Cómo se destruye el archivo?

Normalmente, las instituciones grandes contratan un servicio de destrucción de información confidencial. El servicio proporcionará un certificado que confirma que los documentos han sido destruidos adecuadamente.

5. ¿Cómo mantenemos a salvo datos electrónicos?

Esta es una pregunta para el técnico informático o el director del colegio u organización relevante. Toda la información almacenada *en la nube* debe cumplir con la normativa HIPAA.

El código 2.07 establece los estándares de mantenimiento y eliminación de registros que se esperan de los analistas de conducta, pero como puede ver no hay detalles sobre cómo lograr este objetivo. Los autores desean agradecer a Devon Sundberg, directora de Behavior Analysis Center for Autism, por su asistencia como experta en el proceso de contestar esta consulta.

CONSULTA ÉTICA NÚM. 49 - RESPUESTA ÉTICA

Uno de mis empleados me recomendó al hijo de su amiga.

> Esto puede ser una relación dual

¿Es usted un proveedor de servicios autónomo o trabaja para una empresa? Si trabaja para una empresa, puede que esta tenga normas relativas a las condiciones higiénicas mínimas que debe haber en el hogar de un cliente antes de que el personal trabaje en el domicilio.

Yo iba a aceptar el caso para evitar que mi empleado trabajase en un contexto familiar para él. Hice una evaluación y me reuní con la familia en su casa. La madre fue muy amable. El problema que tuve es que debido al desorden era difícil subir las escaleras. Había una caja larga obstaculizando el paso, dejando solo un estrecho camino por el que maniobrar. También había otras cosas en las escaleras. Sentí que algunas partes de la casa no estaban limpias (migajas sobre la mesa del comedor, objetos polvorientos). Los niños NO parecían estar en peligro por el desorden de la casa y estaban limpios. Supe de inmediato que no podíamos hacer terapia en casa debido a las leyes sobre seguridad laboral de Estados Unidos (OSHA), lo que hizo que la evaluación fuera un poco incómoda.

Los terapeutas no deberían trabajar en un ambiente sucio, desordenado y posiblemente inseguro.

No me sentí cómodo andando por la casa, así que me dedique principalmente a observar al niño de tres años con diagnóstico de TEA. Normalmente, si el niño se siente cómodo, trato de jugar e interactuar para que la evaluación se convierta en una buena experiencia. Pedí a la madre firmar el consentimiento para pasar el VB-MAPP y una evaluación ABC estructurada que iba a hacer. Le expliqué que iba a realizar la observación para averiguar por qué se producen las conductas agresivas y que iba a utilizar la prueba VB-MAPP para conocer mejor las competencias verbales. Le dije a la madre que hiciera lo que normalmente hacen. También le informé de que podría resultar un poco incómodo, pero que necesitaba hacerme una idea precisa de lo que está pasando. El niño al que estaba observando tenía un lenguaje espontáneo muy flexible, así que no pensé que necesitara hacer muchas pruebas directas. Le hice unas cuantas preguntas y él educadamente se negó a responder. No quise presionarlo nada más conocerle, así que le hice pocas preguntas. Además, sus déficits no están relacionados con el lenguaje; están en las áreas de habilidades de juego y habilidades sociales, por lo que no tenía sentido hacer muchas pruebas directas individuales.

También le hice a la madre preguntas de la evaluación AFLS (*Assessment of Functional Living Skills* o *Evaluación de Habilidades Funcionales de la Vida Diaria*). Me enteré de que el niño estaba agrediendo, con una alta tasa, a los miembros de la familia obteniendo por ello atención. No estoy seguro de si a la madre le gustaría escuchar esto, porque creía que, tal vez, su hijo no se daba cuenta de que lo que estaba haciendo perjudicaba a los demás. También dijo que no creen al 100% que el niño tenga autismo. Mencioné cómo el autismo puede ser diferente en cada individuo. Le expliqué mi preocupación por las habilidades de ocio y juego del niño y comenté cómo los niños de su edad suelen realizar conductas de juego de forma autónoma. Ella sentenció que la mayoría de los niños de su edad necesitan mucha orientación en las actividades de juego. Parece que la madre está en un estado de semi-negación.

> Esto comienza a indicar una falta de interés

Le dije a la madre que, debido a la agresión del niño (principalmente dirigida a su hermana), podría facilitar las cosas si inicialmente nos centramos en las habilidades sociales y lúdicas en un centro preescolar o en una guardería. Otra opción es enseñar a la hermana a responder de forma diferente para no reforzar las conductas de su hermano. En este momento, no mencioné nada sobre el hogar, ni mis reservas sobre el cumplimiento de las leyes de seguridad laboral porque la dinámica con el chico y su hermana fue suficiente para que recomendase hacer la terapia fuera del hogar. Además, el déficit de habilidades sociales justificaba hacer la terapia en otro lugar con más niños. No obstante, y para ayudar a disminuir la agresión, podría dar formación a los padres y la hermana en el contexto del hogar.

> Esto puede ser buena idea

Intenté contactar con la madre después de la evaluación, pero parecía estar evitándome los cuatro días posteriores a la evaluación. Necesitaba que me firmase más formularios de admisión, pero no respondió (esta fue una lección que he aprendido; todos los formularios deben ser firmados antes de la evaluación). La madre finalmente envió los formularios al final de la semana. El día que les visité, cuando salía de la casa, la hermana dijo con decepción que creía que yo iba a jugar con ellos. Tengo la sensación de que no estaban contentos con la evaluación porque era sobre todo una observación, pero lo hice lo mejor que pude considerando el estado de la casa, la dinámica familiar y las agresiones del niño en busca atención. Hice lo que pude para explicar lo que iba a hacer así como mis recomendaciones.

La madre dijo que estaba considerando consultar con el distrito escolar como otra alternativa de la que obtener los servicios que necesitan, así que le dije que me dijera lo que pensaba y que me notificase si prefería dirigirse al distrito escolar en vez de trabajar conmigo. Le dije que aun podría hacer un poco de formación para padres a domicilio con ellos aunque se decidiesen a trabajar únicamente con el distrito escolar.

Me pregunto si tengo obligación de mencionar las leyes de seguridad laboral que debo seguir.

Mi hipótesis es que la madre es muy consciente del desorden y posible falta de seguridad de su domicilio (p.ej., ¿pasaría un examen del jefe de bomberos en caso de incendio?), así que no creo que sea necesario.

Normalmente estoy de acuerdo en dar retroalimentación, pero no quisiera ofender a alguien la primera vez que trato con la persona.

Necesita pensar en su conducta autoclítica (ver capítulo 12 de la obra de Skinner, *Conducta Verbal*) y llegar a una expresión que permita traer a colación el tema evitando una posible respuesta negativa, por ejemplo: "Para la sesión en casa, necesitaré un espacio despejado para trabajar con su hijo, ¿sería posible mover algunas cosas...?"

Me tomaría un par de minutos revisando los puntos del Código 4.06 y 4.07 antes de insistir en que la familia se convierta en su cliente, no estoy seguro de que las condiciones mínimas se den en esa situación.

4.06 Descripción de las condiciones para el éxito del programa de cambio de conducta
Los analistas de conducta describen al cliente las condiciones ambientales que son necesarias para que el programa de cambio de conducta sea eficaz.

4.07 Condiciones ambientales que interfieren con la aplicación de un programa de cambio de conducta.
(a) Si las condiciones ambientales impiden la aplicación de un programa de cambio de conducta, los analistas de conducta recomiendan la asistencia de otro profesional (p.ej., evaluación, consulta o intervención terapéutica por parte de otros profesionales).
(b) Si las condiciones ambientales obstaculizan la aplicación del programa de cambio de conducta, los analistas de conducta intentarán eliminar dichas restricciones ambientales o reflejarán por escrito la dificultad de hacerlo.

Y, volviendo a la relación entre el posible cliente y su empleado. La relación está en el área gris de las relaciones múltiples. Aunque no parece estar cerca, es bastante posible que tu empleado te haga algún comentario sobre el caso del tipo, "¿cómo te va con Timmy? he oído que la mamá no estaba satisfecha de tus servicios".

La solución más elegante es dejar que esta madre se comunique con su distrito escolar para obtener los servicios. Si regresa a ti voluntariamente, entonces puedes referirla a alguna otra agencia. Si aceptas este caso, tendrás que decidir si estás dispuesta a tratar el tema del desorden y la limpieza de la casa. Las migas en una mesa pueden limpiarse, no obstante, tener dificultades para moverse por la casa para poder trabajar con el cliente puede no ser aceptable.

##

Dos horas después...

Muchas gracias por su aportación. Soy un proveedor autónomo y no pensé en la relación múltiple cuando acepté. No voy a insistir en que esta familia trabaje conmigo y lo más probable es que elijan trabajar con el distrito escolar.

##

La BCBA en este caso se centró en si sus RBT podrían trabajar en un hogar tan sucio y descuidado. Mi interpretación del 4.06 y 4.07 es que el ambiente donde los analistas de conducta llevan a cabo la terapia debe ser ordenado e higiénico con pocas distracciones. Además, una de las "condiciones ambientales necesarias para que el programa de cambio de conducta sea efectivo" incluye la plena cooperación de los padres. Esta madre no parece estar convencida de que su hijo realmente necesite ayuda o que este diagnosticado de autismo. Estas no son circunstancias ideales para iniciar un tratamiento conductual.

CONSULTA ÉTICA NÚM. 50 - RESPUESTA ÉTICA

Vivo en Dubái y soy terapeuta de conducta desde 2011. También soy RBT y he comenzado mi curso de BCBA, en el que estoy aprendiendo sobre ética en el análisis aplicado de conducta. Al leer los principios éticos básicos, he visto que mi supervisora no sigue el Código. Creo que debería informar de algunos de los problemas que se indican a continuación.

En concreto, proporciono servicios a domicilio y a menudo veo a mis clientes recibiendo bofetadas en la cara por parte de sus padres. De hecho, un día durante la sesión, mi cliente de seis años señaló las marcas en su cara y dijo que le habían golpeado. Cuando le pregunté a la madre, ella inmediatamente dijo que estaba harta de que el niño no la escuchara. Hablé sobre la situación con mi supervisora y parece que no vio necesario tomar ninguna medida. Cuando los padres vinieron a la sesión de revisión con mi supervisora, la madre abofeteó al niño delante de ella, el niño gritó y saltó de su silla. Mi supervisora no se molestó en analizar lo que había ocurrido.

El punto 5.01 del Código asume que el supervisor es competente para manejar estas situaciones.

¿Su supervisora le ha observado en persona trabajando con esta familia en su casa? ¿Su supervisora ha realizado un análisis funcional con este niño? ¿Está aplicando un programa de seguimiento de instrucciones con este niño?

Tengo correos electrónicos que documentan que informé a mis supervisores del caso de otro cliente, una niña de 11 años, cuyos padres le pegan con frecuencia. La niña a veces grita durante nuestras sesiones "NO QUIERO IR A LA ESQUINA". Su madre me comentó con orgullo: "Le di una bofetada porque se orinó en su cama". Todo esto se ha comunicado a mi supervisora a través de correos electrónicos, pero no se molestó en tomar ninguna medida.

Se hizo muy difícil ayudar a la niña ya que sus problemas de conducta aumentaban durante las sesiones. Gritaba y tenía mucho miedo si su madre se acercaba a ella. Tuve que derivar a este cliente a mi supervisora, ya que yo no recibía ninguna ayuda por su parte.

Cuando mis clientes empiezan a realizar problemas de conducta, a menudo le pido a mi supervisora que me ayude con un plan para ayudar al niño, pero no hubo respuesta.

Entonces su "supervisora" no ha visitado la casa y no ha realizado un análisis funcional.

Mi supervisora espera que generemos nuestras propias contingencias y ni siquiera atiende a estos problemas. Dice que todos sabemos controlar las conductas problema, lo cual es cierto, pero yo soy una RBT a la que un BCBA debería dar pautas sobre cómo cambiar la conducta del niño.

Los padres a menudo me expresan su angustia porque mi supervisora no coopera, no organiza reuniones de revisión para comentar el progreso del niño, ni ha enviado el último plan de tratamiento para trabajar con el niño.

¿Cree que los padres estarían dispuestos a presentar un informe de presunta infracción del BACB? Lo más probable es que esto llame la atención de la supervisora.

Los centros que ofrecen servicios ABA no son tan grandes como en los Estados Unidos, por lo que los clientes dependen de los servicios que están disponibles.

¿Su supervisora tiene un superior? ¿Su supervisora se sentó con usted y le describió cómo sería esta experiencia de supervisión al principio? ¿Ha leído recientemente la sección 5.0 del Código? En ella se detalla exactamente cómo se debe de tratar a una persona supervisada.

##

Una semana después...

Déjame empezar desde el principio. Mi supervisora se certificó hace 6 años y yo fui el primero que empezó a trabajar con ella. Ella me asignaba casos y yo iba a los hogares de los clientes para proporcionarles terapia. Mientras el establecía su carrera como BCBA, empezó a entrenar a mucha gente y a entregar certificados que demostraban la finalización de la formación en ABA. Cuando la BACB comenzó a certificar a los terapeutas como RBT, mi supervisora comenzó a entrenar a un sinnúmero de personas para ganar mucho dinero. Hace dos años, abrió un centro con más de 30 empleados y más de 30 terapeutas proporcionando terapias en casa. Hay por lo menos 80-100 niños que asisten al centro y ella es responsable de supervisar a todos los terapeutas y crear programas para todos los niños.

Esto parece claramente una infracción del punto 5.02. Si miras las recomendaciones de Council for Autism Treatment Providers (*Practice Guidelines for Healthcare Funders and Managers*, pág. 36) el número máximo de personas supervisadas no puede exceder de 24 en ningún caso y esto solo si se dispone de "apoyo de un BCaBA".

En cada sesión de revisión (reunión entre el terapeuta, los clientes y la supervisora BCBA) la supervisora cobra a los padres y *también* al RBT por adquirir horas de supervisión.

Esto es una infracción de 1.04 y 2.12 (c) del Código y puede ser un fraude de facturación.

Esta BCBA no está haciendo solamente una cosa que, al parecer no es ética, sino muchas.

1. Entrena a nuevas personas para que se conviertan en RBT, pero no proporciona una formación continua al personal a pesar de que éste lo solicite en múltiples ocasiones. Dice repetidamente al personal, «Tienes que decirme en qué quieres ser entrenado», se lo decimos y luego nunca proporciona la formación esperada.
2. Después de una sesión de revisión con un padre, la supervisora debe enviar un programa actualizado para que lo use cuando trabaje con el cliente. Este programa llega semanas, en ocasiones meses, después. Los clientes me preguntan sin cesar, «¿Por qué su supervisora no ha enviado nuevos objetivos?». A consecuencia de ello sigo manteniendo objetivos antiguos con mis clientes.
3. Cuando mis clientes me ofrecen regalos, me niego explicando que no puedo aceptarlos debido a mis compromisos éticos. Hace tres semanas, cuando estaba en el centro, uno de los clientes (el padre de un niño) vino con algunos regalos especiales de su ciudad natal y nos los ofreció a mí y a mi supervisora. Miré a mi supervisora y le dije: «No se nos permite aceptar esto». A lo que ella respondió, «No, está bien, puedes tomarlo» y el mismo aceptó algunos y comentó, «Este cliente es una exalumna, la entrené para la certificación RBT, por lo que puedes recibir regalos de ella". ¡Esto me confundió!
4. Uno de mis clientes empezó a mostrar conductas problemáticas en el colegio: golpeando y arañando al maestro, al maestro sombra y a otro asistente. La madre estaba muy preocupada y mi supervisora fue informada de lo sucedido por un correo electrónico del colegio. Envié los correos electrónicos personalmente ya que esta conducta se estaba intensificando en casa. Sin hacer una visita al colegio o registrar ningún dato, la supervisora confió completamente en el gráfico ABC que le proporcionó el maestro de apoyo. También hizo un plan de intervención personalizado que envió al maestro de apoyo y al colegio por correo electrónico. Después de una semana, la conducta de la niña empeoró. La niña comenzó a golpearse y a orinarse encima durante la intervención en casa y también en su cama. Golpeaba a cualquiera y se rascaba hasta que empezaba a sangrar. Informé a mi supervisora de que la niña no estaba mejorando. El maestro de apoyo también informó a mi supervisora de que le resultaba difícil controlar la conducta de la niña en el colegio. A partir de hoy, he derivado la niña a mi supervisora, explicándole que no puedo trabajar con esta cliente ya que ha empezado a mostrar muchas conductas disruptivas. Pensé que esto era lo mejor para mí ya que no recibo NINGUNA AYUDA de mi supervisora. Además, me inquietaba el no saber por qué mi supervisora no hacía nada al respecto. Me sentía muy culpable de no poder ayudar a esa niña que tanto está sufriendo. Sus padres la maltrataban continuamente, incluso conmigo delante (esta es la niña a la que me referí en mi anterior correo electrónico).
5. Mi supervisora tiene actualmente dos centros. Es su propio jefe, supervisa a más de 60 terapeutas y crea programas para más de 80 niños.

6. En Dubái hay muy pocos proveedores de servicios ABA y no es fácil conseguir un terapeuta que proporcione terapias a domicilio. Por lo tanto, los clientes dudarán en presentar una queja contra la supervisora, ya que ello detendría la terapia de su hijo y probablemente tendrían que mudarse para encontrar otro lugar donde poder recibir la intervención.
7. Ninguno de los códigos 5.0 parece ser aplicado por mi supervisora BCBA, ya que quiere abrir más centros y ganar más dinero. Puede que sepa que está actuando de forma poco ética, pero no hay nadie que le controle ya que ella misma es la propietaria.

##

Parece que esta supervisora ha estado tan comprometida con el crecimiento de su negocio que ha perdido de vista los fundamentos de ABA y la adecuada formación de los profesionales que supervisa. Expandir un negocio y generar más ingresos puede ser ciertamente gratificante. El Código, que representa los valores del campo, pretende servir de freno para contener el entusiasmo de este tipo de BCBA y recordarle su compromiso fundamental con los clientes y los supervisores. Si no me equivoco, hay una nueva ley en Dubái, la Ley Federal No. 3, aprobada en 2016, también conocida como la Ley de Wadeema, que protege a todos los niños de cualquier forma de abuso físico o psicológico; se debe recordar a los padres esta ley si ves que siguen abofeteando a su hijo. En este caso, a menos que se logre cierta contención, esta única BCBA podría dañar significativamente a sus clientes y manchar la reputación de los analistas de conducta y el campo en este país durante los próximos años.

CONSULTA ÉTICA NÚM. 51 - RESPUESTA ÉTICA

Debido a prácticas poco éticas, recientemente he avisado, por escrito y con 30 días de antelación, de que dejaré de trabajar en la empresa. Sentí que ya no podía seguir en una empresa antiética.

¿Mencionó las prácticas poco éticas en su aviso? ¿Tiene una copia de ese documento?

La compañía rechazó mi notificación de dimisión y, en su lugar, me dio 10 minutos para recoger mis pertenencias y salir de las instalaciones.

Tristemente, esto es bastante común. Las empresas no suelen querer a alguien que pueda hablar sobre el comportamiento poco ético que se produce en su seno. También puede haber cierta preocupación de que algunos empleados puedan querer "vengarse" borrando archivos, sustrayendo información, etc., si se les permitiese permanecer en el trabajo por un período de tiempo prolongado después de manifestar su intención de dimitir.

Todos los documentos en los que se ve su gestión fraudulenta están en posesión de mis supervisores en las instalaciones de la empresa y no puedo tener acceso a ellos.

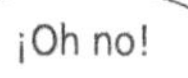

Aunque he registrado varias infracciones del Código en mi registro personal, no tengo documentos reales que respalden mis afirmaciones. Aunque no tenga los documentos originales para apoyar estas alegaciones, ¿podría la BACB considerar mi caso?

Puedes intentar presentar el caso a la BACB, pero ellos dependen de la documentación aportada para probar cualquier acción disciplinaria contra otro analista de conducta. ¿Hay alguien más que haya sido testigo ocular de la conducta antiética que esté dispuesto a proporcionar una declaración jurada por escrito?

Dependiendo de la gravedad de las Infracciones éticas y suponiendo que tenga documentación, deberá o no denunciar el caso a la BACB.

##

Un día después...
Muchas gracias por contestarme tan rápido. Esto me está pesando mucho. Me siento herida y trato de que mis emociones no dirijan este proceso.

No escribí nada sobre conductas poco éticas en mi carta de dimisión ya que temía posibles repercusiones durante mis últimas semanas en la empresa, pero tengo una copia de la carta de dimisión que especifica su fecha que además coincide con la fecha de mi cese en la empresa.

Cuando decidí que no podía seguir en la compañía, pensé que tendría tiempo suficiente para conseguir copias de los documentos que necesitaba para apoyar una posible denuncia. Pero, sólo se me dieron diez minutos para recoger mis pertenencias y me vigilaron mientras lo hacía, no pude recoger y copiar esos documentos.

Hay varios RBT y otros empleados que podrían hacer una declaración que apoye mis afirmaciones. Tres empleados presentaron su renuncia en las semanas siguientes por las mismas razones. De los tres, uno abandonó voluntariamente las instalaciones el mismo día que presentó la carta de dimisión, mientras que a mí y a otro RBT se nos echó.

Necesitará la documentación de estos trabajadores para apoyar su denuncia a la BACB.

1. En mi contrato y en el manual de la empresa, los BCBA están obligados a observar a los RBT al menos el 5% de sus horas para mantener la credencial de RBT. No he sido supervisado ni una sola vez durante mis tres meses de trabajo en esta empresa.

En cambio, mi supervisora BCBA ha realizado documentos fraudulentos que afirman que me ha supervisado y me ha hecho firmarlos. "Así ambos nos beneficiamos", dijo; ya que ella cumple, sobre el papel, con el requisito de supervisión, y yo, conservo mi registro como RBT. Firmé dos de estos papeles antes de darme cuenta de que eran fraudulentos.

Después de darme cuenta de que esto era un problema, empecé a guardar en un documento de Excel los detalles de los papeles que me daban. Todos los documentos que me dieron a firmar los guardaban los supervisores sin darme una copia.

No soy el único RBT que nunca ha sido observado habiendo firmado, sobre el papel, lo contrario. Habría varias personas que estarían dispuestas a proporcionar una declaración escrita y jurada de esto. Además, hay horas y días en el documento que por sí solas pueden corroborar que las horas de supervisión eran falsas.

2. Cuando fui contratado por esta empresa me presentaron a mis tres supervisores. Hasta donde yo sé, todos los supervisores eran BCBA y tenían las credenciales requeridas para hacer programas y supervisar a los clientes con los que yo trabajaba. Después de unos dos meses trabajando en la empresa, me enteré de que un supervisor nombrado por la gerente que había estando haciendo programas para mis clientes no era BCBA o nisiquiera RBT. Esta persona no dispone de las credenciales necesarias para hacer programas para ningún cliente. Esta situación pone en riesgo a todos los clientes que está supervisando. La documentación que prueba estos hechos esta en el expediente del cliente.

3. Avisé a la empresa de que me iba a ir con 30 días de antelación. Por motivos éticos, no podía trabajar más para ellos, pero quería darles tiempo para facilitar la transición de mis clientes a otros empleados. Treinta minutos después de informar a mi supervisora BCBA de mi intención de dimitir, la gerente/BCBA se acercó a mi espacio de trabajo y me dijo, "Ya que al parecer estás tan descontenta aquí, te irás hoy". No conocía ni había hablado con la gerente/BCBA hasta esa fecha y llegó afirmando cómo me sentía, no hizo ningún intento por resolver la situación y me dijo que me fuera. La gerente/BCBA se negó a dar a mis clientes un tiempo de transición apropiado y se negó a darme tiempo para explicar a mis clientes por qué ya no trabajaría con ellos. La gerente/BCBA y mi supervisor BCBA me dieron diez minutos para recoger mis cosas y me acompañaron a la puerta. Esto no era lo mejor para mis clientes. Tuve varios testigos de este incidente que estarían dispuestos a hacer una declaración jurada por escrito de lo sucedido.

4. Mi supervisora BCBA me sacó de mi espacio de trabajo mientras estaba con los clientes y me llevó a su oficina para decirme que había oído que yo no estaba contenta (le confié en privado a un compañero de trabajo como me sentía y al parecer ella había estado al otro lado de la puerta escuchando). Le expresé mis preocupaciones de que la supervisión que estaba dando no era efectiva y no me estaba preparando para convertirme en BCBA. Le pedí concretamente que nos brindara formación y nos asignase trabajos enfocados en la lista de tareas, que individualizara la supervisión en función de las necesidades de los supervisados en lugar de agruparnos a todos. Le mencioné que había supervisión durante seis meses antes de venir a esta compañía y estaba lista para ponerme a prueba a mí misma y adquirir más habilidades para convertirme en BCBA con su apoyo. Ella respondió: «Eso no es lo que hacemos aquí». Sé que la supervisión es para enseñar, guiar y prepararnos para ser BCBA, eso es lo que la supervisión debe proporcionar. Ella me dijo todo lo contrario.

Parece que hay algunos problemas serios relacionados con la supervisión en este centro.

Mencioné también las conductas poco éticas que había observado y mi supervisora dijo, simplemente, que ella y la empresa tratarían de mejorar. No pasó una semana antes de que me volvieran a dar un formulario de horas de supervisión falso para que lo firmase.

Me siento derrotada y estoy desesperada por encontrar una solución a esta situación.

##

Pareces una persona agradable, honesta y ética, y no mereces que te traten así.

Los puntos 5.0, 5.04, 5.05 y 5.06 son relevantes a las prácticas supervisadas fraudulentas.

5.0 Los analistas de conducta como supervisores
Cuando los analistas de conducta ejercen de supervisores, deben asumir la plena responsabilidad de todas las facetas de esta actividad.

5.04 Diseño de actividades de supervisión y formación efectivas
*Los analistas de conducta se aseguran de que la supervisión y la formación sean analítico-con-
ductuales, efectivas y éticas, y cumplen con los requisitos necesarios para obtener la licencia,
certificación, u otros objetivos definidos.*

5.05 Comunicación de las condiciones de supervisión
*Los analistas de conducta proporcionan una clara descripción escrita de la finalidad, requisitos,
criterios de evaluación, condiciones y términos de supervisión antes del comienzo de la supervisión.*

5.06 Proporcionar retroalimentación a las personas supervisadas
*(a) Los analistas de conducta diseñan sistemas de retroalimentación y reforzamiento dirigidos a
mejorar el desempeño de la persona supervisadas.*
*(b) Los analistas de conducta proporcionan retroalimentación de forma continua, documentada
y oportuna sobre el desempeño de la persona supervisada*

**No puedes denunciar a la compañía, sólo a un analista de conducta individual, así que ten-
drías que identificar al BCBA que fue tu supervisor para presentar un informe en su contra
(en tu caso la persona que presentaba los formularios fraudulentos para que los firmases).
El formulario de notificación de presunta infracción a la BACB requiere de adjuntar la documentación oportuna, por lo que tendrás que reunir cualquier documentación o notas
que tengas, más las declaraciones juradas de los otros RBT que has mencionado, a fin de
poder documentar adecuadamente el caso.**

**Quizá vivas en una zona en la que haya otras agencias donde puedas ser bienvenido y
recibir el tipo de supervisión que te hará avanzar en tu carrera.**

##

Un mes después...
Quería hacerle saber que empecé con una nueva compañía y ¡es absolutamente maravillosa!
Estoy muy agradecida de que esta experiencia haya concluido en una nota positiva. Gracias por
toda su ayuda.

Es difícil de creer que una empresa supuestamente ABA, dirigida por una gerente que además es
BCBA, pueda hacer tan poco caso de la sección 5.0 de nuestro Código. Esta RBT con un comportamiento honesto y ético, se vio obligada a infringir el Código, no recibió una supervisión real, se le
impidió acceder a sus formularios de supervisión (que eran falsos) y fue despedida rápidamente tras
ofrecer una notificación de dimisión con una antelación de 30 días. Si se encuentra en una situación
como esta, asegúrese de mantener toda la documentación de supervisión en un lugar seguro en
caso de que la necesite.

CONSULTA ÉTICA NÚM. 52 - RESPUESTA ÉTICA

Una RBT se está presentando a sí misma como "analista de conducta" en las redes sociales (p.ej., Facebook y LinkedIn). Al parecer esto infringe el punto 10.07 del Código.

Sí, esto sería una infracción de 10.07.

10.07 Desaconsejar la presentación sesgada del análisis de conducta por parte de personas que no estén certificadas [RBT]
Los analistas de conducta denunciarán al colegio u organización profesional oficial competente a quienes, sin estar certificados, registrados, o colegiados, realicen trabajos propios de un analista de conducta. Dicha denuncia se hará extensiva a la BACB si dichas personas expresan información engañosa relativa a las certificaciones de la BACB o a su estatus como portador de una certificación de la BACB..

He hablado con esta RBT (que me ha dicho que se presentara al examen BCBA próximamente y le he indicado que debe cambiar esta credencial en sus redes sociales y en cualquier otro lugar.

Lo ideal sería que más personas estuvieran atentas y tomaran medidas como esta.

Esta RBT también estuvo involucrada en un incidente en el que denuncié a un BCBA por proporcionar un certificado de curso RBT de 40 horas falsificado y por falsificar una evaluación de competencias para RBT. En ese caso, denuncié al BCBA a la BACB, pero no denuncié a la RBT.

¿Por qué no? Los RBT están también obligados a respetar el Código.

En su lugar, le proporcioné formación y feedback. Esa RBT trabaja ahora para otro BCBA. (1) Si esta RBT me responde y cambia sus credenciales en las redes sociales, ¿aún tengo que denunciarla a la BACB?

No, si ella le responde y corrige la situación, significa que ha respondido favorablemente a su requerimiento informal de solventar la situación y no necesita ser denunciada.

(2) Si no me responde y no cambia sus credenciales, ¿debo contactar con su actual supervisor BCBA, presentar un informe a la BACB, o realizar ambas acciones?

Presente un informe. No está obligado a notificar a su actual supervisor BCBA, aunque puede hacerlo por cortesía.

Es una pena que los analistas de conducta con comportamiento ético deban permanecer atentos a otros individuos que quieren operar bajo el nombre del análisis de conducta y hacerse pasar por técnicos conductuales (RBT) o analistas de conducta certificados (BCBA, BCBA-D). Con el fin de proteger nuestra valiosa marca, necesitamos estar alerta en todo momento de los farsantes y pretendientes que intentan engañar al público haciéndole creer que son expertos en análisis de conducta. Cuando personas que no están certificadas proveen servicios conductuales, se puede dañar a nuestros clientes más vulnerables, deteriorándose también la reputación de nuestro campo que tanto ha costado ganar.

CONSULTA ÉTICA NÚM. 53 - RESPUESTA ÉTICA

Soy BCBA y madre de un niño diagnosticado de TEA. Mi hijo lo está haciendo increíblemente bien en sus programas (ha recibido 25-40 horas por semana de ABA desde los 2 a los 6 años y ha dominado todas las áreas del VB-MAPP, excepto la social, desde hace unos años).

Básicamente, sus habilidades sociales y sus funciones ejecutivas son sus mayores problemas. Tiene algunos problemas en la motricidad fina y problemas de habla/articulación para los cuales recibe tratamiento de un logopeda. No tiene conductas desafiantes (agresión, comportamientos autolesivos, etc.) y es un niño muy educado y respetuoso.

Ya que quiero ser su madre, no su BCBA, recientemente he contratado los servicios ABA de la compañía XYZ para tratar sus déficits de funcionamiento social/ejecutivo y para que le observe en el contexto escolar y asesoren al colegio. Su colegio no me dejaría observarlo a mi porque soy su madre, pero permitirá que un BCBA venga a observar y de recomendaciones. Aclaro que no tiene problemas de conducta significativos en el colegio, aunque sí algún problema de conducta menor que creo está siendo reforzado por el profesional que trabaja con él. Esperaba que, si conseguíamos un BCBA, podría observarle y asegurarse de que el profesional del colegio retira ayudas adecuadamente y logra que mi hijo trabaje lo suficiente.

Mi consulta ética es sobre la BCBA de la compañía XYZ que nos fue asignada. Intentaré explicarlo lo mejor posible a continuación:

1. Primero, la BCBA que nos asignaron es nueva y acaba de aprobar su examen hace unos meses. Esta BCBA vino a mi casa para el primer encuentro y tenía a su supervisor en su iPad (en FaceTime o Skype) porque aún no está bajo la cobertura del seguro. La BCBA que estaba en Skype no dijo una palabra en todo momento y parecía como si ni siquiera prestara atención a nuestra conversación, solamente estaba allí con el fin de facturar. Esto me pareció mal, pero no estoy segura de que se haya infringido alguna norma ética.

   Esto es una infracción del punto 1.04 (c).

2. Segundo, la BCBA que vino a mi casa no pasó ningún tiempo con mi hijo (excepto unos minutos cuando llegó y lo saludó). Se centró únicamente en el cuestionario para padres de la compañía XYZ y en preguntarme para tener información suficiente con la que desarrollar su plan de tratamiento. No hizo ninguna evaluación directa, recolección de datos u observación con mi hijo.

   Esto es una clara infracción de los puntos 3.0 y 3.01.

Durante esta entrevista, le comuniqué que yo también soy BCBA. Comentamos la reciente llegada de XYZ a nuestra ciudad con una oficina satélite que sólo hace servicios a domicilio (con una clínica real en una ciudad cercana). La BCBA me informó que planean abrir una clínica tan pronto como tengan suficientes clientes. Declaró que mi hijo era uno de los últimos que necesitaban para poder abrir su clínica.

Unas dos semanas más tarde, la BCBA me informó que había obtenido una autorización de mi compañía de seguros y volvió a mi casa para revisar su plan de tratamiento (esto fue hace tres días).

3. La BCBA me informó que su solicitud de 25 horas semanales de tratamiento había sido aceptada por mi seguro. Esto, me sorprendió mucho y le pregunté que por qué había pedido 25 horas semanales.

   Esto es una clara infracción del 2.09 (b) "abogar por la cantidad y nivel de servicio apropiados... ", así como del 4.02.

   4.02 Implicación de los clientes en la planificación y consentimiento.
   Los analistas de conducta implican al cliente en la planificación y el consentimiento de los programas de cambio de conducta.

Ella declaró que se basaba en el tiempo que estábamos disponibles y en cuántas horas podía mi hijo trabajar durante ese tiempo. El horario que ella tenía panificado para mi hijo asumía que mi hijo estaría en el colegio de 8:50 am a 3:30 pm L-V (llegamos a casa a las 3:45). Entonces, le gustaría que un terapeuta viniera a nuestra casa L-V de 4 o 4:30 hasta las 8 pm y los sábados tener dos sesiones seguidas con dos terapeutas diferentes. Esto me preocupó mucho y durante toda la conversación, ella estaba totalmente centrada en que él recibiera las 25 horas completas a la semana. Mencionó de nuevo que ahora tienen suficientes clientes para abrir una clínica y que cree que se hará en diciembre. (Creo que es importante indicar aquí que mi opinión profesional, como BCBA, sería la de proporcionar a mi hijo un programa ABA específico y que con dos o tres sesiones por la tarde a la semana sería suficiente para sus necesidades y sus déficit).

Hay suficientes infracciones en este caso para justificar el rechazo por su parte.

4. Creo que la BCBA está, simplemente, tratando de alcanzar una cuota. Una vez que tenga tantas horas/clientes, podrán abrir su clínica. Sentí que esta planificación priorizaba más a su propia agenda que el dar un tratamiento apropiado a mi hijo.

5. Informé a la BCBA que creía que el número de horas que ella había recomendado era demasiado, que no creo que sea apropiado para él y que creo que son demasiadas horas para un niño de alto rendimiento con sus habilidades.

Me hizo sentir culpable y me informó de que las investigaciones demuestran que intervenciones de menos de 25 horas son menos efectivas que las de más horas. Siguió intentando convencerme del tratamiento de 25 horas.

Esto es un error de novato. El BCBA parece no tener suficiente experiencia para conocer el contexto de esta recomendación; claramente no es apropiado para las necesidades de su hijo.

Le informé que no creía que no estaba bien que mi hijo no tuviera tiempo libre durante la semana y que es inapropiado ocupar con sesiones todo el tiempo libre de un niño. Le aclaré que estar en terapia de 4 a 8 pm e ir a la cama a las 8:30 equivalía a privarle por completo de tiempo libre. Le expliqué que esto no permite pasar tiempo en familia, ni tiempo de juego con sus hermanos, etc. Me preocupaba mucho su recomendación y la presión que estaba ejerciendo sobre mí como madre (y colega de la BCBA). Me preocupan, sobre todo, los padres que no saben qué hacer y que se ven presionados a aceptar este tipo de horarios tan inapropiados debido a una mala interpretación de los datos acerca de la efectividad de un tratamiento de menos de 25 horas semanales.

Esta es una razón adicional para no estar de acuerdo. Por lo que ya has descrito, has completado el requisito de "resolución informal"; sección 7.02 (c) del Código. Puede proceder al 7.02 (d) y presentar una notificación de presunta infracción a la BACB.

7.02 Infracciones éticas cometidas por otros y riesgo de daño [RBT]
7.02 (d). Si el asunto cumple con los requisitos de comunicación obligatoria a la BACB, los analistas de conducta presentarán una queja formal a la BACB.

6. También respondí a su presión diciendo que podría entender que recomendase 25 horas semanales si mi hijo necesitara un programa integral de ABA, si tuviese problemas de conducta significativos, altos niveles de déficit de habilidades, o si no hubiera recibido ABA previamente. Le informe, de nuevo, que él ya recibió intervención ABA integral, con 40 horas semanales de servicio, entre los y los 6 años y que buscaba un programa ABA específico sólo para sus habilidades sociales y de funcionamiento ejecutivo. Parecía contrariada y cambió de tema, esto me hizo pensar que no ignoraba la diferencia entre programas focalizados y programas integrales. También me preocupaba mucho que no estuviera familiarizada con las directrices que la BACB ha establecido.

¿Tiene esto por escrito? Si no, debe documentarlo cuidadosamente antes de que se le olvide algún detalle de lo que dijo.

7. Además, los objetivos del plan de tratamiento que había seleccionado para mi hijo no eran apropiados. La BCBA seleccionó habilidades que él ya dominaba desde hace cuatro años y cuando le dije que mi hijo ya las dominaba, ella dijo algo así como que "bueno, empezaremos con estas habilidades y una vez las domine seguiremos avanzando". En lugar de evaluarlo adecuadamente, o de recopilar datos sobre las habilidades conseguidas en cada uno de los objetivos (para su adquisición), me pareció que estaba actuando desde la intuición y no había datos que justificasen los objetivos que se seleccionaron. Incluso había elegido la desobediencia como objetivo, a pesar de que le había informado que él es muy obediente y que no tenemos problemas de conducta en casa.

8. La BCBA también me dijo que necesitaría hacer dos o tres horas de entrenamiento para padres conmigo cada mes. Le pregunté si esto es un requisito del seguro, o si es iniciativa de la compañía XYZ. Me dijo que es de la compañía XYZ. Le dije que entiendo la importancia de la formación de los padres, pero que soy BCBA y creo que no es necesario formarme en ABA para trabajar con mi hijo. Sin embargo, insistió en que era obligatorio. No creo que sea correcto que pueda facturar tres horas más cada mes en formarme en cosas que ya se hacer. Simplemente me parece mal.

Sí, esto es una infracción de los puntos 4.01 a 4.04 del Código.

9. Por último, le pregunté si usan el AFLS u otras pruebas similares. Ella dijo, que no, que usan una prueba que la propia compañía había desarrollado. Esto también me pareció incorrecto. Creo que la prueba que mejor encaje con el cliente, es la que debe de ser utilizada y no solamente la que la compañía haya desarrollado. Por ejemplo, yo uso el ABLLS-R con ciertos clientes y el VB-MAPP con otros, dependiendo de cuál sea la más apropiado para ese cliente particular.

Es correcto; es una infracción del 3.03 (b).

Siento la longitud de este correo electrónico. En realidad, lo que estoy tratando de averiguar es ¿qué hago en esta situación? Sé que como BCBA, se supone que debo hablar directamente con la persona (BCBA), comentarle los problemas y tratar de resolver el asunto antes de informar a la BACB.

Sí, contactar primero con el BCBA informalmente es el procedimiento general y ya lo has hecho.

Me siento cómoda haciendo esto, pero no sé si debo actuar como BCBA o como una madre preocupada

En este caso, estás operando como un padre muy bien informado.

que siente que un BCBA está tratando de aprovecharse de la situación para obtener la mayor cantidad posible de horas facturables y así poder cumplir con su cuota.

Esto no es ético en muchos sentidos y raya el fraude. La compañía de seguros también podría ser informada de esto.

Además, quiero decir que este problema es muy habitual en la profesión y lo he observado a lo largo de los años. Muchos BCBA se certifican y comienzan a ejercer sin saber realmente lo que están haciendo. La experiencia de esta semana fue similar a las que he leído en algunos grupos de apoyo para padres (y que inicialmente pensé que eran exageradas o inventadas) y en las que los padres expresan su insatisfacción con ABA y los BCBA. Esta BCBA era realmente como un robot en una fábrica de ABA, tratando de cumplir con su cuota de horas facturables, sin considerar realmente las necesidades del cliente, o sin usar los datos para tomar decisiones sobre lo que sería mejor para este cliente como individuo, como ser humano, y no como una mera herramienta para facturar 25 horas semanales.

Jon S. Bailey: "He estado hablando del choque de valores entre el capitalismo y ABA durante años. Trabajar en aras de alcanzar una cuota, un salario, o un margen de beneficio puede deformar los valores de una persona de modo que todo lo que pueda ver es el signo de dólar y perder la pista de su propósito principal, que es ayudar a nuestros clientes a cumplir sus objetivos mientras se mantienen dentro del espacio ético demarcado por nuestro Código".

¿Puede darme alguna recomendación para esta situación? ¿Cómo debo enfocarlo?

Ha cumplido con el requisito de intento de resolución informal, si no está conforme, podría reformular lo que me ha dicho, comunicárselo por escrito a la Compañía XYZ y solicitar una reunión para resolver la situación.

##

Cinco meses después...
Pensé que le gustaría saber que decidí presentar una notificación de presunta infracción contra esta BCBA. No puedo darle los detalles, pero puedo decirle que fallaron a mi favor y que la BCBA tendrá que someterse a una formación adicional.

Esta madre, que tiene una buena formación ya que es BCBA, comprendió el Código y las mejores prácticas de ABA y se dio cuenta de que las recomendaciones que se hacían a su hijo eran inapropiadas y que había elementos específicos del Código que también se estaban infringiendo. Pudo citar esos elementos y esencialmente sólo necesitaba el respaldo de un experto en ética para validar su posición. Es importante señalar que intentó resolver esto con el terapeuta de la BCBA que vino a su casa sin éxito. Al final, decidió que presentar un informe a la BACB era la mejor forma de actuar de acuerdo con el punto 7.02 (d).

CONSULTA ÉTICA NÚM. 54 - RESPUESTA ÉTICA

Escribo por una consulta ética que me ha llamado la atención desde que empecé a trabajar en una nueva empresa. Agradecería cualquier orientación que pueda proporcionarme.

A medida que he comenzado a hacerme cargo de casos en mi nueva empresa, me he encontrado con un problema relacionado con el uso y la difusión de la propiedad intelectual.

La anterior BCBA (de cuyos casos me estoy haciendo cargo) ha utilizado con los clientes diversas evaluaciones incluyendo el ABLLS-R, VB-MAPP y Essentials for Living. Durante mi incorporación, me proporcionaron copias electrónicas de las tablas de puntuación, pero no los manuales con el protocolo para seguir con los clientes. Envié un correo electrónico a la BCBA solicitando los manuales, pero no respondió.

Me puse en contacto con la propietaria de la compañía (mi supervisora) ya que tengo un cliente que necesita ser evaluado. Su respuesta inicial por correo electrónico fue: "Tengo hojas de registro en blanco. Puedes hacer copias y usar lo que necesites".

Como es inapropiado (hasta donde entiendo las leyes de propiedad intelectual y de derechos de autor), respondí: "Tengo entendido que, como se trata de materiales con derechos de autor, no se autoriza su duplicación. ¿Estoy en lo cierto? Si tiene un acuerdo diferente con la editorial, estaría muy interesado en conocer más detalles. De lo contrario, si no queremos lidiar con estos problemas, ¿podemos pensar en otras soluciones para acceder a las evaluaciones necesarias?"

Mi objetivo era esencialmente señalar los problemas de la copia de material protegido por derechos de autor e identificar soluciones ya sea comprando los manuales adecuadamente o identificando/desarrollando estrategias de evaluación que no impliquen material protegido por derechos de autor. Ella respondió diciendo que hablaríamos de ello en persona cuando nos reuniéramos. Durante esa reunión, compartió conmigo el manual de VB-MAPP, pero dijo que tenía que ir a casa a recoger el protocolo. Le dije que no había problema, siempre que pudiera tenerlo, si pudiera ser, para una próxima reunión del personal.

Después de esta reunión, me puse en contacto con el editor de VB-MAPP…

Además de contactar con el editor, debería contactar con el Dr. Mark Sundberg, autor/ investigador de este material.

ya que quería asegurarme de que estaba en lo cierto antes de pedir más hojas de registro individuales. Él me ayudo a aclarar mis dudas. En esa conversación, por correo electrónico, confirmó mis sospechas de que hacer copias de los manuales era algo inapropiado.

En realidad, es ilegal, una infracción de la propiedad intelectual y una infracción de la ética de la BACB, ver el punto 8.02 (a).

8.02 Propiedad Intelectual [RBT]

(a) Los analistas de conducta obtienen permiso para usar materiales con derechos de autor o marca registrada, según lo requiera la ley. Esto incluye hacer referencia a las marcas o derechos de autor y usar símbolos en los materiales que reconocen la propiedad intelectual de otros.

También dijo que le preocupaba el uso de una tabla en Excel y la posible infracción del Código de la BACB si la persona involucrada en esta situación fuese un analista de conducta.

Mi compañía se reunió esta mañana con los empleados. Tres BCBA, incluyéndome a mí, estuvimos presentes junto con cuatro RBT. Al final de la reunión, mi supervisora me dio un manual para que lo utilizase con mi cliente. Declaró que, si yo "necesitaba" que cada cliente tuviera su propio protocolo, probablemente compraría la aplicación en lugar de los manuales. Le dije que lo agradecía y que estaría encantado de trabajar tanto con el libro como con la aplicación, lo que la empresa considerara más apropiado. Luego dijo que la empresa no solía comprar un protocolo para cada estudiante. Le dije que me sentiría más cómodo si, ya que los casos estarían bajo mi responsabilidad, cada niño tuviera su propio protocolo ya que era un tema de propiedad intelectual y no está permitida la realización de fotocopias. Su respuesta fue "sí, técnicamente lo es, pero"; se dirigió a un RBT recién contratado y le preguntó si a ellos les habían proporcionado un manual para cada niño en su antigua empresa, a lo que el RBT respondió "no". También mencioné que, en el caso de un problema entre la empresa y una familia, una evaluación fotocopiada no se consideraría una herramienta de diagnóstico adecuada en los tribunales (según mis conversaciones con el editor). Ella estuvo de acuerdo, pero dijo que sería poco probable. Estuve de acuerdo en que, si bien es poco probable, sería beneficioso para la empresa tener hojas de registro individualizadas para cada cliente. Insistí ya que es parte de nuestro Código. Una vez más, respondió "sí, técnicamente, pero" y comentó que lleva 20 años trabajando de esta manera sin consecuencias negativas. El RBT al que ella había recurrido anteriormente también declaró, "sí, pero el Código cambia continuamente". Estaba un poco confundido por el evidente desprecio al Código. No pasó nada más en la reunión. Le di las gracias por el manual y les deseé a todos un buen día.

O no han recibido formación para comportarse conforme al Código o no les importa.

Mis preguntas/comentarios son los siguientes:

1. De acuerdo con la información aportada por el editor y en la revisión que he realizado del Código de la BACB, parece que hay una infracción.
    a. Específicamente, parece que el propietario está infringiendo los principios éticos de derechos de autor y alentando al personal (8.02 (a)) a fotocopiar las hojas de registro.

Sí. El editor debe hacer que su abogado envíe una carta de desistimiento inmediatamente al propietario/supervisor.

    b. Además, puede haber motivos para incumplir el punto 2.10 del Código sobre *Documentación del trabajo profesional y la investigación* ya que yo, como nuevo BCBA asignado al caso, no puede hacer una transición fluida de los servicios debido a la falta de documentación de las evaluaciones; y del punto 2.11 *Registros y datos* ya que las evaluaciones anteriores no se "mantuvieron" ni "almacenaron" adecuadamente.

¿Sería esto más un problema con el antiguo BCBA, con la propietaria, o con ambos?

2. En cuanto a los pasos para abordar una presunta infracción, tengo entendido que el primer paso es comentar mis preocupaciones con la persona que comete la infracción y tratar de remediarlo. Siento que he hecho esto con la propietaria de la empresa a través de las conversaciones por correo electrónico, así como en la discusión mantenido durante la reunión.

Sí, ya has cumplido con este requisito.

Estas no dieron el resultado esperado. Aunque está dispuesta a adquirir libros, el enfoque general de la propietaria parece ser seguir haciendo fotocopias y justificar esa decisión frente a su personal.

Si va a denunciar a la propietaria (o a cualquier otra persona) a la BACB, necesitará pruebas de cada infracción.

3. Además, me decepciona que, a pesar de saber que es inapropiado copiar estos materiales, la propietaria aboga por que lo hagamos delante de otros empleados. Es una lástima que éste sea el modelo que se se esté dando a quienes están siendo supervisados, a los RBT y a aquellos que se encuentran en proceso de obtener la certificación BCBA. Es posible que sea una infracción del punto 6.0 *Responsabilidad ética de los analistas de conducta hacia la profesión*; y posiblemente 5.0 *Los analistas de conducta como supervisores*; o del punto 10.05 *Cumplimiento de las normas de la BACB relativas a supervisión y cursos de formación*.

Ver también el punto 7.01. El propietario no está promoviendo una cultura ética en esta empresa.

4. ¿Cree que, según la información descrita, estaría justificada la presentación de una queja a la BACB?

En este momento y teniendo en cuenta los comentarios de la propietaria durante la reunión de esta mañana, estoy planeando hacerlo.

Me gustaría tener más información sobre el papel de la BCBA que me transfirió sus casos. Tal vez, ella hubiese pedido los manuales y el propietario le dijo que los fotocopiara por lo que, ¿habría estado siguiendo las directivas de la compañía?

Si eres un BCBA y se te dice que hagas algo que viole el Código, la respuesta es: "No, no lo haré…"

a. Si hubiera otra medida para corregir el comportamiento de la compañía, a parte de las que ya he tomado (comentar directamente con el propietario, hablarle del Código) me gustaría hacerla antes de presentar una denuncia.

No es necesario, se trata de una situación flagrante y que lleva ocurriendo mucho tiempo.

b. Si hay algo que deba hacer con la BCBA que me traspasó los casos, me encantaría que me dieran algún consejo y me dijeran qué puedo hacer.

Sí, presenta una notificación de presunta infracción a la BACB.

5. Después de la reunión de personal de esta mañana, tengo la sensación de que la cultura establecida por este negocio no está alineada con el mantenimiento de las prácticas éticas que nuestro campo se esfuerza por mantener y, a pesar del intento de resolución, es poco probable que se produzca un cambio significativo en las prácticas de la empresa.

Es un contexto muy poco ético.

Por tanto, siento que debo alejarme de esta empresa y dimitir.

Esto es ciertamente una pena, ya que me he mudado recientemente viajando 1500 km para trabajar con ellos.

¿Sería profesionalmente apropiado comentar que las razones para irme son mis preocupaciones éticas?

Además, si presento una queja, ¿debo notificarlo al propietario?

No, ella lo descartará como una amenaza vacía. La propietaria recibirá una copia de su notificación a la BACB y ya tendrá la oportunidad de responder.

6. Comencé hace sólo unos meses, así que será una salida rápida, pero creo que sería bueno para mí y para mis clientes si renunciase ahora, en lugar de esperar meses. Eso evitaría interrumpir tratamientos más adelante. Tenía pensado darles cuatro semanas de antelación para ayudarles con la transición de mis casos.

Solamente trabajo a tiempo parcial para la compañía, así que creo que es un tiempo apropiado.

##

Un día después…

La actitud indiferente que tuvo el propietario al comentarle que era parte del Código me desanimó mucho. Tengo una pregunta sobre los datos que debo aportar para el informe que debo hacer a la BACB sobre esta presunta infracción. El sitio web menciona declaraciones juradas. Ya que otros miembros del personal estuvieron presentes en la reunión de esta mañana, me gustaría contactar con ellos. Como nunca lo he hecho, no estoy seguro de cómo abordar la petición. ¿Tiene alguna orientación sobre ello?

Tendrás que elegir cuidadosamente a quién acercarte ya que si el dueño se entera de esto podría conllevar consecuencias negativas para cualquiera que coopere contigo. Por lo tanto, encuentre una persona con ideas afines y reúnase con ella fuera de las instalaciones de la empresa, recuérdele la reunión y evalúe su reacción. Si tiene algún indicio de que no tuvo la misma reacción que tú, no insistas, utilice todas sus habilidades sociales y de por finalizada la reunión. Si obtiene una reacción positiva, coméntele a la persona su preocupación y pregúntele si apoyaría la presentación de un informe a la BACB. Si es así, pregúntele si estaría dispuesta a escribir una breve declaración que respalde tu experiencia. Idealmente, la declaración de su testigo debería ser ante notario (nuevamente fuera de las instalaciones de la empresa).

Si hay alguna posibilidad de que reciba una notificación oficial de que no debe ponerse en contacto con ningún miembro del personal de la empresa, proceda por su cuenta a presentar el informe a la BACB sin ponerse en contacto con el personal.

##

Un día después...

Gracias por la información adicional. Estoy de acuerdo en que el resto del personal podría preferir no participar ya que dependen económicamente de la continuidad de la empresa. Tomó más tiempo del que esperaba, pero finalmente recibí una respuesta con respecto a mi renuncia. El propietario sigue negando que su conducta sea inapropiada y afirma que esta es una práctica habitual. Aunque le ofrecí cuatro semanas para la transición, aceptó mi renuncia con efecto inmediato, lo cual, francamente, siempre que ofrezca a los clientes la atención necesaria, me parece bien. Aun tengo en mente presentar un informe de presunta infracción ante la BACB. Quizá la BACB pueda ayudar a aclarar algo más este asunto.

Dado que he terminado mi relación profesional con la empresa, tengo materiales de clientes que debo devolver. No me siento cómodo devolviéndolos a la oficina en persona, pero no estoy seguro de que enviarlos por correo sea apropiado ya que contienen información de clientes. ¿Hay alguna modalidad de correo certificado o algún medio de esa naturaleza que sea apropiado para devolver estos materiales sin tener que entregarlos físicamente?

Aunque tener que renunciar fue sin duda traumático, debe sentir alivio por haberse alejado de esta situación. En cuanto a la devolución de los materiales, yo los enviaría a través de correo certificado con acuse de recibo o cualquier otro medio que documente la correcta recepción de la documentación en su medio (p.ej., *Certified Mail-Return Receipt Requested,* en Estados Unidos; *Burofax,* en España; *Carta Documento,* en Argentina, etc.).

Tal y como esta persona ha expresado, la infracción de las leyes de derechos de autor y propiedad intelectual se ha convertido en algo común en nuestro campo, pero ello no lo hace correcto o ético bajo el punto 8.02 (a) de nuestro Código. Las empresas deben obedecer las leyes de derechos de autor y comprar los materiales comerciales que necesitan para evaluaciones, recolección de datos, etc. El uso de una fotocopiadora, impresora, escáner, cámara fotográfica o dispositivo móvil para reproducir materiales con derechos de autor priva al autor o autores de los debidos beneficios de propiedad intelectual, lo cual equivale a robar. Lo mismo puede decirse del uso de copias ilegales o versiones electrónicas piratas de libros utilizados por estudiantes de cursos verificados y que se encuentran también bajo el Código.

CONSULTA ÉTICA NÚM. 55 - RESPUESTA ÉTICA

Tengo varias preguntas.

1. Me asignaron una nueva supervisora BCBA hace aproximadamente tres meses. En nuestro primer encuentro repasamos el contrato de supervisión que mi antigua BCBA y yo habíamos elaborado. La nueva supervisora también tenía el modelo de contrato que la BACB proporciona. Dijo que haría algunos cambios, que lo ajustaría a nuestras necesidades y me lo devolvería para que lo firmase. Al organizar mis documentos de supervisión me di cuenta de que nunca me lo devolvió para que lo pudiese firmar. Esto significa que no tenemos un contrato de supervisión y no hemos tenido ninguno durante tres meses.

> Esto podría causar problemas luego

Soy RBT, pero actualmente estoy formándome para llegar a ser BCaBA así que sigo los estándares de esa certificación. ¿Mis horas de estos tres últimos meses no cuentan? De no hacerlo ¿es mi supervisora responsable de ello? Me inclinaría a pensar que sí lo es. De acuerdo con los estándares de experiencia de la BACB:

"DOCUMENTACIÓN DE LA SUPERVISIÓN: El supervisado y el supervisor son responsables de recoger la documentación en el formulario de supervisión en cada período de supervisión. Se debe rellenar un formulario diferente para cada período de supervisión, idealmente, en cada reunión de supervisión. No se aceptarán formularios cumplimentados con posterioridad al período supervisado. La BACB se reserva el derecho de solicitar esta documentación en cualquier momento una vez recibida la solicitud para presentarse al examen de certificación. Esta documentación NO debe presentarse con la solicitud de examen, a menos que sea solicitada específicamente por la BACB".

2. Un BCBA se ha ido de nuestra empresa y una nueva BCBA se ha hecho cargo de sus casos. Creo que voy a trabajar con algunos de estos clientes y, al parecer, algunos tienen planes de tratamiento para reducir problemas de conducta que comenzaron hace tiempo. El más antiguo es de hace 9 meses.

Cuando la nueva BCBA se hizo cargo de los casos debió revisar todos los programas y actualizarlos según fuera necesario; ver el Código 4.03 que se refiere a esta situación.

a. ¿Podemos aplicar tratamientos diseñados por un BCBA que ya no trabaja con nosotros? Supongo que probablemente no, porque estos tratamientos no incluyen el diagnóstico actual de TEA y no están actualizados.

No, esto no es aceptable.

¿Cuánto tiempo toma un plan de reducción de conducta o durante cuánto tiempo es válido?

La respuesta corta es: «depende», pero, en general, un plan de reducción debe ser revisado por el equipo responsable del caso al menos una vez al mes para determinar si está teniendo el efecto deseado. Si los datos indican que no está teniendo el efecto esperado, se revisa y vuelve a evaluarse al final del mes siguiente.

b. La nueva BCBA no conoce aun a todos los padres de los casos que le han sido transferidos hace ya dos meses. ¿Es esto ético?

El punto 4.02 nos dice que esto debe hacerse lo antes posible, pero el Código es parco en detalles. Decisiones como esta normalmente dependen del juicio del profesional. Dos meses es demasiado tiempo; aun dos semanas se consideraría un tiempo excesivo. Parece que la BCBA tiene demasiados casos y no puede hacer un seguimiento adecuado de todos ellos. Ver el Código 5.0 sobre la carga de trabajo y su impacto en la efectividad.

c. Me han dicho que haga intervenciones sin disponer del consentimiento firmado, a pesar de que estas incluyen nuevos objetivos que no estaban en los planes originales de la anterior BCBA.

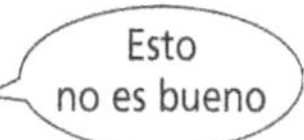

Esto es definitivamente poco ético; ver el punto 4.04 del Código que cubre esta infracción.

¿Esto es culpa mía o de la nueva BCBA?

Esto es culpa de la BCBA, pero como RBT debes responsabilizarte de la calidad del tratamiento. También estás en la obligación de actuar rápidamente cuando no se está proporcionando un tratamiento de calidad.

¿Es aceptable que haya un periodo de transición? Y, en tal caso, ¿cuanto tiempo puede durar?

Por lo general, esto se refiere al período en que un cliente pasa de un BCBA a otro o incluso cuando un caso es derivado a otro servicio. El periodo de transición debería concluir antes de transcurridos 30 días.

No quiero meter a nadie en problemas. Solamente quiero aprender lo que es ético y lo que no antes de hablar con mis superiores sobre los problemas que estoy teniendo.

Parece que eres detallista, te preocupas por los clientes y por hacer lo correcto. Deberías revisar el Código de la BACB y estar preparado para hablar con tu supervisora BCBA (según el 7.02 del Código) sobre toda esta situación

Dos semanas después...
La BCBA de la que le hablé acaba de renunciar dando un solo día de aviso. Me envió un correo electrónico diciendo que ya no es mi supervisora y eso fue todo.
Estoy confundido, no sé qué hacer ahora. Presenté una notificación de presunta infracción porque creo que no se ha comportado de forma ética. Creo que es injusto que mi capacidad de trabajo y el bien de los clientes estén en riesgo debido a sus elecciones.

Es bueno que hayas presentado la notificación.

Como la supervisora se va mañana, me surgen otras preguntas de naturaleza ética.

1. ¿Tengo que notificar a los padres de mis clientes que por el momento no puedo trabajar como RBT, ya que no tengo un supervisor BCBA?

En primer lugar, de acuerdo al punto 10.05 del Código, debe informar a la BACB de que ya no dispone de un profesional certificado que le supervise.

10.05 Cumplimiento de las normas de la BACB relativas a supervisión y cursos de formación [RBT]
Los analistas de conducta se aseguran de que cursos (incluyendo los cursos de educación continua), la experiencia supervisada, la formación y evaluación de RBT y la supervisión de BCaBA se llevan a cabo de conformidad con los estándares de la BACB cuando dichas actividades pretenden cumplir con las normas de la BACB.

Puede informar a los padres de su situación, pero tenga cuidado con lo que dice, ya que podrían comentarlo con otra gente y podrían denunciarle por difamación.

2. Mi empresa está convencida de que, si me aplican el título de "especialista en apoyo conductual", podré llevar a cabo los planes que los anteriores BCBA habían escrito, aunque ya no estén aquí para supervisarlos o actualizarlos.

Esto no es correcto. Usted es un técnico conductual registrado (RBT) y la BACB requiere

que sea supervisado; el nombre que tenga su puesto en su contrato no importa, ni tampoco importa que un BCBA haya escrito los programas. La cuestión clave es que los RBT deben ser supervisados, sin importar cualquier otra circunstancia.

Requisitos de supervisión
"El RBT tendrá al menos un supervisor certificado que aparezca públicamente en el registro de RBT. Este profesional certificado será responsable de asegurar que el RBT trabaja bajo la supervisión adecuada" (obtenido de bacb.com).

¿Me equivoco al decir que cualquiera no puede llevar a cabo las intervenciones puestas en marcha por un BCBA con el que ya no tiene contacto?

Correcto, vea lo dicho anteriormente.

Mi jefe (no es para nada analista de conducta, es un trabajador social) afirma que como mi puesto en mi empresa es un "especialista en servicios conductuales", se me exige ver a los clientes y continuar con mis sesiones con normalidad.

Esto no es cierto. Eres un RBT y estás obligado a observar las normas de la BCBA.

Antes de esta situación, trabajaba y firmaba toda la documentación como técnico conductual registrado.

Nuestro programa se divide en dos partes. Una parte del programa trata a individuos con conductas desafiantes. La otra parte del programa se centra en clientes con un diagnóstico de autismo. En ambos programas se requieren planes de apoyo conductual que incluyan objetivos e intervenciones de reducción de conductas, de desarrollo de conductas alternativas y de entrenamiento en habilidades funcionales, si el BCBA lo considera conveniente. Todos los planes son escritos por un BCBA. Los RBT se centran en aplicar estos planes con los clientes.

Mi jefe, que es un trabajador social, declaró que, aunque no ejerza como RBT (debido a que no tengo un supervisor responsable en este momento) puedo seguir trabajando normalmente bajo el título de "especialista en apoyo conductual".

Pueden cambiar el nombre de tu puesto todo lo que quieran; eres un RBT y debes de observar el Código de la BACB.

¿Se me permite prestar servicios ABA a estos clientes sin la supervisión de un BCBA?
¿Existe alguna norma que diga que sólo los RBT pueden proporcionar este tipo de servicio?

Sí, hay una regla, vaya a este enlace y lea: bacb.com/rbt

El técnico conductual (RBT®*) es un paraprofesional que practica bajo la estrecha y continua supervisión de un BCBA, BCaBA o FL-CBA. El RBT es el principal responsable de la aplicación directa de los servicios de análisis de conducta. El RBT no diseña planes de intervención o evaluación. Es responsabilidad del supervisor del RBT determinar qué tareas puede realizar un RBT en función de su formación, experiencia y competencia. El profesional certificado por la BACB que supervisa al RBT es responsable del trabajo realizado por el RBT en los casos que está supervisando.*

Si tu BCBA deja la empresa y no hay otro disponible que te supervise, básicamente debes de dejar de trabajar hasta que dispongas de un nuevo supervisor.

La BACB asume que los RBT trabajan en servicios en los que hay múltiples BCBA que realizan funciones de supervisión, de manera que si uno abandona, otro podrá hacerse cargo de la supervisión sin mayores problemas.

##

Mi jefe ha leído las secciones del Código y dice que solamente dice "RBT" y no establece que deba tener una credencial para prestar servicios ABA a los clientes ya que la empresa en su conjunto no tiene que cumplir con las normas de la BACB. Dijo que cuando tenga un supervisor disponible, solo en ese caso tendrá que cumplir con el requisito de supervisión.

##

Como si la situación no fuese ya lo bastante complicada…

Mi supervisora me ha dicho que para firmar mis horas de trabajo, lo que necesito para poderlas cobrar, necesita una copia de todas mis hojas de supervisión (que le había ido dando después de cada reunión) y una hoja excel con todos los detalles para que el pueda "verificar la información". El excel preformado que mi supervisora y yo habíamos venido usando para computar las horas calculaba el tiempo de supervisión incorrectamente (donde debían computarse 60 minutos, sumaba 100). Afortunadamente, revisé toda la información antes de enviarsela y pude solventar el error.

Bien hecho, podrías haber quedado mal en caso de haber enviado información errónea.

Por suerte, mi empresa tiene que llevar un registro en nuestro sistema de documentación estatal de los minutos exactos del tiempo directo que pasamos con los clientes. A pesar de que existe dicho registro como referencia, las hojas de supervisión que mi supervisora y yo ya hemos firmado proporcionan información incorrecta debido a los referidos errores de cálculo. Sé que no está permitido firmar formularios de supervisión con una fecha posterior a la actual. ¿Tampoco puedo corregir los errores de cálculo en estos documentos y firmarlos con fecha de hoy?

No, pero asegúrate de poner una nota en algún lugar que explique lo ocurrido.

Por temor a posibles consecuencias negativas, no quisiera aportar ni a mi supervisora ni a la BACB información que pueda ser considerada falsa .

Estás en lo correcto al pensar así.

##

Pensé que le gustaría saber que… la BACB le dijo a mi jefe que pueden cambiar mi título de trabajo, mientras no diga que soy RBT, puedo proveer servicios de análisis de conducta a mis clientes.

##

Esto es increíble. Esto abre una puerta para todo tipo de abusos. Aparte de lo que tu jefe hizo al cambiar tu nombre de tu puesto, ¿que ocurre si afirmas ser un RBT? ¿te despiden?

##

11:00 am

Esta mañana, en nuestra reunión, nos dijeron que necesitamos hacer saber a la BACB que no estamos en activo (es decir, solicitaremos una baja voluntaria). Pregunté si pagarían las tasas que debo abonar por esta gestión.

##

11:06 am

Esta es una historia diferente, es cierto que si te vuelves "inactivo" ya no estás bajo el Código. No estaba claro que estuvieran considerando este movimiento. ¿Fue esta la elección

de su jefe o la tuya? Y, sólo por aclarar, cambió el nombre de tu puesto, pero en la práctica ¿harás el mismo trabajo que hacías antes?

##

12:11 pm

Fue una propuesta de mi jefe. No me gustaría suspender mi registro como RBT. Eso es lo que mi jefe nos dijo que hiciéramos a partir de su conversación con la BACB. Mi jefe nos dijo esta mañana que necesitaba hacerlo ya que no tenemos un supervisor BCBA. Debíamos también decirles a los padres que ya no estábamos ejerciendo como RBT, si no que estábamos trabajando como "personal de apoyo conductual".

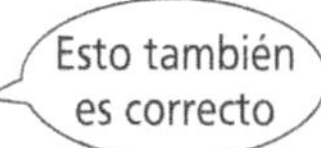

Trabajaré en los objetivos detallados en los planes de apoyo conductual que es el mismo servicio que estaba proporcionando a los clientes antes de perder a mi supervisora. Estos son programas que no fueron desarrollados por la BCBA que renunció. Son incluso más antiguos; fueron escritos por otros BCBA que habían estado con la empresa anteriormente.

##

12:47 pm

El primer requisito para el estado inactivo es el siguiente:

"1. ¿Ha leído, cumple y está de acuerdo con la observación de todas las normas y reglas de Behavior Analyst Certification Board ("BACB"), las cuales pueden ser revisadas, incluyendo, sin afán de exhaustividad, los requisitos de elegibilidad y supervisión establecidos por la BACB para los RBT, las normas disciplinarias relativas a la conducta profesional, los tarifas y los requisitos de solicitud?"

Esto significa que aún debe cumplir con el Código. Creo que su jefe debe leer esto cuidadosamente ya que significa que le está exponiendo directamente a una clara infracción del Código si va a pedirle que apliques programas conductuales sin supervisión.

##

2:50 pm

Creo que mi jefe encontrará un cómodo espacio libre a la interpretación en cuanto a lo que se considera un "programa conductual" y los servicios que estoy proporcionando.

##

En cuanto a encontrar "espacio de maniobra", esto no es una buena señal en relación a la cultura organizacional de su empresa. Nosotros (analistas de conducta) vemos el "programa conductual" en un sentido bastante amplio desde la recolección de datos, evaluación, desarrollo de programas, aplicación de programas, etc. ¿Su jefe conoce la lista de tareas de la BACB para los RBT? Si no es así, debería compartirla con ella. Es bastante extensa:
https://www.bacb.com/rbt/ (ver sección de documentos y recursos)

##

3:20 pm

Mi jefe dice cosas del tipo "muéstrame la ley que dice que no puedo hacer esto". Como ha contactado con la BACB y le han dicho que está bien, no creo que esto cambie. Tengo el presentimiento de que su respuesta podría ser, "Bueno, para esto te contratamos, así que si no te gusta puedes dejarlo".

Cuando la gente trata de encontrar lagunas para evitar proporcionar el personal conductual adecuado, el resultado es a menudo un tratamiento falto de ética.

He estado buscando otro empleo, pero al estar lejos de un centro urbano, no tengo muchas opciones. Continúo buscando diariamente con la esperanza de encontrar algo.

He considerado la posibilidad de denunciar la situación a la BACB, aunque como último recurso.

No puede denunciarla, ya que no es una analista de conducta. Tendría que denunciarla al organismo que regule su profesión.

Pero después de escuchar a la BACB decir que lo que está haciendo está bien, el plan está en suspenso temporalmente hasta que pueda reunir más información.

Puede que haya entendido mal lo que le dijeron. Parece que le dijeron que usted podría pasar a estado inactivo, pero se olvidaron de decirle que usted aún estaría bajo el Código y todas las reglas y regulaciones de la BACB.

##

12:45 pm

En cuanto a la consulta sobre su jefe y su intento de eludir las normas de supervisión de los RBT, me puse en contacto con la BACB y recibí la siguiente respuesta:

El principal problema en esta cuestión y la solución propuesta es que el RBT estaría realizando tareas de RBT sin supervisión si se volviese inactivo. Estar inactivo no cambiaría el hecho de que el RBT no puede realizar las tareas del RBT (enumeradas en la lista de tareas del RBT) sin supervisión; el RBT estaría infringiendo el punto 10.05 del Código.

Lo que el RBT comenta que el personal de la BACB aconsejó es en parte exacto ya que hay una opción para que un RBT solicite el estado de inactividad voluntaria. Sin embargo, la solicitud para pasar a estado inactivo especifica que el RBT "no ejercerá actividades enumeradas en la Lista de tareas RBT mientras esté en estado inactivo voluntario".

Por favor, comparta esto con su jefe y hágame saber si tiene más preguntas.

Cada mes, más o menos, llega una pregunta que parece comenzar como simple y directa, pero que luego comienza a expandirse a medida que se plantean más preguntas. Este RBT intenta seguir las reglas y el Código, pero cada uno de sus intentos es frustrado por su "jefe" que no es un analista de conducta, sabe poco sobre la certificación y no sabe prácticamente nada sobre el rol y las obligaciones de un RBT. Este jefe quiere principalmente ahorrar dinero al no tener que contratar a un BCBA para supervisar a los RBT, no hay más. Además, está buscando una "solución" diciendo a este RBT que, con un simple cambio de título de trabajo el asunto de la supervisión puede quedar resuelto. Es alentador saber que el "estado inactivo" no constituye una vía para zafarse de las normas de supervisión de los RBT.

NOTAS

1. Y, por supuesto, supervisa.
2. Zonas de Regulación. www.zonesofregulation.com/learn-more-about-the-zones.html
3. IRS (2020). *Independent contractor defined [Definición de trabajador autónomo]* https://www.irs.gov/businesses/small-businesses-self-employed/independent-contractor-defined
4. https://www.scpr.org/news/2018/05/01/82669/independientes-trabajadores-empleados-california-supr/
5. BACB. Requisitos de declaración obligatoria. https://www.bacb.com/ethics-information/reporting-to-ethics-department/self-reporting/
6. Principios éticos de los psicólogos y código de conducta, Asociación Americana de Psicología, 2017. www.apa.org/ethics/code/ethics-code-2017.pdf
7. NPR. (2018). The sexual assault epidemic no body is talking about [La epidemia de agresión sexual de la que nadie habla]. https://www.npr.org/2018/01/08/570224090/the-sexual-assault-epidemic-no-one-talks-about
8. Mental Health Lab, a new study emphasizes the harm from vaccine refusals [un nuevo estudio hace hincapié en el daño de los rechazos de vacunas]. https://labblog.uofmhealth.org/body-work/new-study-emphasizes-harm-of-vaccine-refusals

3

Palabras finales

REGLAS PARA VIVIR

Los profesionales que se comportan de forma ética no trabajan de forma errática en su día a día. Por el contrario, siguen unas cuantas reglas que les ayudarán a evitar los caminos equivocados, a enfrentar los conflictos de manera efectiva y a proporcionar un estándar de servicio analítico conductual insuperable. Seguir estas reglas les permite también no arrepentirse de los pasos que han dado.

Regla núm. 1: Sea veraz con todos. Haga saber a su jefe, compañeros y clientes que sigue el Código.

Regla núm. 2: Sea escéptico, ya que será bombardeado a diario con "increíbles tratamientos nuevos" por parte de padres y compañeros de otros campos. La gran mayoría de estos "tratamientos"son modas pasajeras, otros serán cuanto menos dudosos y algunos serán auténticos fraudes. Tendrán nombres bonitos, estupendas páginas web y dirán que tienen investigaciones que los apoyan, pero no es así. Tu primera pregunta siempre debería ser: "¿Está publicado en JABA?" Si la respuesta es no, sigue adelante y no discutas; usa lo que sabes sobre la extinción.

Regla núm. 3: Lea JABA regularmente, esta es su guía (revisada por pares) para intervenciones conductuales exitosas. No se deje engañar por "estudios" que no hayan tenido los controles editoriales adecuados.

Regla núm. 4: Enfatice los datos. No escuche rumores o crea en anécdotas. Apoye siempre sus informes en datos directos obtenidos mediante observación conductual.

Regla núm. 5: Pregunte siempre, "¿podría verlo?" cuando le digan algo que parezca inusual, extraño o demasiado bueno para ser verdad. Insista en saber cuándo y dónde ocurre y vaya a verlo por Vd. mismo.

Regla núm. 6: No cotillee. Este es un hábito degradante que indica a los demás que eres una persona de mal carácter que está dispuesta a difundir rumores a expensas de los demás.

Regla núm. 7: "Sea la contingencia". Prepárese para resistir la presión de aquellos que piden que relaje su comportamiento ético y derroche elogios con aquellas personas de su entorno que mantengan estándares éticos excelentes.

INDICIOS QUE SON MOTIVO DE PREOCUPACIÓN

Es importante saber qué buscar cuando te estén haciendo una entrevista de trabajo. Haga preguntas difíciles sobre cuestiones éticas y sobre cómo los empleados han sido formados en ética profesional. ¿Tiene la organización un comité de ética? ¿Quién es el presidente del comité? ¿Con qué frecuencia se llevan a cabo actividades de formación sobre ética? ¿Cuáles son los procedimientos para denunciar a alguien en la organización por una infracción ética? ¿Cuál es la política de la empresa sobre relaciones múltiples y conflictos de intereses? ¿Cuál es la política sobre nepotismo? ¿Cómo se determina el número de casos que lleva un profesional? ¿Cuál es el índice de rotación de los RBT y los BCBA? ¿Hay una cláusula de no competencia postcontractual en tu contrato? ¿Cuáles son los procedimientos de supervisión? ¿Puedo observar una sesión de supervisión? Respuestas como las siguientes deben hacer saltar nuestras alarmas, «¿Qué es un comité de ética?» «Bueno, mi prima es nuestra nueva RBT y está haciendo un gran trabajo, almorzamos juntos todos los viernes...» «Cobramos por horas facturables y disponemos de un sistema de incentivos por conseguir nuevos clientes», «La supervisión es un requisito voluntario» o «La rotación nos causaba dificultades hasta que establecimos la cláusula de no competencia postcontractual».

CONCEPTOS QUE IMPORTAN

La transparencia, en todos los aspectos del análisis de conducta, es una regla no escrita en nuestro campo. Los padres deben dar su consentimiento para la evaluación y los planes de tratamiento, sin excepciones, incluso en los colegios. En nuestro Código **valoramos los tratamientos basados en la evidencia**, pero no siempre dejamos claro que lo que más valoramos es la investigación y la **investigación de caso único** que los acompañan. Le damos un gran valor a la **consistencia conceptual.** La consistencia conceptual también está en el Código, pero, aparentemente, algunos profesionales la pasan por alto, especialmente aquellos que se formaron primero en algún otro campo (ya sabe a quien me refiero). El análisis de conducta versa sobre el **condicionamiento operante**, y no es sinónimo de asesoramiento, terapia de conducta, o terapia familiar. Bajo la rúbrica del análisis de conducta, los analistas de conducta hacen análisis de conducta y nada más.

CREAR Y MANTENER UNA CULTURA ÉTICA

Una cultura ética comienza en la cima de la organización, se derramándose y fluyendo a todos los niveles de esta. Si el propietario deja claro que el propósito prioritario de la organización es ganar dinero y que los que apoyan esa misión serán recompensados adecuadamente, será difícil para los BCBA mantener la ética en su práctica. La codicia impulsa los atajos, el engaño, la tergiversación y el encubrimiento. Es casi imposible comenzar con una cultura ética si el propietario o el director general no apoya firmemente el Código de la BACB. Además, está claro que no se puede obligar a cumplir el Código a los directivos de la organización si no son analistas de conducta. Dentro de una cultura ética, cada norma y procedimiento que llega a los empleados ha sido evaluado a través de una óptica ética. Una organización con un fuerte sentido ético pondrá el bienestar del cliente en primer lugar y las ganancias en segundo lugar. Una gran organización ética impulsará y recompensará la conducta ética a todos los niveles y hará que la ética sea un punto común a cada reunión, a cada objetivo.

ASHA. (2018). Declaración oficial sobre el procedimiento de ayudas rápidas. https://www.asha.org/policy/ps2018-00351/

Asociación Americana de Psicología. (2017). Principios éticos de los psicólogos y código de conducta. Washington, DC: Autor. https://www.apa.org/ethics/code/ethics-code-2017.pdf

BACB. Requisitos de declaración obligatoria. https://www.bacb.com/ethics-information/reporting-to-ethics-department/self-reporting

Bailey, J. S., & Burch, M. R. (2019). *Ética para analistas de conducta* (3ª ed., J. Virués-Ortega, ed.). ABA España. https://doi.org/10.26741/abaspain/2019/Bailey

Bailey, J. S., & Burch, M. R. (2021). *Métodos de investigación en análisis aplicado de conducta* (2ª ed., J. Virués-Ortega y C. Hurtado-Parrado, eds.). ABA España. https://doi.org/10.26741/978-84-09-22405-0

Boletín de la BACB. (noviembre 2016, abril 2017). https://www.bacb.com/newsletters/

Carnegie, D. (2008). *Cómo ganar amigos e influir sobre las personas.* Elipse. (Trabajo original publicado en 1936)

CASP. (2020). *Tratamiento analítico conductual para personas con trastorno del espectro autista: Guías de práctica para los financiadores y administradores sanitarios. https://casproviders.org/asd-guidelines/*

Foxx, R. M., & Mulick, J. A. (2016). *Controversial therapies for autism and intelectual dissabilities.* Nueva York: Grupo Routledge, Taylor & Francis.

IRS (2020). *Independent contractor defined [Definición de trabajador autónomo] https://www.irs.gov/businesses/small-businesses-self-employed/independent-contractor-defined*

KPCC independent contractors vs. employees: California supreme court tightens the rules [Caso de KPCC vs. empleados: El tribunal superior de California endurece las reglas]. https://www.scpr.org/news/2018/05/01/82669/independientes-trabajadores-empleados-california-supr/

Ley de educación para personas con discapacidades. https://sites.ed.gov/idea/about-idea/

Mental Health Lab, a new study emphasizes the harm from vaccinere fusals [un nuevo estudio hace hincapié en el daño causado por usuarios que se niegan a la administración de vacunas]. https://labblog.uofmhealth.org/body-work/new-study-emphasizes-harm-of-vaccine-refusals

Michels, R. (1991). Psychiatry: Where medicine, psychology, and ethics meet. En D. S. Browning y I. S. Evison (Eds.), Does Psychiatry Need a Public Philosophy? (págs. 61-73). Nelson-Hall

NPR. (2018). The sexual assault epidemic nobody is talking about [La epidemia de agresión sexual de la que nadie habla]. https://www.npr.org/2018/01/08/570224090/the-sexual-assault-epidemic-no-one-talks-about

Tjeltveit, A. C. (1999). *Ethics and Values in Psychotherapy.* Routledge.

Todd, J. T. (2015). Old horses in new tables: Rapid prompting, facilitated communication, science, ethics and the history of magic [El mismo perro con distinto collar: Ayudas rápidas, comunicación facilitada, ciencia, ética y la historia de la magia]. En R. M. Foxx t J. A. Mulick (Eds.), *Controversial therapies for developmental disabilities: Fad, fashion, and science in professional practice* (2ª ed.), (págs. 372-409). Nueva York: Routledge.

Kuypers Consulting (2021). *Zones of regulation* [Zonas de regulación]. https://www.zonesofregulation.com/learn-more-about-the-zones.html

Índice Analítico

abandonar 117
abandono 74, 75
ABLLS-R 59, 60, 173, 175
aceptar clientes 9
acoso 112
agresión 52, 56, 156, 160, 161
agresivo, fisicamente 8, 76
aislamiento 9, 78, 79, 193
amenaza de arma de fuego 34
análisis funcional 6, 48
arreglos financieros 91
autoclítica 161
autoría 11, 23, 43, 82, 83, 102
aviso 28, 29, 54, 71, 74, 88, 100, 105

basado en la evidencia 71, 140, 143, 150, 156
BIP 9, 68, 74 - 75, 151
Brasil 25, 106

capitalismo 174
castigo 9, 78, 79, 112, 126
cese y desista 162
cláusula de no competencia post-contractual 109-111
clientes aceptando 117
clientes de servicios conductuales 9
Clínica mayo 72
coacción 46, 147
coautor 102, 103
Código 10, 11
coherencia conceptual 89
colegio 14, 30, 35, 52, 79, 108, 114
comercialización 38, 131, 132
compañía: no ética 5
comportamiento, problemático 53
comportamiento verbal 148
Comunicación facilitada 41
Condicionamiento del operario 174
conductas reemplazo 5, 8
confidencialidad 131, 145, 146, 158
conocimiento de primera mano 107, 147, 153
consentimiento 21, 38, 45, 88, 98, 172

contratista independiente 119
contribuciones, reconociendo 131
cultura ética 41, 138, 177, 190
custodia 6, 44, 72, 143, 144

Dale, Carnegie 154, 191
declaraciones falsas 139, 149
declaración obligatoria 85, 187, 191
Deletreo para Comunicarse 42, 139
depredadores de niños 136-138
derecho a un tratamiento efectivo 90, 108
derechos de autor 60, 61, 175, 176, 179
difusión 26, 60, 108, 175
Directrices para la práctica de la BACB 151
divorcio 44, 143, 144
doble papel 68
documentación 153
drogas 137
Dubái 53, 163, 165

entorno inseguro 147
entorno residencial 8, 72
en transición 28, 38
entrenamiento de astronauta 17, 90
Entrenamiento habilidades conductuales 80
estado inactivo 184
Europa 44, 143
evaluación 60, 97
evaluación funcional 9
explotación 154
Facebook 25, 32, 33, 47, 110, 149
facturación 22, 97, 100, 164
FBA 21, 48, 98, 151
fotos 25, 38, 45, 106, 131, 132, 145, 146
fraudulento 167

Google 32, 110

HIPAA 158

honorarios 20, 96
horas facturables 57, 58, 59

IDEA 158
incumplimiento 47
información de segunda mano 127
Información personal de salud 146
integridad 130, 138
intervención analítica no conductual 130
investigación 110, 121
IRB 114

JABA 94, 95, 108, 122, 189

laguna 168
liberación de la foto 106
lista de tareas 87

mapeo conductual social 19, 89
medios de comunicación social 37
método de impulso rápido 41
multas 12, 84, 85

no competencia 111

operación de motivación 75
Oriente Medio 41, 138

padres, bofetadas 53, 163
participación médica 73
pensamiento social 109
persona certificada responsable 165
plagio 152
plan de intervención conductual 9, 78, 79
plan de reducción 64, 180
prácticas óptimas 160
presentaciones para los medios 135
programa de cambio de conducta 78, 91, 126, 133, 134, 156, 161, 162
propiedad intelectual 43, 60, 106, 142, 175
publicidad 25, 68, 106, 107, 118

reclutamiento 27
reconociendo las contribuciones 131
regalos 13, 41, 86, 138, 147, 164
registros 158, 159
Reglas para vivir 174
relaciones múltiples 72, 86, 162, 190
relación, explotadora 67, 105, 131, sexual 16
renuncia 7
restrictivo del este 36
retroceso 158
Reuniones del IEP 4
RPM 42, 139, 140
rumores 75, 107, 189

S2C 42, 139, 140
salud pública y seguridad 81
seguridad 113, 129
sentado en silencio 5
señales de advertencia 173
servicios 69, 71, 72
simulacro de incendio 37, 129
sistemas 10, 80, 168
soborno 46, 147
supervisión 62, 78, 152, 164,
supervisión remota 18

terapia a domicilio 135
terapia de integración sensorial 17, 49, 90, 154
tergiversación 190
testimonios 32, 38, 95, 110, 116, 118, 131, 132
tiempo de espera 74-75
transición 74, 75, 111, 133
tratamiento alternativo 77
tratamiento no basado en pruebas 145
tratamientos de moda 95, 108

Vacunación
anti vacunación 47, 149
vacunas 47, 149, 150, 187, 191
VB-MAPP 56, 59, 60, 171, 173, 175

Zonas de la Regulación 19, 89, 103

Código de Cumplimiento Profesional y Ético para Analistas de Conducta

El *Código de cumplimiento profesional y ético para analistas de conducta* de la Behavior Analyst Certification Board (BACB) sustituye a las Normas de Disciplina y Ética Profesional de la BACB y las Guías de Conducta Responsable para Analistas de Conducta. El Código incluye 10 secciones pertinentes a la conducta profesional y ética de los analistas de conducta, además de un glosario de términos. Este código entró en vigor el 1 de enero de 2016 siendo de obligado cumplimiento para personas certificadas por la BACB o incluidas en el registro profesional de la BACB.

En la versión original de la Guía de Conducta Profesional de Analistas de Conducta, los autores obtuvieron aportaciones de los códigos éticos de las organizaciones siguientes: American Anthropological Association, American Educational Research Association, American Psychological Association, American Sociological Association, California Association for Behavior Analysis, Florida Association for Behavior Analysis, National Association of Social Workers, National Association of School Psychologists, y Texas Association for Behavior Analysis.

CONTENIDOS[2]

1.0 **Conducta responsable de los analistas de conducta**
1.01 Dependencia del conocimiento científico [RBT]
1.02 Límites de Competencia Profesional [RBT]
1.03 Mantener la competencia a través del desarrollo profesional [RBT]
1.04 Integridad [RBT]
1.05 Relaciones profesionales y científicas [RBT]
1.06 Relaciones múltiples y conflictos de intereses [RBT]
1.07 Relaciones abusivas [RBT]

2.0 **Responsabilidad de los analistas de conducta para con sus clientes**
2.01 Aceptación de un nuevo cliente
2.02 Responsabilidad [RBT]
2.03 Consulta
2.04 Participación de terceros en la provisión de servicios
2.05 Derechos y prerrogativas de los clientes [RBT]
2.06 Mantenimiento de la confidencialidad [RBT]
2.07 Mantenimiento de Registros [RBT]
2.08 Revelación de información [RBT]
2.09 Eficacia de la intervención
2.10 Documentación del trabajo profesional y de investigación [RBT]
2.11 Registros y datos [RBT]
2.12 Contratos, honorarios y acuerdos económicos
2.13 Precisión en los informes de facturación
2.14 Referir clientes y honorarios
2.15 Interrupción y finalización de servicios

3.0 **Evaluación conductual**
3.01 Evaluación analítico-conductual [RBT]
3.02 Consulta médica
3.03 Consentimiento a la evaluación analítico-conductual
3.04 Explicación de los resultados de la evaluación
3.05 Archivo del consentimiento de los clientes

4.0 **Los analistas de conducta y los programas de cambio de conducta**
4.01 Consistencia conceptual
4.02 Implicación de los clientes en la planificación y el consentimiento
4.03 Programas individualizados de cambio de conducta
4.04 Aprobación de los programas de cambio de conducta
4.05 Descripción de los objetivos del programa de cambio de conducta
4.06 Descripción de las condiciones para el éxito del programa de cambio de conducta
4.07 Condiciones ambientales que interfieren con la aplicación de un programa de cambio de conducta
4.08 Consideraciones acerca de los procedimientos de castigo
4.09 Uso de procedimientos mínimamente restrictivos
4.10 Evitar reforzadores perjudiciales [RBT]
4.11 Finalización del programa de cambio de conducta y del servicio analítico-conductual

---

[2] Las secciones de interés para *Registered Behavior Technician* están destacadas con las siglas RBT.

5.0   Supervisión realizada por analistas de conducta
5.01   Competencia en labores de supervisión
5.02   Volumen de supervisión
5.03   Delegación de las labores de supervisión
5.04   Diseño de actividades de supervisión y formación efectivas.
5.05   Comunicación de las condiciones de la supervisión
5.06   Proporcionar retroalimentación a las personas supervisadas
5.07   Evaluación de los efectos de la supervisión

6.0   Responsabilidad ética de los analistas de conducta hacia la profesión
6.01   Principios [RBT]
6.02   Difusión del análisis de conducta [RBT]

7.0   Responsabilidad ética de los analistas de conducta hacia sus colegas
7.01   Promoción de una cultura ética [RBT]
7.02   Infracciones éticas cometidas por otros y riesgo de daño [RBT]

8.0   Declaraciones públicas
8.01   Evitar declaraciones falsas o engañosas [RBT]
8.02   Propiedad intelectual [RBT]
8.03   Declaraciones de otros [RBT]
8.04   Presentaciones y servicios a través de medios de comunicación
8.05   Testimonios y publicidad [RBT]
8.06   Requerimiento personal de prestación de servicios [RBT]

9.0   Analistas de conducta e investigación
9.01   Conformidad con las leyes y reglamentos [RBT]
9.02   Características de la investigación responsable
9.03   Consentimiento informado
9.04   Uso de información confidencial para fines didácticos o de instrucción
9.05   Información al término de la investigación
9.06   Revisiones para revistas o entidades financiadoras
9.07   Plagio
9.08   Reconocer contribuciones
9.07   Precisión y uso de datos [RBT]

10.0   Responsabilidad ética de los analistas de conducta ante la BACB
10.01 Proporcionar información veraz y precisa a la BACB [RBT]
10.02 Responder, reportar y actualizar la información aportada a la BACB [RBT]
10.03 Confidencialidad y propiedad intelectual de la BACB [RBT]
10.04 Honestidad académica e irregularidades en exámenes [RBT]
10.05 Cumplimiento de las normas de la BACB relativas a supervisión y cursos de formación [RBT]
10.06 Familiarizarse con este código
10.07 Desaconsejar la presentación sesgada del análisis de conducta por parte de personas que no estén certificadas [RBT]

1.0 CONDUCTA RESPONSABLE DE LOS ANALISTAS DE CONDUCTA

Los analistas de conducta asumen los elevados estándares de conducta ética propios de la profesión.

1.01 Dependencia del conocimiento científico [RBT]

Los analistas de conducta dependen del conocimiento derivado profesionalmente basado en la investigación científica y el análisis de conducta cuando hacen juicios científicos o profesionales en la prestación de servicios, o al participar en actividades académicas o profesionales.

1.02 Límites de la competencia profesional [RBT]

(a) Los analistas de conducta ofrecen servicios, enseñan, o realizan investigaciones únicamente dentro de los límites de su competencia profesional, que es conmensurable al grado de formación, entrenamiento y experiencia supervisada.

(b) Los analistas de conducta proporcionan servicios, enseñan o realizan investigaciones en nuevas áreas (por ejemplo, con nuevas poblaciones clínicas, usando nuevas técnicas, o analizando conductas no estudiadas previamente) solamente después de haber realizado un estudio, capacitación, supervisión y/o consulta con personas que son competentes en esas áreas.

1.03 Mantener la competencia a través del desarrollo profesional [RBT]

Los analistas de conducta mantienen el conocimiento de la información científica y profesional actual en sus áreas de práctica y se esfuerzan por mantener la competencia en las habilidades que utilizan mediante la lectura de la bibliografía adecuada, la asistencia a conferencias y convenciones, participando en talleres, obteniendo cursos adicionales, y/o recibiendo y manteniendo las certificaciones profesionales apropiadas.

1.04 Integridad [RBT]

(a) Los analistas de conducta son veraces y honestos, y modifican su ambiente organizacional a fin de promover la veracidad y honestidad en los demás.

(b) Los analistas de conducta no aplican contingencias que pudieran inducir comportamientos fraudulentos, ilegales o antiéticos en otras personas.

(c) Los analistas de conducta siguen las obligaciones y compromisos contractuales y profesionales propios de un trabajo de alta calidad y se abstienen de asumir compromisos profesionales que no pueden cumplir.

(d) Los analistas de conducta siguen los códigos legales y éticos de la comunidad social y profesional de la que son miembros.

(e) Si las responsabilidades éticas de los analistas de conducta entran en conflicto con la ley o cualquier regulación de la organización con la que están afiliados, deberán dar a conocer su compromiso con este Código y tomar medidas para resolver el conflicto de una manera responsable, de acuerdo con la ley (véase también la sección 10.02(a)).

1.05 Relaciones profesionales y científicas [RBT]

(a) Los analistas de conducta proporcionan servicios analíticos-conductuales sólo en el contexto de un rol o relación científica o profesional definida.

(b) Cuando los analistas de conducta proporcionan servicios analítico-conductuales utilizan un lenguaje comprensible para el destinatario de dichos servicios sin dejar de ser conceptualmente sistemático con respecto de la profesión de analista de conducta. Proporcionan información adecuada antes de la prestación de servicios sobre la naturaleza de los mismos y, posteriormente, informan sobre resultados y conclusiones.

(c) Cuando las diferencias de edad, sexo, raza, cultura, etnia, origen nacional, religión, orientación sexual, discapacidad, idioma o condición socioeconómica afectan significativamente al trabajo del analista de conducta relacionado con los individuos o grupos particulares, los analistas de conducta deberán obtener la formación, experiencia, la consulta y/o supervisión necesarias para garantizar la competencia de sus servicios, en caso contrario referirán el cliente apropiadamente.

(d) En sus actividades relacionadas con el trabajo, los analistas de conducta no discriminan a individuos o grupos por motivos de edad, género, raza, cultura, etnia, nacionalidad, religión, orientación sexual, discapacidad, idioma, nivel socioeconómico, o en base a cualquier otra circunstancia que prohibida la ley.

(e) Los analistas de conducta no acosan o degradan a personas con las que se relacionan en su trabajo por motivos tales como edad, género, raza, cultura, origen étnico, nacionalidad, religión, orientación sexual, discapacidad, idioma o condición socioeconómica, de acuerdo a la ley.

(f) Los analistas de conducta reconocen que sus problemas y conflictos personales pueden interferir con su eficacia. Los analistas de conducta se abstendrán de la prestación de servicios cuando sus circunstancias personales puedan comprometer la prestación de servicios al mayor nivel de calidad posible.

1.06 Relaciones múltiples y conflictos de intereses [RBT]

(a) Debido a los efectos potencialmente dañinos de las relaciones múltiples, los analistas de conducta evitan mantener relaciones múltiples.

(b) Los analistas de conducta siempre deben ser sensibles a los efectos potencialmente nocivos de las relaciones múltiples. Si los analistas de conducta encuentran que, debido a factores imprevistos, ha surgido una relación múltiple, tratarán de hallar una solución a esta circunstancia.

(c) Los analistas de conducta reconocen e informan a los clientes y estudiante supervisados sobre los posibles efectos nocivos de las relaciones múltiples.

(d) Los analistas de conducta no darán ni aceptarán regalos de sus clientes, ya que ello constituye una relación múltiple.

1.07 Relaciones abusivas [RBT]

(a) Los analistas de conducta no explotan a las personas a las que supervisan, evalúan, o sobre las que ejercen autoridad de cualquier tipo, tales como estudiantes, personas a las que supervisan, empleados, participantes en investigación y clientes.

(b) Los analistas de conducta no mantienen relaciones sexuales con clientes, estudiantes o personas a las que supervisan, ya que este tipo de relaciones pueden afectar su imparcialidad y conducir a una relación de explotación.

(c) Los analistas de conducta se abstienen de cualquier relación sexual con clientes, estudiantes o personas a las que supervisan, durante al menos dos años después de la fecha en que la relación profesional ha terminado formalmente.

(d) Los analistas de conducta no realizan transacciones de trueque o pago en especia por los servicios que prestan, a menos que exista un acuerdo escrito al respecto que indique: (1) que el trueque ha sido solicitado por el cliente o persona que recibe supervisión; (2) el trueque sea considerado una costumbre de la zona donde se prestan los servicios; y (3) el trueque sea proporcional al valor de los servicios analítico-conductuales prestados.

2.0 RESPONSABILIDAD DE LOS ANALISTAS DE CONDUCTA PARA CON SUS CLIENTES

Los analistas de conducta tienen la responsabilidad de actuar siempre en el mejor interés de sus clientes. El uso que aquí hacemos del término cliente es de amplia aplicación e incluye a todos aquellos a quienes los analistas de conducta prestan servicios, ya sea una persona individual (destinatario del servicio), un padre o tutor de un destinatario de servicios, un representante de una organización, una organización pública o privada, o una empresa.

2.01 Aceptación de un nuevo cliente

Los analistas de conducta aceptan como clientes sólo a aquellas personas o entidades que soliciten servicios que sean adecuados a la formación del analista de conducta y a su experiencia y recursos disponibles, y siempre de acuerdo a las regulaciones de la organización a la que pertenezcan. Caso de no darse estas condiciones, los analistas de conducta deberán funcionar bajo la supervisión de, o en consulta con, un analista de conducta cuyas certificaciones profesionales permitan la realización de los servicios en cuestión.

2.02 Responsabilidad [RBT]

La responsabilidad de los analistas de conducta se extiende a todas las partes afectadas por los servicios analítico conductuales. Cuando varias partes se encuentran implicadas y todas pueden definirse como un cliente, deberá establecerse una jerarquía de las partes involucradas. Dichas relaciones definidas, deberán comunicarse desde un principio. Los analistas de conducta identifican y comunican quién es el beneficiario último de sus servicios en cada situación particular y defenderán los intereses de dicho cliente.

2.03 Consulta

(a) Los analistas de conducta realizarán consultas y derivaciones adecuadas basadas principalmente en los intereses de sus clientes, con el consentimiento adecuado, y sin perjuicio de otras consideraciones pertinentes, incluida la legislación aplicable y las obligaciones contractuales.

(b) Cuando proceda y sea adecuado profesionalmente, los analistas de conducta cooperarán con otros profesionales, de una manera que sea consistente con los supuestos y principios filosóficos del análisis de conducta, con el fin de servir de manera efectiva y adecuada a sus clientes.

2.04 Participación de terceros en la provisión de servicios

(a) Cuando los analistas de conducta acceden a proporcionar servicios a una persona o entidad a petición de un tercero, aclararán en la medida de lo posible y desde el principio del servicio, la naturaleza de la relación con cada parte y cualquier posible conflicto de intereses. Esta aclaración incluye el papel del analista de conducta (como terapeuta, consultor organizacional, o testigo experto), los usos probables de los servicios prestados o de la información obtenida, y el hecho de que puede haber límites a la confidencialidad.

(b) Si existe un riesgo previsible de que se solicite del analista de conducta el desempeño de funciones que pueden entrar en conflicto debido a la intervención de un tercero, los analistas de conducta aclararán la naturaleza y dirección de sus responsabilidades, mantendrán a todas las partes debidamente informadas del desarrollo de acontecimientos, y resolverán la situación en conformidad con el presente Código.

(c) Cuando la prestación de servicios a un menor o una persona que es miembro de una población vulnerable, a petición de un tercero, los analistas de conducta asegurarán que los padres o representantes del cliente destinatario final de los servicios sean informados de la naturaleza y el alcance de los servicios a prestar, así como de su derecho a todos los registros y datos de los servicios.

(d) Los analistas de conducta pondrán el cuidado de sus clientes por encima de cualquier otra consideración y, en caso de que un tercero demande servicios que estén contraindicados en las recomendaciones del analista de conducta, este resolverá el conflicto de acuerdo con el interés del cliente. Si dicho conflicto no puede ser resuelto, los servicios que el analista de conducta esté ofreciendo serán interrumpidos adecuadamente.

2.05 Derechos y prerrogativas de los clientes [RBT]

(a) Los derechos del cliente son primordiales. Los analistas de conducta apoyan los derechos y prerrogativas legales de sus clientes.

(b) Los clientes y los estudiantes supervisados deben proporcionar, si así se lo solicitan, un conjunto preciso y actualizado de las certificaciones profesionales de que disponen.

(c) El permiso para la grabación por medios electrónicos de entrevistas y sesiones de servicio será solicitado a los clientes y el personal relevante en todos los ámbitos que corresponda. El consentimiento para diferentes usos se deberá obtener específicamente y por separado.

(d) Los clientes y los estudiantes supervisados deben ser informados de sus derechos y sobre los procedimientos disponibles para la presentación de denuncias dirigidas al empleador o las autoridades que correspondan sobre las prácticas profesionales del analista de conducta.

(e) Los analistas de conducta cumplirán con el requisito de verificación de antecedentes penales.

2.06 El mantenimiento de la confidencialidad [RBT]

(a) Los analistas de conducta tienen como obligación principal el tomar precauciones razonables para proteger la confidencialidad de las personas con quienes trabajan o consultan, reconociendo que la confidencialidad puede

ser requerida por la ley, las normas de organización, o por relaciones profesionales o científicas.
(b) Los analistas de conducta evalúan aspectos correspondientes a la confidencialidad al comienzo de la relación y posteriormente a medida que ello sea necesario.
(c) Con el fin de minimizar la intrusión en la vida privada, los analistas de conducta incluyen sólo la información estrictamente pertinente a la finalidad por la cual se realiza la comunicación, sea esta escrita, oral, realizada como parte de un informe electrónico, una consulta o cualesquiera otras.
(d) Los analistas de conducta evalúan la información confidencial obtenida en las relaciones clínicas o de consultoría, o los datos de evaluación de clientes, estudiantes, participantes de investigación, personas a las que supervisan o empleados, sólo para fines científicos o profesionales adecuados y sólo con personas a las que incumban dichas cuestiones.
(e) Los analistas de conducta no deben compartir o crear situaciones que puedan dar lugar a la difusión de datos de clientes actuales y personas supervisadas en las redes sociales, sean estos escritos, fotográficos o de vídeo.

2.07   Mantenimiento de registros [RBT]

(a) Los analistas de conducta mantendrán la debida confidencialidad sobre la creación, almacenamiento, acceso, transferencia y eliminación de registros bajo su control, ya se encuentren estos por escrito, informatizados, en formato electrónico o en cualquier otro formato.
b) Los analistas de conducta mantendrán y dispondrán de registros de acuerdo con las leyes, regulaciones, normas corporativas u organizacionales; siempre cumpliendo con los requisitos de este Código.

2.08   Revelación de información [RBT]

Los analistas de conducta no divulgarán información confidencial sin el consentimiento del cliente, con excepción de lo dispuesto por la ley, o cuando lo permita la ley para un propósito válido, como (1) para proporcionar servicios profesionales necesarios para el cliente, (2) para obtener consultorías profesionales adecuadas, (3) para proteger al cliente u otros de cualquier daño, o (4) para obtener el pago de servicios, en cuyo caso la divulgación se limita a la mínima que sea necesaria para lograr tal fin.

Los analistas de conducta reconocen que los parámetros de consentimiento para la divulgación de datos deben ser adquiridos al comienzo de cualquier relación definida siendo un proceso continuo a lo largo de la relación profesional.

2.09   Eficacia de la intervención

(a) Los clientes tienen derecho a un tratamiento eficaz (es decir, basado en la literatura de investigación y adaptado a cada cliente). Los analistas de conducta siempre tienen la obligación de promover y educar al cliente acerca de los procedimientos de tratamiento con apoyo científico más eficaces. Los procedimientos de tratamiento eficaces han debido ser validados produciendo beneficios a corto y largo plazo adecuados para el cliente y la sociedad.
(b) Los analistas de conducta tienen la responsabilidad de abogar por la cantidad apropiada y el nivel de prestación de servicios y la supervisión necesaria para cumplir los objetivos del programa específico de cambio de conducta.
(c) En los casos en que se ha establecido más de un tratamiento científicamente, otros factores pueden ser considerados en la selección de las intervenciones, incluyendo, sin afán de exhaustividad, eficiencia, coste-efectividad, riesgo, efectos secundarios, preferencia del cliente, y la experiencia y formación del profesional.
(d) Los analistas de conducta revisan y evalúan los efectos de cualquier tratamiento que pueda afectar a los objetivos del programa de cambio de conducta y, en la medida de lo posible, su posible impacto en el programa de cambio conductual.

2.10   Documentación del trabajo profesional y la investigación [RBT]

(a) Los analistas de conducta deberán documentar adecuadamente su labor profesional con el fin de facilitar la prestación de los servicios por parte de otros profesionales, poder rendir cuentas de su labor, y para satisfacer otras necesidades de las organizaciones relevantes, así como requerimientos legales.
(b) Los analistas de conducta tienen la responsabilidad de crear y mantener la documentación en un grado de detalle y calidad consistente con las mejores prácticas y acorde con la ley.

2.11   Registros y datos [RBT]

(a) Los analistas de conducta tienen la responsabilidad de crear, mantener, difundir, almacenar, retener y disponer de registros y datos relacionados con su investigación, práctica u otros trabajos de conformidad con las leyes, regulaciones y normas pertinentes siempre cumpliendo los requisitos de este Código y de manera que permite la transferencia apropiada de la provisión del servicio en cualquier momento.

(b) Los analistas de conducta deberán conservar los registros y datos durante al menos 7 años conforme a la ley.

2.12   Contratos, honorarios y acuerdos económicos

(a) Antes de la realización de los servicios, los analistas de conducta se aseguran de que existe un contrato firmado que detalla las responsabilidades de todas las partes, el alcance de los servicios analítico-conductuales que se van a proveer, y las obligaciones de los analistas de conducta según este Código.

(b) Tan pronto como sea posible en una relación profesional o científica, los analistas de conducta llegan a un acuerdo con sus clientes especificando los acuerdos de compensación y de facturación.

(c) Las prácticas de facturación de los analistas de conducta son consistentes con la ley. Los analistas no tergiversan sus honorarios. Si se pudieran anticipar limitaciones en el servicio debido a limitaciones en la financiación, ello debe hablarse con el cliente tan pronto como sea posible.

(d) Cuando las circunstancias económicas cambien, las responsabilidad y capacidad de pago del cliente deben ser revisadas con este.

2.13   Precisión en los informes de facturación

Los analistas de conducta indican con precisión la naturaleza de los servicios prestados, las tarifas o costes, la identidad del proveedor, los resultados relevantes y otros datos descriptivos requeridos.

2.14   Referir clientes y honorarios

Los analistas de conducta no deben recibir o dar dinero, regalos u otros beneficios por referir clientes. Al referir un cliente a otro profesional se deben considerar múltiples opciones y hacerse considerando objetivamente las necesidades del cliente y del repertorio del profesional al que se remite. Cuando se proporciona o se recibe una referencia o derivación, el alcance de cualquier relación entre las dos partes debe ser revelado al cliente.

2.15   Interrupción o suspensión de servicios

(a) Los analistas de conducta actúan por el bien del cliente y velan por evitar la interrupción o suspensión de los servicios.

(b) Los analistas de conducta hacen esfuerzos razonables y oportunos para facilitar la continuación de los servicios analíticos-conductuales en caso de interrupciones no planificadas (por ejemplo, debido a una enfermedad, deterioro, falta de disponibilidad, traslado, interrupción de la financiación, desastre).

(c) Al entrar en relaciones laborales o contractuales, los analistas de conducta prevén una ordenada y adecuada terminación de las responsabilidad derivadas de la provisión de servicios en caso de que la relación laboral o contractual termine, con suma consideración hacia el bienestar del beneficiario final de los servicios.

(d) La interrupción sólo se produce después de que se hayan hecho esfuerzos para una adecuada transición. Los analistas de conducta suspenden una relación profesional cuando el cliente: (1) ya no necesita el servicio, (2) no se beneficia de los servicios, (3) está siendo perjudicado por la continuidad del servicio, o (4) cuando el cliente pide la suspensión del servicio (véase también, *4.11 Finalización del programa de cambio de conducta y del servicio analítico-conductual*).

(e) Los analistas de conducta no abandonan a clientes o a las personas que supervisan. Antes de finalizar el servicio por cualquier motivo, los analistas de conducta valoran las necesidades de servicio, ofrecen adecuados servicios previos a la terminación, sugieren proveedores de servicios alternativos y, si disponen del adecuado consentimiento, tomarán otras medidas razonables para facilitar la transferencia oportuna de la responsabilidad a otro proveedor.

3.0   EVALUACIÓN CONDUCTUAL

Los analistas utilizan técnicas de evaluación analítico-conductuales con fines apropiados dada la investigación actual.

3.01   Evaluación analítico-conductual [RBT]

(a) Los analistas de conducta realizan evaluaciones pertinentes previamente a realizar recomendaciones o a desarrollar programas de cambio de conducta. El tipo de evaluación utilizado es determinado por las necesidades del cliente y el consentimiento de éste, parámetros ambientales y otras variables contextuales. Antes de desarrollar un programa de cambio de conducta, los analistas de conducta deben llevar a cabo una evaluación funcional.
(b) Los analistas de conducta tienen la obligación de recoger y mostrar gráficamente los datos utilizando las convenciones analítico-conductuales de forma que estos permitan tomar decisiones y realizar recomendaciones que permitan el desarrollo del programa de cambio de conducta.

3.02   Consulta médica

Los analistas de conducta recomiendan buscar una opinión médica si existe alguna posibilidad razonable de que el comportamiento en cuestión esté influenciado por variables médicas o biológicas.

3.03   Consentimiento de evaluación analítico-conductual

(a) Antes de la realización de una evaluación, los analistas de conducta deben explicar al cliente los procedimientos a utilizar, quién participará y cómo se usará la información resultante.
(b) Los analistas de conducta deben obtener la aprobación por escrito del cliente de los procedimientos de evaluación antes de su aplicación.

3.04   Explicación de los resultados de la evaluación

Los analistas de conducta explican los resultados de la evaluación utilizando un lenguaje y unas representaciones gráficas de los datos que sean razonablemente comprensibles para el cliente.

3.05   Registro del consentimiento del cliente

Los analistas de conducta obtienen el consentimiento por escrito del cliente antes de obtener o divulgar registros de clientes o de otras fuentes, para fines de evaluación.

4.0   LOS ANALISTAS DE CONDUCTA Y EL PROGRAMA DE CAMBIO DE CONDUCTA

Los analistas de conducta son responsables de todos los aspectos del programa de cambio de conducta desde la conceptualización hasta la aplicación y, en última instancia, la finalización del mismo.

4.01   Consistencia conceptual

Los analistas de conducta diseñan programas de cambio de conducta que son conceptualmente consistentes con los principios analítico-conductuales.

4.02   Implicación de los clientes en la planificación y el consentimiento

Los analistas de conducta implican al cliente en la planificación y el consentimiento de los programas de cambio de conducta.

4.03 Programas de cambio de conducta individualizados

(a) Los analistas de conducta deben adaptar los programas de cambio de conducta a las conductas, variables ambientales, resultados de evaluaciones y objetivos de cada cliente.
(b) Los analistas de conducta no plagian los programas de cambio de conducta de otros profesionales.

4.04 Aprobación de los programas de cambio de conducta

Los analistas de conducta deben obtener la aprobación del cliente por escrito para el programa de cambio de conducta antes de la aplicación de éste o de hacer modificaciones significativas (por ejemplo, cambio en los objetivos, uso de nuevos procedimientos).

4.05 Descripción de los objetivos del programa de cambio de conducta

Los analistas de conducta describen por escrito los objetivos del programa de cambio de conducta al cliente antes de intentar poner en práctica el programa. En la medida en que sea posible, deberá llevarse a cabo un análisis de riesgo-beneficio de los procedimientos que deben aplicarse para alcanzar dichos objetivos. La descripción de los objetivos del programa y los medios por los que van a obtenerse es un proceso continuo a lo largo de la relación cliente-profesional.

4.06 Descripción de las condiciones para el éxito del programa de cambio de conducta

Los analistas de conducta describen al cliente las condiciones ambientales que son necesarias para que el programa de cambio de conducta sea eficaz.

4.07 Condiciones ambientales que interfieren con la aplicación de un programa de cambio de conducta

(a) Si las condiciones ambientales impiden la aplicación de un programa de cambio de conducta, los analistas de conducta recomiendan la asistencia de otro profesional (p.ej., evaluación, consulta o intervención terapéutica por parte de otros profesionales).
(b) Si las condiciones ambientales obstaculizan la aplicación del programa de cambio de conducta, los analistas de conducta intentarán eliminar dichas restricciones ambientales o reflejarán por escrito la dificultad de hacerlo.

4.08 Consideraciones acerca de los procedimientos de castigo

(a) Los analistas de conducta recomiendan el reforzamiento en lugar del castigo siempre que sea posible.
(b) En caso de que un procedimiento de castigo sea necesario, los analistas de conducta siempre incluyen procedimientos de reforzamiento de conductas alternativas en el programa de cambio de conducta.
(c) Antes de la aplicación de procedimientos basados en el castigo, los analistas de conducta se aseguran de que se han tomado las medidas adecuadas para poner en práctica los procedimientos basados en reforzamiento a menos que la gravedad o peligrosidad de la conducta requiera del uso inmediato de procedimientos aversivos.
(d) Los analistas de conducta se aseguran de que los procedimientos aversivos vayan seguidos de un mayor nivel de formación, supervisión y vigilancia. Los analistas de conducta deben evaluar la eficacia de los procedimientos aversivos de manera oportuna y modificar el programa de cambio de conducta si es ineficaz. Los analistas de conducta siempre incluyen un plan para detener el uso de procedimientos aversivos cuando ya no sean necesarios.

4.09 Uso de procedimientos mínimamente restrictivos

Los analistas de conducta revisan y analizan el grado de restrictividad de los procedimientos y siempre recomiendan, de entre los procedimientos que tienen probabilidad de ser eficaces, aquellos que son lo menos restrictivos posible.

4.10   Evitar reforzadores perjudiciales [RBT]

Los analistas de conducta minimizan el uso de elementos que puedan ser perjudiciales para la salud y el desarrollo del cliente como posibles reforzadores, o que pueden requerir operaciones motivadoras intensas para ser eficaz.

4.11   Finalización del programa de cambio conducta y del servicio analítico-conductual

(a) Los analistas de conducta establecen criterios comprensibles y objetivos (es decir, medibles) para la finalización del programa de cambio de conducta y los describen al cliente (véase también, *2.15 (d) Interrupción o suspensión de servicios*).

(b) Los analistas de conducta interrumpen los servicios con el cliente cuando se alcanzan los criterios establecidos para la interrupción, por ejemplo, cuando una serie de objetivos acordados han sido cumplidos (ver también, *2.15(d) Interrupción o suspensión de servicios*).

5.0   LOS ANALISTAS DE CONDUCTA COMO SUPERVISORES

Cuando los analistas de conducta ejercen como supervisores, deben asumir la plena responsabilidad de todas las facetas de esta actividad (véase también, *1.06 Relaciones múltiples y conflictos de intereses, 1.07 Relaciones abusivas, 2.05 Derechos y prerrogativas de los clientes, 2.06 Mantener la Confidencialidad, 2.15 Interrupción o suspensión de servicios, 8.04 Presentaciones y servicios a través de medios de comunicación, 9.02 Características de investigación responsable, 10.05 Conformidad con los estándares de supervisión de la BACB*).

5.01   Competencia de supervisión

Los analistas de conducta supervisan sólo dentro de su ámbito definido de competencia.

5.02   Volumen de supervisión

Los analistas de conducta aceptan solamente un volumen de actividad de supervisión compatible con el mantenimiento de la eficacia apropiada.

5.03   Delegación de las labores de supervisión

(a) Los analistas de conducta delegan en las personas a quienes supervisan sólo las responsabilidades que éstos pueden razonablemente llevar a cabo de manera competente, ética y segura.

(b) Si la persona supervisada no tiene las habilidades necesarias para actuar de forma competente, ética y segura, los analistas de conducta proporcionan las condiciones para que dicha persona adquiera esas habilidades.

5.04   Diseño de actividades de supervisión y formación efectivas

Los analistas de conducta se aseguran de que la supervisión y la formación sean analítico-conductuales, efectivas y éticas, y cumplen con los requisitos necesarios para obtener la licencia, certificación, u otros objetivos definidos.

5.05   Comunicación de las condiciones de supervisión

Los analistas de conducta proporcionan una clara descripción escrita de la finalidad, requisitos, criterios de evaluación, condiciones y términos de supervisión antes del comienzo de la supervisión.

5.06   Proporcionar retroalimentación a las personas supervisadas

(a) Los analistas de conducta diseñan sistemas de retroalimentación y reforzamiento que mejoren el desempeño de la persona supervisada.
(b) Los analistas de conducta proporcionan retroalimentación de forma continua, documentada y oportuna sobre el desempeño de la persona supervisada (véase también, *10.05 Cumplimiento de las normas de la BACB relativas a supervisión y cursos de formación*).

5.07   Evaluación de los efectos de la supervisión

Los analistas de conducta diseñan sistemas para la evaluación continua de sus propias actividades de supervisión.

6.0   RESPONSABILIDAD ÉTICA DE LOS ANALISTAS DE CONDUCTA HACIA LA PROFESIÓN

Los analistas de conducta tienen un compromiso con el análisis de conducta como ciencia y como profesión.

6.01   Principios ^{RBT}

(a) Por encima de cualquier otro tipo de formación profesional, los analistas de conducta defienden y promueven los valores, la ética y los principios del análisis de la conducta como profesión.
(b) Los analistas de conducta tienen la obligación de participar en organizaciones o actividades profesionales y científicas en el campo del análisis de conducta.

6.02   Difusión del análisis de conducta ^{RBT}

Los analistas de conducta promueven el análisis de conducta haciendo que la información sobre el campo profesional esté a disposición del público a través de presentaciones, debates y otros medios.

7.0   RESPONSABILIDAD ÉTICA DE LOS ANALISTAS DE CONDUCTA HACIA SUS COLEGAS

Los analistas de conducta trabajan con colegas dentro de la profesión del análisis de conducta y de otras profesiones y deben ser conscientes de estas obligaciones éticas en todas las situaciones (véase también, *10.0 Responsabilidad ética de los analistas de conducta ante la BACB*).

7.01   Promoción de una cultura ética ^{RBT}

Los analistas de conducta promueven una cultura ética en sus entornos de trabajo y hacen que otros conozcan este Código.

7.02   Infracciones éticas cometidas por otros y riesgo de daño ^{RBT}

(a) Si los analistas de conducta creen que puede haber una infracción legal o ética, primero determinan si existe la posibilidad de daño, una posible infracción legal, una situación que debe ser comunicada obligatoriamente, y si existe un organismo, organización o requisito legal relevante a dicha infracción.
(b) Si se están violando los derechos legales de un cliente, o si existe la posibilidad de causar daño, los analistas de conducta deberán tomar las medidas necesarias para proteger al cliente, incluyendo, pero no limitándose a, ponerse en contacto con las autoridades pertinentes, consultar con los profesionales adecuados, y documentar las acciones realizadas para abordar el asunto.
(c) Si una resolución informal parece apropiada, y no vulnera el derecho a la confidencialidad, los analistas de conducta intentan resolver el problema llamando la atención de la persona en cuestión y documentan las acciones realizadas para abordar el asunto. Si el asunto no se resuelve, los analistas de conducta informan del caso a la autoridad competente (por ejemplo, el empleador, supervisor, autoridad reguladora).
(d) Si el asunto cumple con los requisitos de comunicación obligatoria a la BACB, los analistas de conducta presentarán una queja formal a la BACB (ver también,*10.02 Responder, reportar y actualizar la información aportada a la BACB).*

8.0   DECLARACIONES PÚBLICAS

Los analistas de conducta cumplen con este Código en declaraciones públicas relacionadas con sus servicios profesionales, productos o publicaciones, o con la profesión de analista de conducta. Las declaraciones públicas incluyen, pero no se limitan a, publicidad gratuita o no, folletos, impresos para su uso en medios de comunicación, declaraciones en un procedimiento judicial, conferencias y presentaciones públicas, directorios profesionales, curricula vitae personales, entrevistas en medios de comunicación, redes sociales y publicaciones.

8.01   Evitar declaraciones falsas o engañosas [RBT]

(a) Los analistas de conducta no hacen declaraciones públicas que sean falsas, engañosas, exageradas, o fraudulentas, ya sea debido a lo que afirman, transmiten, o sugieren o por lo que omiten, en relación con su investigación, práctica profesional, u otros trabajos o actividades o sobre las personas u organizaciones con las que están afiliados. Los analistas de conducta presentan como cualificaciones de su trabajo méritos cuyo contenido es principal o exclusivamente de tipo analítico-conductual.

(b) Los analistas de conducta no aplican intervenciones que no sean analítico- conductuales. Los servicios que no son analítico-conductuales sólo pueden ser proporcionados en el marco de una formación que no es analítico-conductual, y por tanto fuera de la formación y acreditación analítico-conductuales. Estos servicios deben distinguirse claramente de las prácticas analítico-conductuales y de las certificaciones de la BACB mediante el uso de la siguiente declaración expresa de renuncia: "Estas intervenciones no son de naturaleza analítico-conductual y no están cubiertas por mi certificación emitida por la BACB". La renuncia debe ser colocada al lado de los nombres y descripciones de todas las intervenciones no analítico-conductuales.

(c) Los analistas de conducta no anuncian servicios no analítico-conductuales como servicios analítico-conductuales.

(d) Los analistas de conducta no identifican servicios no analítico-conductuales como servicios analítico-conductuales en presupuestos, recibos o facturas.

(e) Los analistas de conducta no aplican servicios no analítico-conductuales al amparo de autorizaciones de servicios de naturaleza analítico-conductual.

8.02   Propiedad intelectual [RBT]

(a) Los analistas de conducta obtienen permiso para usar materiales con derechos de autor o marca registrada, según lo requiera la ley. Esto incluye hacer referencia a las marcas o derechos de autor y usar símbolos en los materiales que reconocen la propiedad intelectual de otros.

(b) Los analistas de conducta dan el crédito apropiado a los autores en conferencias, talleres u otras presentaciones.

8.03   Declaraciones de otros [RBT]

(a) Los analistas de conducta que animan a otros realizar o publicar declaraciones que promueven su práctica profesional, productos o actividades, promueven la responsabilidad profesional de dichas declaraciones.

(b) Los analistas de conducta hacen esfuerzos razonables para prevenir que otros a los que no supervisan (por ejemplo, empleadores, editores, patrocinadores, clientes de la organización, y representantes de medios impresos o de difusión) hagan declaraciones engañosas sobre la práctica profesional o actividad científica de los analistas de conducta.

(c) Si los analistas de conducta se enteran de declaraciones engañosas relativas a su trabajo hechas por otros, los harán lo posible por corregir dichas declaraciones.

(d) Un anuncio pagado en relación con las actividades de los analistas de conducta debe ser identificado como tal, a menos que sea evidente por el contexto.

8.04   Presentaciones y servicios a través de medios de comunicación

(a) Los analistas de conducta utilizan los medios electrónicos (por ejemplo, vídeo, e-learning, redes sociales, transmisión electrónica de información) obtienen y mantienen el conocimiento considerando la seguridad y las limitaciones de los medios electrónicos con el fin de adherirse a este Código.

(b) Los analistas de conducta que hacen declaraciones públicas o realizan presentaciones utilizando medios electrónicos no revelan información personal de sus clientes, de las personas a las que supervisan, estudiantes, participantes de investigación u otros destinatarios de sus servicios y que obtuvieron durante el curso de su trabajo, a menos que se haya obtenido el debido consentimiento por escrito.

(c) Los analistas de conducta que realizan presentaciones utilizando medios electrónicos deben de ocultar, siempre que sea posible, la información confidencial relativa a los participantes, de modo que no sean identificables para los demás a fin de no causar daño a los participantes que pudieran ser identificados.

(d) Cuando los analistas de conducta emiten declaraciones públicas, consejos o comentarios por medio de conferencias públicas, manifestaciones, programas de radio o televisión, medios electrónicos, artículos, material enviado por correo u otros medios de comunicación, toman precauciones razonables para asegurar que (1) las declaraciones se basan en la apropiada literatura y en la práctica analítico-conductual, (2) las declaraciones son por lo demás compatibles con este Código, y (3) el consejo o comentario no crea un contrato de servicio con el destinatario.

8.05   Testimonios y publicidad [RBT]

Los analistas de conducta no solicitan o utilizan testimonios sobre los servicios analítico-conductuales de sus actuales clientes para su publicación en sus páginas webs o en cualquier otro material electrónico o impreso. Los testimonios de antiguos clientes deben identificar si son solicitados o espontáneos, incluir una declaración exacta de la relación entre el analista de la conducta y el autor del testimonio y cumplir con todas las leyes aplicables sobre el contenido del testimonio.

Los analistas de conducta pueden anunciar mediante la descripción de los géneros y tipos de servicios basados en la evidencia que proporcionan, la cualificación de su personal y los datos objetivos que hayan acumulado o publicado, de conformidad con las leyes aplicables.

8.06   Requerimiento personal de prestación de servicios

Los analistas de conducta no ofrecen sus servicios, directamente o a través de representantes, sin ser invitados mediante una solicitud personal por parte de usuarios reales o potenciales de los servicios que prestan y quienes, por sus circunstancias particulares, pueden ser vulnerables a influencia indebida. Los servicios de gestión de conducta organizacional o de gestión de rendimiento en el ámbito de la empresa podrán comercializarse a empresas, independientemente de la situación financiera de estas.

9.0   ANALISTAS DE CONDUCTA E INVESTIGACIÓN

Los analistas de conducta diseñan, realizan y publican investigaciones de acuerdo con estándares reconocidos de competencia científica e investigación ética.

9.01   Conformidad con las leyes y reglamentos [RBT]

Los analistas de conducta planean y llevan a cabo la investigación de una manera consistente con todas las leyes y reglamentos, así como con las normas profesionales que rigen la realización de investigaciones. Los analistas de conducta también cumplen con otras leyes y reglamentos aplicables en materia de casos de comunicación obligatoria.

9.02   Características de investigación responsable

(a) Los analistas de conducta realizan investigaciones sólo después de la aprobación de un comité de ética de la investigación independiente y formalmente constituido.

(b) Los analistas de conducta que llevan a cabo una investigación aplicada conjuntamente con la prestación de servicios clínicos o servicios a personas en general deben cumplir con los requisitos tanto de intervención como de investigación en lo que respecta a los participantes implicados y clientes. Cuando la investigación y las necesidades clínicas estén en conflicto, los analistas de conducta priorizan el bienestar del cliente.

(c) Los analistas de conducta realizan investigaciones de manera competente y con la debida preocupación por la dignidad y el bienestar de los participantes.

(d) Los analistas de conducta planean sus investigaciones a fin de minimizar la posibilidad de que los resultados sean engañosos.

(e) Investigadores y asistentes de investigación podrán solo realizar aquellas tareas para las que están debidamente capacitados y preparados. Los analistas de conducta son responsables de la conducta ética de las investigaciones realizadas por los asistentes de investigación o por otras personas bajo su supervisión o vigilancia.

(f) Si una cuestión ética no esta clara, los analistas de conducta tratan de resolver el problema independientemente a través de consultas con el comité de ética, asesoramiento de colegas, u otros mecanismos apropiados.

(g) Los analistas de conducta sólo llevan a cabo investigaciones de manera independiente después de haber realizado con éxito una investigación bajo un supervisor en el contexto de una relación definida (por ejemplo, tesis doctoral, tesis de maestría, proyecto de investigación específico).

(h) Los analistas de conducta que realizan investigaciones toman las medidas necesarias para maximizar los beneficios y minimizar los riesgos en sus clientes, supervisados, participantes de investigación,estudiantes y otras personas con quienes trabajan.

(i) Los analistas de conducta minimizan el efecto de factores personales, económicos, sociales, organizacionales o políticos que podrían conducir a un mal uso de su investigación.

(j) Si los analistas de conducta se enteran de un mal uso o tergiversación de los productos de su trabajo, toman las medidas adecuadas para corregir dicho uso inadecuado o tergiversación.

(k) Los analistas de conducta evitan conflictos de intereses cuando se realiza la investigación.

(l) Los analistas de conducta minimizan la interferencia con los participantes y el entorno en el que se lleva a cabo de investigación.

9.03   Consentimiento informado

Los analistas de conducta informan a los participantes o su tutor o sustituto en un lenguaje comprensible acerca de la naturaleza de la investigación; que son libres de participar, negarse a participar o retirarse de la investigación en cualquier momento sin penalización; y sobre los factores importantes que pueden influir en su voluntad de participar; y responder a cualquier otra pregunta a los participantes puedan tener sobre la investigación.

9.04   Uso de la información confidencial para fines didácticos o de formación

(a) Los analistas de conducta no revelaran información personal de clientes de una organización, participantes de investigación, o de otros destinatarios de sus servicios que obtuvieron durante el curso de su trabajo, a menos que la persona u organización haya dado su consentimiento por escrito o haya otra autorización legal para hacerlo.

(b) Los analistas de conducta ocultan la información confidencial relativa a los participantes, siempre que sea posible, de modo que no sean individualmente identificables por otros y a fin de que la valoración de los resultados de la investigación no causen daño a los participantes.

9.05   Información al término de la investigación

Los analistas de conducta informan al participante sobre los hallazgos del estudio al término de la participación de estos en la investigación.

9.06   Revisiones para revistas o entidades financiadoras

Los analistas de conducta que sirven en comités de revisión de subvenciones o como revisores de manuscritos evitan la realización de cualquier investigación descrita en las propuestas de subvención o manuscritos que revisaron, excepto en replicaciones que reconocen plenamente a los investigadores originales.

9.07   Plagio

(a) Los analistas de conducta citan adecuadamente el trabajo de los demás según corresponda.

(b) Los analistas de conducta no presentan partes o elementos del trabajo o datos de otros como si fuera propio.

9.08   Reconocer contribuciones

Los analistas de conducta reconocen las contribuciones de los demás a la investigación mediante su inclusión como coautores o en una nota al pie sobre contribuciones. La autoría y otros medios de reconocimiento de contribuciones a una publicación reflejarán con precisión las contribuciones científicas o profesionales de los individuos involucrados, independientemente de la jerarquía profesional de estos. Las contribuciones menores a una investigación serán adecuadamente reconocidas en una nota al pie o en una declaración introductoria.

9.09   Precisión y utilización de datos [RBT]

(a) Los analistas de conducta no inventan los datos o falsifican los resultados en sus publicaciones. Si los analistas de conducta descubren errores en sus datos publicados, tomarán medidas para corregir este tipo de errores en una corrección, retracción, fe de erratas u otros medios de publicación apropiadas.
(b) Los analistas de conducta no omiten hallazgos que podrían alterar las interpretaciones de su trabajo.
(c) Los analistas de conducta no publican como datos originales, los datos que se han publicado con anterioridad. Esto no impide publicar datos cuando vayan acompañados de reconocimiento adecuado.
(d) Una vez se publican los resultados de investigación, los analistas de conducta no niegan el acceso a los datos en que se basan sus conclusiones cuando reciben peticiones de profesionales competentes que desean verificar las conclusiones principales a través de reanálisis y que tengan la intención de utilizar dichos datos sólo para ese fin, siempre que la confidencialidad de los participantes se pueda proteger y que los derechos legales relativos a los datos de propiedad intelectual no impidan hacerlo.

10.0   RESPONSABILIDAD ÉTICA DE LOS ANALISTAS DE CONDUCTA ANTE LA BACB

Los analistas de conducta deben adherirse a este Código y todas las reglas y normas de la BACB.

10.01   Información veraz y precisa proporcionada a la BACB [RBT]

(a) Los analistas de conducta sólo proporcionan información veraz y exacta en las solicitudes y documentos presentados a la BACB.
(b) Los analistas de conducta deben asegurarse de que cualquier información inexacta presentada al BACB es corregida inmediatamente.

10.02   Responder, reportar y actualizar la información aportada a la BACB [RBT]

Los analistas de conducta deben cumplir con todos los plazos de la BACB incluyendo, pero sin limitarse a: asegurarse de que la BACB es notificada dentro de los treinta (30) días siguientes a la fecha de cualquiera de los siguientes motivos que pueden afectar a su estado como analista de conducta:

(a) Una infracción de este Código, o investigación disciplinaria, acción o sanción, presentación de cargos, admisión o sentencia de culpabilidad por una agencia gubernamental, organización sanitaria, pagador o institución educativa. Nota de procedimiento: Los analistas de conducta condenados por un delito grave directamente relacionado con la práctica del análisis de conducta y/o la salud pública y la seguridad no serán elegibles para su inclusión en el registro de la BACB, certificarse o re-certificarse por un período de tres (3) años a partir del agotamiento de los recursos judiciales, finalización del periodo de libertad condicional, tercer grado, o reclusión (si han habido penas de privación de libertad), lo que suceda más tarde (véase también, *1.04(d) Integridad*)
(b) Cualquier multa relacionada con la salud o seguridad de los clientes o del público en general, particularmente si el nombre del analista de conducta aparece en el documento sancionador;
(c) Una condición física o mental que pueda menoscabar la capacidad de los analistas de conducta de practicar de manera competente; y
(d) Un cambio de nombre, dirección o correo electrónico.

10.03   Confidencialidad y la propiedad intelectual de la BACB [RBT]

Los analistas de conducta no infringirán los derechos de propiedad intelectual de la BACB, incluyendo, aunque sin limitarse a los derechos de la BACB a los siguientes elementos:

(a) logotipo de la BACB, logotipo de proveedores de formación continua (ACE), certificados, cualificaciones y designaciones, incluyendo, pero sin limitarse a: marcas comerciales, marcas de servicio, marcas de registro y marcas de certificación de propiedad reivindicadas por la BACB (aquí se incluyen marcas que por similitud, puedan inducir a confusión sobre su referencia a la filiación, registro o certificación profesional de la BACB, así como certificados educativos en análisis aplicado de conducta que de forma engañosa sugieren conferir una certificación de carácter nacional;

(b) los derechos de autor de la BACB en obras originales y derivadas, incluyendo, pero sin limitarse a, los derechos de autor de la BACB sobre sus normas, procedimientos, directrices, códigos, listas de tareas y análisis de prácticas profesionales, informes de grupos de trabajo, encuestas; y

(c) preguntas de exámenes de la BACB, bancos de ítems, especificaciones de exámenes, formas de exámenes y hojas de puntuación de exámenes, que son secretos comerciales de la BACB. Los analistas de conducta tienen expresamente prohibido divulgar el contenido de cualquier material de los exámenes de la BACB, independientemente de la forma en que el contenido haya sido transferido una vez tenida noticia de la ocurrencia del acto. Los analistas de conducta denunciarán cualquier sospecha o infracciones y/o acceso no autorizado a contenido del examen y/o cualquier otra vulneración de los derechos de propiedad intelectual de la BACB deberán hacerse saber de forma inmediata a la BACB. Las acciones dirigidas a la resolución informal (ver sección 7.02 (c)) no son necesarias en este caso debido a la obligación de informar de manera inmediata a la BACB.

10.04 Honestidad académica e irregularidades en exámenes ^{RBT}

Los analistas de conducta se adhieren a todas las reglas de la BACB, incluyendo las reglas y procedimientos requeridos por la BACB en los centros de examen aprobados, administradores de examen y vigilantes de exámenes. Los analistas de conducta deben denunciar inmediatamente a la BACB a presuntos infractores de la integridad de un examen y cualesquiera otras irregularidades relacionadas con las administraciones de exámenes. Las irregularidades en los exámenes incluyen, pero no se limitan a, el acceso no autorizado a los exámenes de la BACB o las hojas de respuesta, copiar respuestas, permitir a otros copiar las respuestas, alterar el desarrollo de un examen, falsificar información, méritos de formación o certificaciones profesionales, y proporcionar y/o recibir de forma no autorizada acceso al contenido de los exámenes de la BACB antes, durante o después del examen. Esta prohibición incluye, pero no se limita, al uso o participación en cualquier sitio web no autorizada de preguntas de examen. Si, en cualquier momento, se descubre que un solicitante o persona certificada ha participado en la diseminación no autorizada de información de examen, o se ha beneficiado de ella, las acciones inmediatas podrán incluir la retirada de la opción de realizar el examen, la cancelación de las puntuaciones de examen, o la revocación de la certificación obtenida.

10.05 Cumplimiento de las normas de la BACB relativas a supervisión y cursos de formación ^{RBT}

Los analistas de conducta se aseguran de que cursos (incluyendo los cursos de educación continua), la experiencia supervisada, la formación y evaluación de RBT y la supervisión de BCaBA se llevan a cabo de conformidad con los estándares de la BACB cuando dichas actividades pretenden cumplir con las normas de la BACB (véase también *5.0 Supervisión realizada por analistas de conducta*).

10.06 Familiarizarse con este código

Los analistas de conducta tienen la obligación de estar familiarizados con este Código, otros códigos éticos aplicables, incluyendo, pero sin limitarse a, los requisitos éticos para la obtención de la licencia o colegiación profesional, especialmente si son aplicables al trabajo de los analistas de conducta. La falta de conocimiento o la mala interpretación de una norma ética no constituirá una defensa aceptable ante una acusación por falta de conducta ética.

10.07 Desaconsejar la presentación sesgada del análisis de conducta por parte de personas que no estén certificadas ^{RBT}

Los analistas de conducta denunciarán al colegio u organización profesional oficial competente a quienes, sin estar certificados, registrados, o colegiados, realicen trabajos propios de un analista de conducta. Dicha denuncia se hará extensiva a la BACB si dichas personas expresan información engañosa relativa a las certificaciones de la BACB o a su estatus como portador de una certificación de la BACB.

GLOSARIO

Análisis de riesgo-beneficio Un análisis de riesgo-beneficio es una evaluación deliberada de los riesgos potenciales (p.ej., limitaciones, efectos secundarios, coste) y los beneficios (p.ej., resultados del tratamiento, eficiencia, ahorro) asociados a una determinada intervención. Un análisis de riesgo-beneficio debe concluir en una pauta de acción asociada a la consecución de mayores beneficios que riesgos.

Analista de conducta Analista de conducta se refiere a un individuo que tiene la certificación BCBA o BCaBA, una persona autorizada por la BACB para proporcionar supervisión, o una persona que ha realizado una solicitud completa para obtener la certificación BCBA o BCaBA.

Cliente El cliente se refiere a cualquier receptor o beneficiario de los servicios profesionales prestados por un analista de conducta. El término incluye, pero no se limita a:

(a) El beneficiario directo de los servicios;
(b) El padre, representante legal pariente o tutor legal del destinatario de los servicios;
(c) El empleador, representante de una organización o institución, o la persona que contrata a terceros a fin de obtener servicios analítico-conductuales;y/o
(d) Cualquier otra persona o entidad que sea beneficiario conocido de los servicios o que normalmente deba interpretarse como un "cliente" o"cliente-sustituto".

A efectos de esta definición, el término cliente no incluye a las compañías aseguradoras de terceros o los contribuyentes, a menos que el analista de la conducta preste sus servicios directamente bajo contrato con una compañía de seguros de terceros o entidad pagadora.

Comité ético Un grupo de profesionales cuyo objetivo explícito es revisar las propuestas de investigación para asegurar el tratamiento ético de los participantes en investigación con personas. Pueden ser una entidad oficial de un gobierno o universidad (p.ej., la Junta de Revisión Institucional, Comité de Investigación con Humanos), un comité permanente dentro de una agencia de servicio, o una organización independiente creada para este propósito.

Declaraciones públicas Las declaraciones públicas incluyen, pero no se limitan a, declaraciones remuneradas o pendientes de pago de publicidad, folletos, impresos, directorios profesionales, curricula vitae, entrevistas o comentarios para su uso en los medios de comunicación, en procedimientos judiciales, conferencias y presentaciones públicas, medios de comunicación social y materiales publicados.

Derechos y prerrogativas de los clientes Los derechos y prerrogativas de los clientes se refieren a los derechos humanos, los derechos legales, los derechos codificados en el análisis de conducta, y las reglas y reglamentos organizacionales destinados a beneficiar al cliente.

Estudiante Un estudiante es un individuo matriculado en un centro de formación profesional o universitario. El Código es aplicable a los estudiantes cuando están recibiendo instrucción formal analítico-conductual.

Evaluación funcional La evaluación funcional, también conocida como evaluación funcional de la conducta, se refiere a una categoría de procedimientos utilizados para evaluar formalmente las posibles causas ambientales de la conducta problema. Estos procedimientos incluyen evaluaciones indirectas (p.ej., entrevistas y cuestionarios), la observación directa en el medio natural (p.ej., registros ABC), y el análisis funcional experimental.

Hoja de servicios La hoja de servicios de un cliente incluye, pero no se limita a, planes escritos de cambio de conducta, evaluaciones, gráficos, datos brutos, grabaciones electrónicas, resúmenes de progreso e informes escritos.

Investigación Cualquier actividad basada en datos diseñada para generar conocimiento generalizable para la disciplina, a menudo a través de presentaciones o publicaciones profesionales. El uso de un diseño experimental no constituye de por si una investigación. La presentación profesional o publicación de datos ya recogidos está exenta de los elementos de la sección 9.0 que se refieren a las actividades de investigación futuras (por ejemplo, 9.02(a)). Sin embargo, se aplican a todos los elementos pertinentes restantes de la sección 9.0 (por ejemplo, *9.01 Conformidad con leyes y reglamentos; 9.03 Consentimiento informado*, con respecto al uso de los datos del cliente).

Persona que recibe supervisión La persona que recibe supervisión o *supervisado* es cualquier individuo cuyos servicios analítico-conductuales son revisados por un analista de conducta en el contexto de una relación definida y acordada.

Programa de cambio de conducta El programa de cambio de conducta es un documento formal escrito que describe en detalle tecnológico cada tarea necesaria para alcanzar los objetivos declarados de evaluación y tratamiento.

Relación múltiple Una relación múltiple es aquella en la que el analista de conducta ejerce tanto el rol de analista de conducta como otro rol que no es el de analista de conducta con el cliente, o bien con personas muy próximas o relacionas con el cliente.

Servicios analítico-conductuales Los servicios analítico-conductuales son los que se apoyan explícitamente en los principios y procedimientos de análisis de conducta (es decir, la ciencia de la conducta) y están diseñados para cambiar la conducta de una manera socialmente relevante. Estos servicios incluyen, sin afán de exhaustividad, incluyen los siguientes: tratamiento, evaluación, formación, consultoría, gestión y supervisión de personal, enseñanza y realización de actividades de formación continua.

Código Ético para Analistas de Conducta

A partir de 2022, el *Código Ético para Analistas de conducta* (el Código) guía las actividades profesionales de los analistas de conducta certificados por la BACB (ver *Ámbito de aplicación del Código* más abajo). Esta sección introductoria describe el alcance y la aplicación del Código, sus principios básicos y las consideraciones para la toma de decisiones éticas. Los principios básicos son conceptos fundamentales que deben guiar todos los aspectos del trabajo de un analista de conducta. Las normas éticas se basan en estos principios fundamentales y están organizadas en seis secciones: 1) Responsabilidad como profesional, 2) Responsabilidad relacionadas con la práctica profesional, 3) Responsabilidad antes los clientes y las partes interesadas, 4) Responsabilidad hacia estudiantes supervisados y aprendices, 5) Responsabilidad en declaraciones públicas y 6) Responsabilidad en investigación. Se aporta un glosario de los términos claves utilizados en las normas éticas a continuación de estas.

Ámbito de aplicación del Código

El Código se aplica a todas las personas que tengan la certificación BCBA® o BCaBA® y a todas las personas que hayan realizado una solicitud para la obtención de dichas certificaciones. En aras de la eficiencia, el término "analista de conducta" se utiliza a lo largo de este documento para referirse a aquellos que deben actuar de acuerdo con el Código. La BACB no tiene jurisdicción sobre organizaciones o empresas.

El Código se aplica a los analistas de conducta en todas sus actividades profesionales, incluyendo la prestación directa de servicios, consulta, supervisión, formación, gestión, actividades editoriales y de revisión por pares, investigación y cualquier otra actividad que se encuentre dentro del ámbito de la profesión de analista de conducta. El Código se aplica a las actividades profesionales de los analistas de conducta en todos los entornos y modos de prestación de servicios (p.ej., en persona, por escrito, por teléfono, correo electrónico, mensaje de texto, videoconferencia). La aplicación del Código no se extiende al comportamiento personal de los analistas de conducta, a menos que se determine que dicho comportamiento supone claramente un riesgo potencial para la salud y la seguridad de los clientes, las partes interesadas, los estudiantes supervisados o los aprendices.

Principios básicos

Cuatro principios fundamentales, que todos los analistas de conducta deben esforzarse por encarnar, sirven de marco para las normas éticas. Los analistas de conducta deben utilizar estos principios para interpretar y aplicar los estándares del Código. Los cuatro principios fundamentales son: favorecer a otras personas; tratar a los demás con compasión, dignidad y respeto; comportarse con integridad; y asegurar la propia competencia.

1. Favorecer a los demás. Los analistas de conducta trabajan maximizando el efecto positivo que tienen en otros y evitan hacer daño:

- Proteger el bienestar y los derechos de los clientes por encima de todo.
- Proteger el bienestar y los derechos de otras personas con las que se relacionan en el ámbito profesional.
- Centrarse en los efectos a corto y largo plazo de sus actividades profesionales
- Identificar y abordar activamente las posibles repercusiones negativas de su propia salud física y mental en sus actividades profesionales.
- Identificar activamente los conflictos de intereses potenciales y reales y trabajar para resolverlos de manera que se evite o minimice el daño.
- Identificar y abordar activamente los factores (p.ej., personales, económicos, institucionales, políticos, religiosos, culturales) que puedan dar lugar a conflictos de intereses, a un mal uso de su posición o a un impacto negativo en sus actividades profesionales.
- Colaborar de forma eficaz y respetuosa con los demás priorizando el interés de las personas con las que se trabaja y anteponiendo siempre los intereses de los clientes.

2. Tratar a los demás con compasión, dignidad y respeto. Los analistas de conducta se comportan con los demás con compasión, dignidad y respeto:

- Tratar a los demás de forma equitativa, independientemente de factores como edad, discapacidad, origen étnico, expresión/identidad de género, estatus migratorio, l estado civil, origen nacional, raza, religión, orientación sexual, nivel socioeconómico o cualquier otro que prohíba la ley.
- Respetar la privacidad y la confidencialidad de los demás.
- Respetar y promover activamente la autodeterminación de los clientes en la medida de sus posibilidades, especialmente cuando se prestan servicios a poblaciones vulnerables.
- Reconocer que la elección personal en la prestación de servicios es importante, proporcionando a los clientes y las partes interesadas la información necesaria para que tomen decisiones informadas en relación a los servicios.

3. Comportarse con integridad. Los analistas de conducta cumplen con sus responsabilidades ante sus comunidades científicas y profesionales de referencia, ante la sociedad en general y ante las comunidades a las que sirven:

- Comportarse de forma honesta y fiable.
- No falsear su imagen, ni tergiversar su trabajo o el de otros, ni cometer fraude
- Cumplir las obligaciones.
- Responsabilizarse de su trabajo y del de sus estudiantes supervisados y aprendices, y corregir errores a tiempo.
- Conocer y cumplir los requisitos de la BACB y otras normativas.
- Trabajar activamente para crear entornos profesionales que defiendan los principios y normas fundamentales del Código.
- Educar respetuosamente a los demás sobre los requisitos éticos de los analistas de conducta y los mecanismos para abordar la mala conducta profesional.
- Asegurar su propia competencia. Los analistas de conducta garantizan su competencia mediante: manteniéndose dentro del ámbito de la profesión, manteniéndose al día y aumentando sus conocimientos sobre las mejores prácticas y los avances en ABA y participando en actividades de desarrollo profesional, siendo conocedor de las intervenciones disponibles en su área de práctica profesional (incluidas las pseudocientíficas) y que puedan causar daño a los clientes.
- Ser consciente de los límites de su competencia, trabajar dentro de ellos y evaluarlos continuamente.
- Esforzarse por aumentar continuamente sus conocimientos y habilidades sobre la diversidad cultural de sus clientes y sobre la atención a la diversidad.

Aplicación del Código

Se espera que los analistas de conducta conozcan y cumplan el Código y los Procedimientos de Aplicación del Código. La falta de conocimiento o la incomprensión de una norma ética no es una defensa válida ante presunta infracción ética. Cuando sea apropiado, los analistas de conducta deben informar a otros sobre el Código y los Procedimientos de Aplicación del Código y crear condiciones que fomenten la adhesión al Código. Cuando aborden posibles infracciones del código propias o de otros, los analistas de conducta deben documentar los pasos dados y los resultados obtenidos. Los analistas de conducta deben abordar los casos de mala conducta profesional por parte de otros directamente con los implicados cuando, después de evaluar la situación, parezca posible que al hacerlo resuelva el problema y no se ponga al analista de conducta o a otros en un riesgo indebido.

La BACB reconoce que los analistas de conducta pueden tener diferentes funciones profesionales. Como tal, los analistas de conducta están obligados a cumplir con todas las leyes aplicables, los requisitos relativos a licencias o colegiaciones profesionales, los códigos de conducta o ética, las condiciones bajo las cuales deben notificar o denunciar un caso (p.ej., reportar informaciones sujetas a notificación obligatoria, presentar informes a financiadores u organizaciones profesionales), y los requisitos de la práctica profesional relacionados con sus diversas funciones. En algunos casos, los analistas de conducta pueden tener que informar de problemas graves a las autoridades u organismos pertinentes que pueden suponer un alivio o protección más inmediatos antes de informar a la BACB (p.ej., actividades delictivas o comportamientos que ponen a los clientes o a otras personas a riesgo de sufrir daño directo e inmediato deben denunciarse inmediatamente a las autoridades pertinentes antes de informar a la BACB o una organización profesional o colegial).

Las normas incluidas en el Código no pretenden ser exhaustivas, ya que es imposible prever todas las situaciones que podrían constituir a una infracción ética. Por lo tanto, la ausencia de un determinado comportamiento o tipo de conducta en las normas del Código no indica que dicho comportamiento o conducta sea ético o no. A la hora de interpretar y aplicar una norma, es fundamental prestar atención a su redacción y función específicas, así como a los principios fundamentales. Además, las normas deben aplicarse a una situación utilizando un enfoque funcional y contextualizado que tenga en cuenta los factores relevantes para esa situación, como las variables relacionadas con la diversidad (p.ej., edad, discapacidad, etnia, expresión/identidad de género, estatus migratorio, estado civil, origen nacional, raza, religión, orientación sexual, estado socioeconómico) o desequilibrios de poder. En todos los casos de interpretación y aplicación del Código, los analistas de conducta deben anteponer el cumplimiento de la ley y los intereses de los clientes, trabajando activamente por maximizar los resultados deseados y minimizar los riesgos.

Toma de decisiones éticas. Es probable que los analistas de conducta se encuentren con dilemas éticos complejos que tengan múltiples ramificaciones. Cuando se enfrentan a un dilema de este tipo, los analistas de conducta deben identificar los problemas y las soluciones con cuidado después de deliberar detenidamente. Al resolver un dilema ético, los analistas de conducta deben seguir el espíritu y la letra de los principios básicos y los estándares específicos del Código. Los analistas de conducta deben abordar los dilemas éticos a través de un proceso estructurado de toma de decisiones que considere el contexto completo de la situación y la función de los estándares éticos relevantes. Aunque ningún proceso de toma de decisiones éticas será igualmente eficaz en todas las situaciones, el proceso que se presenta a continuación ilustra un enfoque sistemático que el analista de conducta puede adoptar para documentar y abordar posibles problemas éticos.

A lo largo de los pasos siguientes, documente la información que pueda ser esencial para la toma de decisiones o para informar acerca de los pasos que se han dado y los resultados de estos (p.ej., a la BACB, a organizaciones profesionales o colegiales, o entidades gubernamentales). Por ejemplo, considere la posibilidad de documentar fechas, horas, lugares y personas pertinentes; resúmenes de las observaciones, reuniones o la información comunicada por parte de otros. Tenga cuidado de proteger la confidencialidad en la preparación y el almacenamiento de toda la documentación.

1. Definir claramente el problema y considerar el riesgo potencial de daño a los individuos relevantes.
2. Identificar a todas las personas relevantes.
3. Reunir la documentación de apoyo pertinente y hacer un seguimiento de informaciones obtenida de terceros para confirmar que existe un problema ético real.
4. Considerar su historial personal de aprendizaje y sus prejuicios en el contexto de las personas pertinentes.
5. Identificar los principios básicos pertinentes y las normas del Código.
6. Consultar los recursos disponibles (p.ej., investigaciones, modelos de toma de decisiones, colegas de confianza).
7. Desarrollar varias acciones posibles para reducir o eliminar el riesgo de daño, priorizando el interés de los clientes de acuerdo con el Código y las leyes aplicables.
8. Evaluar críticamente cada posible acción teniendo en cuenta su adherencia a la "letra y el espíritu" del Código, su impacto potencial en el cliente y las partes interesadas, la probabilidad de que resuelva inmediatamente el problema ético, así como variables como la preferencia del cliente, aceptabilidad social, grado de restrictividad asociado a dicha acción y probabilidad de mantenerla en el tiempo.
9. Seleccionar la acción que parezca resolver con mayor probabilidad el problema ético específico y reducir la probabilidad de que surjan problemas similares en el futuro.
10. Adoptar la acción seleccionada en colaboración con las personas afectadas por el problema y documentar las acciones específicas adoptadas, los pasos siguientes acordados, los nombres de las personas pertinentes y las fechas de vencimiento.
11. Evaluar los resultados para asegurarse de que la acción aborda el problema con éxito.

CONTENIDOS

Sección 1 Responsabilidad como profesional
1.01 Ser veraz
1.02 Cumplir de los requisitos legales y profesionales
1.03 Responsabilidad
1.04 Ejercer en el contexto de una función definida
1.05 Ejercer dentro del ámbito de competencia
1.06 Mantener la competencia
1.07 Diversidad y sensibilidad a factores culturales
1.08 No discriminación
1.09 No acoso
1.10 Conciencia de prejuicios y limitaciones personales
1.11 Relaciones múltiples
1.12 Dar y recibir regalos
1.13 Relaciones coercitivas y de explotación
1.14 Relaciones románticas y sexuales
1.15 Respuesta a solicitudes
1.16 Declaración obligatoria de información crítica

Sección 2 Responsabilidades relacionadas con la práctica profesional
2.01 Proporcionar un tratamiento eficaz
2.02 Puntualidad
2.03 Protección de información confidencial
2.04 Divulgación de información confidencial
2.05 Protección y conservación de la documentación
2.06 Exactitud en la facturación de servicios y en los informes
2.07 Honorarios
2.08 Comunicación sobre los servicios
2.09 Participación de los clientes y las partes interesadas
2.10 Colaboración con otros colegas
2.11 Obtención del consentimiento informado
2.12 Consideración de necesidades médicas
2.13 Selección, diseño y realización de evaluaciones
2.14 Selección, diseño y realización de intervenciones de cambio de conducta
2.15 Minimizar el riesgo de las intervenciones de cambio de conducta
2.16 Descripción de las intervenciones de cambio de conducta antes de su realización
2.17 Recogida y uso de datos
2.18 Evaluación continua de la intervención de cambio de conducta
2.19 Abordar las condiciones que interfieren con la prestación de servicios

Sección 3 Responsabilidad ante los clientes y las partes interesadas
3.01 Responsabilidad ante los clientes
3.02 Identificación de las partes interesadas
3.03 Aceptación de clientes
3.04 Contrato de servicios
3.05 Acuerdos económicos
3.06 Consulta con otros proveedores
3.07 Contratación de servicios por terceros
3.08 Responsabilidad ante el cliente en contratos de servicios contratados por terceros
3.09 Comunicación con las partes interesadas en servicios contratados por terceros

3.10	Limitaciones a la confidencialidad
3.11	Documentar la actividad profesional
3.12	Abogar por los servicios adecuados
3.13	Derivación de clientes
3.14	Facilitar la continuidad de los servicios
3.15	Interrumpir adecuadamente los servicios
3.16	Transición adecuada de los servicios

Sección 4 - Responsabilidad hacia estudiantes supervisados y aprendices
4.01	Cumplimiento de los requisitos de supervisión
4.02	Competencia de supervisión
4.03	Volumen de supervisión
4.04	Responsabilidad en la supervisión
4.05	Mantenimiento de la documentación relativa al proceso de supervisión
4.06	Proporcionar supervisión y formación
4.07	Incorporar y reconocer la diversidad
4.08	Control del rendimiento y retroalimentación
4.09	Delegación de tareas
4.10	Evaluar los efectos de la supervisión y la formación
4.11	Facilitar la continuidad de la supervisión
4.12	Terminar adecuadamente la supervisión

Sección 5 Responsabilidad en declaraciones públicas

5.01	Protección de los derechos de clientes, partes interesadas, estudiantes supervisados y aprendices
5.02	Confidencialidad en las declaraciones públicas
5.03	Declaraciones públicas de analistas de conducta
5.04	Declaraciones públicas de terceros
5.05	Uso de la propiedad intelectual
5.06	Publicidad de servicios no conductuales
5.07	Solicitar testimonios a clientes actuales con fines publicitarios
5.08	Utilización de testimonios de antiguos clientes con fines publicitarios
5.09	Utilización de testimonios con fines no publicitarios
5.10	Redes sociales y páginas web
5.11	Utilización de contenidos digitales en declaraciones públicas

Sección 6. Responsabilidad en investigación
6.01	Cumplimiento de las leyes y reglamentos en la investigación
6.02	Revisión de la investigación
6.03	Investigación durante la prestación de servicios
6.04	Consentimiento informado e investigación
6.05	Confidencialidad en la investigación
6.06	Competencia en la realización de investigaciones
6.07	Conflicto de intereses al investigar y publicar
6.08	Reconocimiento de contribuciones
6.09	Plagio
6.10	Documentación y conservación de datos en investigación
6.11	Exactitud y uso de los datos

SECCIÓN 1. RESPONSABILIDAD COMO PROFESIONAL

1.01 Ser veraz

Los analistas de conducta son veraces y organizan el entorno profesional para promover un comportamiento veraz en los demás. No crean situaciones profesionales que den lugar a que otros tengan un comportamiento fraudulento o ilegal o que infrinja el Código. También proporcionan información veraz y precisa a todas las entidades requeridas (p.ej., la BACB, colegios oficiales u otras autoridades profesionales, financiadores) y a los individuos (p.ej., clientes, partes interesadas, estudiantes supervisados, aprendices), y corrigen manifestaciones no veraces o inexactas tan pronto como tienen conocimiento de ellas.

1.02 Cumplir con los requisitos legales y profesionales

Los analistas de conducta siguen la ley y los requisitos de su comunidad profesional (p.ej., BACB, colegios oficiales u otras autoridades profesionales).

1.03 Responsabilidad

Los analistas de conducta son responsables de sus acciones y servicios profesionales, y cumplen sus compromisos laborales. Cuando se producen errores o no se pueden cumplir los compromisos, los analistas de conducta adoptan todas las medidas oportunas para resolverlos directamente, priorizando el interés de los clientes y luego en el de otras partes interesadas.

1.04 Ejercer en el contexto de una función definida

Los analistas de conducta sólo prestan servicios tras definir y documentar por escrito su función profesional con las partes pertinentes.

1.05 Ejercer dentro del ámbito de competencia

Los analistas de conducta sólo ejercen dentro de su ámbito de competencia explícitamente indicado. Se involucran en actividades profesionales en áreas nuevas (p.ej., nuevas poblaciones clínicas o procedimientos) sólo después de realizar y documentar la formación, experiencia supervisada, consulta y/o co-tratamiento con profesionales competentes en la nueva área de manera apropiada. En caso contrario, derivan o transfieren los servicios a un profesional adecuado.

1.06 Mantener la competencia

Los analistas de conducta participan activamente en actividades de desarrollo profesional para mantener y mejorar su competencia profesional. Las actividades de desarrollo profesional incluyen: la lectura de literatura relevante, la asistencia a conferencias y convenciones, la participación en talleres y otras actividades formativas, la realización de cursos universitarios, la recepción formación, consulta, supervisión o tutoría; y la obtención y mantenimiento de las credenciales profesionales apropiadas.

1.07 Diversidad y sensibilidad a factores culturales

Los analistas de conducta participan activamente en actividades de desarrollo profesional para adquirir conocimientos y habilidades relacionados con la sensibilidad cultural y la atención a la diversidad. Evalúan sus propios prejuicios y su capacidad para atender las necesidades de las personas con diversas necesidades o antecedentes (p.ej., edad, discapacidad, etnia, expresión/identidad de género, estatus migratorio, estado civil, origen nacional, raza, religión, orientación sexual, estado socioeconómico). Los analistas de conducta también evalúan los prejuicios de sus estudiantes supervisados y aprendices, así como la capacidad de sus estudiantes supervisados y aprendices para atender las necesidades de personas con diversas necesidades o características personales.

1.08 No discriminación

Los analistas de conducta no discriminan a los demás. Se comportan con los demás de forma equitativa e inclusiva, independientemente de la edad, la discapacidad, el origen étnico, la expresión/identidad de género, el estatus migratorio, el estado civil, el origen nacional, la etnia, la religión, la orientación sexual, el estatus socioeconómico o cualquier otra consideración que prohibida la ley.

1.09   No acoso

Los analistas de conducta no acosan u hostigan a los demás.

1.10   Conciencia de prejuicios y limitaciones personales

Los analistas de conducta son conscientes de que sus prejuicios o limitaciones personales (p.ej., condiciones de salud mental o física, restricciones de tipo legal, económica, marital/relacional) pueden interferir con la eficacia de su trabajo profesional. Los analistas de conducta toman las medidas apropiadas para resolver estas interferencias, asegurando que su trabajo profesional no se vea comprometido y documentan todas las acciones tomadas en estas circunstancias y los posibles efectos de las mismas.

1.11   Relaciones múltiples

Dado que las relaciones múltiples pueden dar lugar a un conflicto de intereses que podría perjudicar a una o más partes, los analistas de conducta evitan entablar o crear relaciones múltiples, incluidas relaciones profesionales, personales y familiares con clientes y colegas. Los analistas de conducta comunican los riesgos de las relaciones múltiples a las personas pertinentes y vigilan continuamente el desarrollo de las mismas. Si surgen relaciones múltiples, los analistas de conducta toman las medidas adecuadas para resolverlas. Cuando no es posible resolver inmediatamente una relación múltiple, los analistas de conducta desarrollan salvaguardas apropiadas para identificar y evitar conflictos de intereses en cumplimiento del Código y desarrollan un plan para resolver adecuadamente la relación múltiple. Los analistas de conducta documentan todas las acciones tomadas en estas circunstancias y los posibles efectos de las mismas.

1.12   Dar y recibir regalos

Dado que el intercambio de regalos puede dar lugar a conflictos de intereses y a relaciones múltiples, los analistas de conducta no dan ni aceptan regalos de clientes, partes interesadas, estudiantes supervisados o aprendices con un valor monetario superior a 10 dólares estadounidenses (o el equivalente en otras divisas). Los analistas de conducta informan a los clientes y a las partes interesadas de este requisito al inicio de la relación profesional. Un regalo es aceptable si es una expresión puntual de gratitud y no supone un beneficio económico para el receptor. Los casos en los que se dan o aceptan regalos de manera continua o acumulada pueden llegar a infringir esta norma si los regalos se convierten en una fuente de ingresos o valor esperada de forma regular por el receptor.

1.13   Relaciones coercitivas y de explotación

Los analistas de conducta no abusan de su poder o autoridad coaccionando o explotando a las personas sobre las que tienen autoridad (p.ej., de evaluación, de supervisión).

1.14   Relaciones románticas y sexuales

Los analistas de conducta no mantienen relaciones románticas o sexuales con clientes actuales, partes interesadas, aprendices o estudiantes supervisados, ya que dichas relaciones suponen un riesgo sustancial de aparición de conflictos de intereses y pueden deteriorar la imparcialidad de juicio del analista de conducta. Los analistas de conducta no mantienen relaciones románticas o sexuales con antiguos clientes o partes interesadas durante un mínimo de dos años desde la fecha de finalización de la relación profesional. Los analistas de conducta no entablan relaciones románticas o sexuales con antiguos estudiantes supervisados o aprendices hasta que las partes puedan documentar que la relación profesional ha terminado (es decir, la finalización de todos los deberes profesionales). Los analistas de conducta no aceptan como estudiantes supervisados o aprendices a personas con las que hayan tenido una relación romántica o sexual anteriormente hasta que hayan pasado al menos seis meses desde que la relación haya terminado.

1.15   Respuesta a solicitudes

Los analistas de conducta se esfuerzan por responder a las solicitudes de información y cumplir con los plazos de las personas pertinentes (p.ej., clientes, partes interesadas, estudiantes supervisados, aprendices) y entidades (p.ej., BACB, colegios oficiales y otras autoridades profesionales, financiadores). También cumplen con los requisitos pertinentes (p.ej., atestados y declaraciones juradas, comprobación de antecedentes penales) impuestos por la BACB, empleadores o entidades gubernamentales.

1.16   Declaración obligatoria de información crítica

Los analistas de conducta conocen y cumplen todos los requerimientos de declaración obligatoria de las entidades pertinentes (p.ej., BACB, colegios oficiales y otras autoridades profesionales, financiadores).

SECCIÓN 2. RESPONSABILIDADES RELACIONADAS CON LA PRÁCTICA PROFESIONAL

2.01   Proporcionar un tratamiento eficaz

Los analistas de conducta dan prioridad a los derechos y necesidades de los clientes en la prestación de servicios. Proporcionan servicios que son conceptualmente consistentes con los principios conductuales, basados en la evidencia científica y diseñados para maximizar los resultados deseados y proteger de cualquier daño a clientes, partes interesadas, estudiantes supervisados, aprendices y participantes de investigación. Los analistas de conducta aplican servicios no conductuales con sus clientes sólo si tienen la formación requerida, la capacitación formal y las credenciales profesionales para prestar dichos servicios.

2.02   Puntualidad

Los analistas de conducta prestan servicios y llevan a cabo sus responsabilidades administrativas relacionadas con el servicio que prestan siendo puntuales y respetando los plazos de manera adecuada.

2.03   Protección de información confidencial

Los analistas de conducta toman las medidas adecuadas para proteger la confidencialidad de los clientes, las partes interesadas, los estudiantes supervisados, los aprendices y los participantes de investigación; evitan que se comparta información confidencial de forma accidental o inadvertida; y cumplen con los requisitos de confidencialidad aplicables (p.ej., leyes, reglamentos, normas internas). El ámbito de la confidencialidad incluye la prestación de servicios (p.ej., en persona, mediante teleasistencia, o a través de sesiones grabadas); la documentación y los datos; y la comunicación verbal, escrita o electrónica.

2.04   Divulgación de información confidencial

Los analistas de conducta sólo comparten información confidencial sobre clientes, partes interesadas, estudiantes supervisados, aprendices o participantes de investigaciones (1) cuando se obtenga el consentimiento informado; (2) cuando se intente proteger al cliente o a otros de cualquier daño; (3) cuando se intente resolver cuestiones contractuales; (4) cuando se intente prevenir un delito que tenga una probabilidad razonable de causar daño físico, mental o económico a otros; o (5) cuando se vea obligado a hacerlo por ley o por una orden judicial. Cuando los analistas de conducta están autorizados a hablar de información confidencial con un tercero, sólo comparten la información crítica para el fin de la comunicación.

2.05   Protección y conservación de la documentación

Los analistas de conducta conocen y cumplen todos los requisitos aplicables (p.ej., las normas de la BACB, las leyes, los reglamentos, los contratos, los requisitos de los financiadores y de las organizaciones) para almacenar, transportar, conservar y destruir la documentación física y electrónica relacionada con sus actividades profesionales. Destruyen la documentación física después de hacer copias electrónicas o resúmenes de datos (p.ej., informes y gráficos) sólo cuando lo permiten los requisitos aplicables. Cuando un analista de conducta deja una organización, estas responsabilidades permanecen en la organización.

2.06 Exactitud en la facturación de servicios y en los informes

Los analistas de conducta identifican sus servicios con precisión e incluyen toda la información requerida en los informes, facturas, solicitudes de pago y recibos. No aplican ni facturan servicios no conductuales bajo una autorización o contrato de servicios conductuales. Si se descubren inexactitudes en la presentación de informes o en la facturación, informan a todas las partes pertinentes (p.ej., organizaciones, colegios oficiales u otras autoridades profesionales, financiadores), corrigen la inexactitud de manera oportuna y documentan todas las medidas adoptadas bajo estas circunstancias y los posibles efectos de las mismas.

2.07 Honorarios

Los analistas de conducta establecen sus honorarios y comparten la información relativa a los mismos de acuerdo con las leyes y normativas aplicables. No falsean sus honorarios. En situaciones en las que los analistas de conducta no son directamente responsables de los honorarios, deben comunicar estos requisitos a la parte responsable y tomar medidas para resolver cualquier inexactitud o conflicto. Documentan todas las acciones emprendidas en esta circunstancia y los eventuales resultados.

2.08 Comunicación relativas a los servicios

Los analistas de conducta utilizan un lenguaje comprensible en todas las comunicaciones con los clientes, las partes interesadas, los estudiantes supervisados, los aprendices y los participantes de investigación, y se aseguran de que sus comunicaciones han sido entendidas. Antes de prestar servicios, describen claramente el alcance de los mismos y especifican las condiciones bajo las que finalizarán. Explican todos los procedimientos de evaluación e intervención antes de aplicarlos y explican los resultados de la evaluación y la intervención cuando están disponibles. Proporcionan información precisa y actualizada de sus credenciales y una descripción de su área de competencia cuando se les solicita.

2.09 Participación de los clientes y las partes interesadas

Los analistas de conducta se esfuerzan por involucrar a los clientes y a las partes interesadas a lo largo de la relación de servicio, incluyendo la selección de objetivos, la selección y el diseño de evaluaciones e intervenciones de cambio de conducta, y la realización de un seguimiento continuo de los avances del cliente.

2.10 Colaboración con otros colegas

Los analistas de conducta colaboran con colegas de su propia profesión y de otras priorizando el interés de los clientes y las partes interesadas. Los analistas de conducta abordan los conflictos priorizando, siempre que sea posible, el interés del cliente. Los analistas de conducta documentan todas las acciones tomadas en estas circunstancias y los posibles efectos de las mismas.

2.11 Obtención del consentimiento informado

Los analistas de conducta son responsables de conocer y cumplir con todas las condiciones en las que se les exige obtener el consentimiento informado de los clientes, las partes interesadas y los participantes de investigación (p.ej., antes de la aplicación inicial de evaluaciones o intervenciones de cambio de conducta, cuando se realizan cambios sustanciales en las intervenciones, cuando se intercambian o revelan informaciones o registros confidenciales). Son responsables de explicar, obtener, volver a obtener y documentar el consentimiento informado requerido. Son responsables de obtener el consentimiento de los clientes, cuando proceda.

2.12 Consideración de necesidades médicas

Los analistas de conducta se aseguran, en la medida de sus posibilidades, de que se evalúen y aborden las necesidades médicas del cliente si existe una probabilidad razonable de que una conducta de interés esté influida por variables médicas o biológicas. Documentan las derivaciones hechas a profesionales médicos y hacen un seguimiento del cliente después de hacer la derivación.

2.13   Selección, diseño y realización de evaluaciones

Antes de seleccionar o diseñar las intervenciones de cambio de conducta, los analistas de conducta seleccionan y diseñan evaluaciones que sean conceptualmente coherentes con los principios conductuales, que se basen en la evidencia científica y que satisfagan óptimamente las diversas necesidades, el contexto y los recursos del cliente y de las partes interesadas. Seleccionan, diseñan y aplican las evaluaciones centrándose en maximizar los beneficios y minimizar el riesgo de daño para el cliente y las partes interesadas. Resumen los procedimientos y los resultados por escrito.

2.14   Selección, diseño y realización de intervenciones de cambio de conducta

Los analistas de conducta seleccionan, diseñan y aplican intervenciones de cambio de conducta que (1) sean conceptualmente coherentes con los principios conductuales; (2) se basen en pruebas científicas; (3) se basen en los resultados de la evaluación; (4) prioricen los procedimientos de reforzamiento positivo; y (5) satisfagan mejor las diversas necesidades, el contexto y los recursos del cliente y de las partes interesadas. Los analistas de conducta también tienen en cuenta los factores pertinentes (p.ej., riesgos, beneficios, efectos secundarios, preferencias del cliente y de las partes interesadas, eficacia de la intervención, costes), y diseñan y aplican las intervenciones de cambio de conducta para producir resultados que tengan una adecuada probabilidad de mantenerse bajo condiciones naturalizadas. Resumen los procedimientos de la intervención de cambio de conducta por escrito (p.ej., un plan de conducta).

2.15   Minimizar el riesgo de las intervenciones de cambio de conducta

Los analistas de conducta seleccionan, diseñan y aplican las intervenciones de cambio de conducta (incluyendo la selección y el uso de consecuencias) centrándose en minimizar el riesgo de daño para el cliente y las partes interesadas. Recomiendan y aplican procedimientos restrictivos o basados en el castigo sólo después de demostrar que los resultados deseados no se han obtenido utilizando medios menos intrusivos, o cuando se determina por un equipo de intervención existente que el riesgo de daño para el cliente supera el riesgo asociado con la intervención de cambio de conducta. Cuando se recomiendan y aplican procedimientos restrictivos o basados en el castigo, los analistas de conducta cumplen con cualquier proceso de revisión que sea requerido (p.ej., los de un comité de ética). Los analistas de conducta deben evaluar y documentar continuamente la eficacia de los procedimientos restrictivos o basados en el castigo y modificar o interrumpir la intervención de cambio de conducta de manera oportuna si no es efectiva.

2.16   Descripción de las intervenciones de cambio de conducta antes de su realización

Antes de su puesta en práctica, los analistas de conducta describen por escrito los objetivos y procedimientos de la intervención de cambio de conducta, los plazos previstos y el procedimiento previsto para su revisión continua. Proporcionan esta información y explican a las partes interesadas y al cliente las condiciones ambientales necesarias para la realización efectiva de la intervención de cambio de conducta (cuando proceda). También dan explicaciones cuando modifican las intervenciones de cambio de conducta existentes o introducen otras nuevas y obtienen el consentimiento informado según proceda.

2.17   Recogida y uso de datos

Los analistas de conducta garantizan activamente la selección adecuada y la correcta aplicación de los procedimientos de recogida de datos. Representan gráficamente, resumen y utilizan los datos para tomar decisiones sobre la continuación, modificación o finalización de los servicios.

2.18   Evaluación continua de la intervención de cambio de conducta

Los analistas de conducta realizan un seguimiento y evaluación continuos de las intervenciones de cambio de conducta. Si los datos indican que no se están obteniendo los resultados deseados, evalúan activamente la situación y toman las medidas correctivas adecuadas. Cuando a un analista de conducta le preocupa que los servicios prestados simultáneamente por otro profesional estén afectando negativamente a la intervención de cambio de conducta, el analista de conducta toma las medidas adecuadas para revisar y abordar el problema con el profesional implicado.

2.19 Abordar las condiciones que interfieren con la prestación de servicios

Los analistas de conducta identifican y abordan activamente las condiciones del entorno (p.ej., el comportamiento de otros, peligros para el cliente o el personal, interrupciones del servicio) que pueden interferir o impedir la prestación de servicios. En tales situaciones, los analistas de conducta eliminan o minimizan dichas condiciones, identifican posibles modificaciones efectivas de la intervención y/o consideran obtener o recomendar la asistencia de otros profesionales. Los analistas de conducta documentan dichas condiciones, las medidas adoptadas y los resultados finales.

SECCIÓN 3 - RESPONSABILIDAD ANTE LOS CLIENTES Y LAS PARTES INTERESADAS

3.01 Responsabilidad ante los clientes (véase 1.03, 2.01)

Los analistas de conducta actúan priorizando el interés del cliente, tomando las medidas adecuadas para apoyar los derechos de estos, maximizar los efectos favorables de los que se benefician e impedir cualquier daño que pudieran sufrir. También conocen y cumplen las leyes y normativas aplicables relacionados con los requisitos de notificación obligatoria.

3.02 Identificación de las partes interesadas

Los analistas de conducta identifican a las partes interesadas cuando prestan servicios. Cuando hay varias partes interesadas (p.ej., padres o representante legal, maestros, director del colegio), el analista de conducta identifica sus obligaciones para con cada una de ellas y documenta y comunica esas obligaciones a las partes interesadas al inicio de la relación profesional.

3.03 Aceptación de clientes (véase 1.05, 1.06)

Los analistas de conducta sólo aceptan clientes cuyos servicios solicitados están dentro de su ámbito de competencia definido y de los recursos disponibles (p.ej., tiempo, capacidad de supervisión de casos, personal). Cuando los analistas de conducta reciben instrucciones de aceptar clientes fuera de su ámbito de competencia y de los recursos disponibles, toman las medidas adecuadas para tratar y resolver el problema con las partes pertinentes. Los analistas de conducta documentan todas las acciones tomadas en estas circunstancias y los posibles efectos de las mismas.

3.04 Contrato de servicios (véase 1.04)

Antes de aplicar los servicios, los analistas de conducta se aseguran de que haya un acuerdo de servicio firmado con el cliente y/o las partes interesadas, en el que se describan las responsabilidades de todas las partes, el alcance de los servicios conductuales que se prestarán, las obligaciones del analista de conducta de acuerdo a este Código y los procedimientos para presentar quejas sobre las prácticas profesionales del analista de conducta a las entidades pertinentes (p.ej., la BACB, la organización que ofrece los servicios, colegios oficiales u otras autoridades profesionales, financiadores). Actualizan los acuerdos de servicio según sea necesario o según lo requieran las partes pertinentes (p.ej., organización que ofrece los servicios, colegios oficiales u otras autoridades profesionales, financiadores). Los contratos de servicio deben ser revisados y firmados por el cliente y/o las partes interesadas.

3.05 Acuerdos económicos (véase 1.04, 2.07)

Antes de empezar a prestar servicios, los analistas de conducta documentan el régimen de contraprestación económica y facturación acordados con sus clientes, las partes interesadas y/o los financiadores. Cuando las circunstancias de financiación cambien, deberán volver a consultar con estas partes. Los servicios que se ofrezcan de forma gratuita o a través de un trueque o pago en especia, sólo se prestarán en virtud de un acuerdo de servicio específico y de conformidad con el Código.

3.06 Comunicación con otros proveedores (véanse los puntos 1.05, 2.04, 2.10, 2.11 y 2.12)

Los analistas de conducta se encargan de realizar las consultas y derivaciones apropiadas a otros proveedores priorizando el interés de sus clientes, con el debido consentimiento informado y en cumplimiento de los requisitos aplicables (p.ej., leyes, reglamentos, contratos, normas internas de la organización que presta los servicios o de las entidades financiadoras).

3.07 Contratación de servicios por terceros (véase 1.04, 1.11, 2.04, 2.07)

Cuando los analistas de conducta firman un contrato para prestar servicios a un cliente a petición de un tercero (p.ej., un distrito escolar o una entidad gubernamental), aclaran la naturaleza de la relación con cada una de las partes y evalúan cualquier posible conflicto antes de comenzar los servicios. Se aseguran de que el contrato describe (1) las responsabilidades de todas las partes, (2) el alcance de los servicios conductuales que se prestarán, (3) el uso probable de la información obtenida, (4) las obligaciones de los analistas de conducta según el Código, y (5) cualquier límite sobre el mantenimiento de la confidencialidad. Los analistas de conducta son responsables de modificar los contratos cuando sea necesario y de revisarlos con las partes pertinentes en ese momento.

3.08 Responsabilidad ante el cliente en contratos de servicios contratados por terceros (véase 1.05, 1.11, 2.01)

Los analistas de conducta ponen el cuidado y bienestar del cliente por encima de cualquier otra consideración. Si el tercero solicita servicios del analista de conducta que son incompatibles con las recomendaciones del analista de conducta, que están fuera del ámbito de competencia del analista de conducta o que podrían dar lugar a una relación múltiple, los analistas de conducta resuelven dichos conflictos priorizando el interés del cliente. Si un conflicto no puede ser resuelto, el analista de conducta puede obtener formación o consulta adicional, interrumpir los servicios siguiendo las medidas de transición apropiadas, o remitir el cliente a otro analista de conducta. Los analistas de conducta documentan todas las acciones tomadas en estas circunstancias y los posibles efectos de las mismas.

3.09 Comunicación con las partes interesadas en servicios contratados por terceros (véase 2.04, 2.08, 2.09, 2.11)

Cuando se prestan servicios a petición de un tercero a un menor o a una persona que no tiene derecho legal a tomar decisiones personales, los analistas de conducta se aseguran de que los padres o el representante legalmente autorizado sean informados de la justificación y el alcance de los servicios que se van a prestar, así como de su derecho a recibir copias de toda la documentación y los datos del servicio. Los analistas de conducta conocen y cumplen todos los requisitos relacionados con el consentimiento informado, independientemente de quién haya solicitado los servicios.

3.10 Limitaciones a la confidencialidad (véase 1.02, 2.03, 2.04)

Los analistas de conducta informan a los clientes y a las partes interesadas de las limitaciones a la confidencialidad al inicio de la relación profesional informando de las circunstancias bajo las cuales puede ser necesario revelar información.

3.11 Documentar la actividad profesional (véase 1.04, 2.03, 2.05, 2.06, 2.10)

A lo largo de la relación de servicio, los analistas de conducta crean y mantienen una documentación detallada y de alta calidad de sus actividades profesionales a fin de facilitar la prestación de los servicios prestados por ellos u otros profesionales, para garantizar la responsabilidad y la adecuada rendición de cuentas, y para cumplir con los requisitos aplicables (p.ej., leyes, normativas, normas internas de la organización que presta los servicios o de los financiadores). La documentación debe crearse y conservarse de manera que permita la comunicación y la transición de los servicios en el momento oportuno en caso de que sea necesario.

3.12 Abogar por servicios adecuados (véase 1.04, 1.05, 2.01, 2.08)

Los analistas de conducta defienden e informan a los clientes y a las partes interesadas sobre los procedimientos de evaluación e intervención conductual basados en la evidencia. También abogan por la cantidad y el nivel adecuados de prestación de servicios conductuales y de supervisión necesarios para alcanzar los objetivos específicos del cliente.

3.13 Derivación de clientes (véase 1.05, 1.11, 2.01, 2.04, 2.10)

Los analistas de conducta realizan las derivaciones basándose en las necesidades del cliente y/o de las partes interesadas pertinentes y recomiendan a múltiples proveedores cuando sea posible. Los analistas de conducta revelan al cliente y a las partes interesadas relevantes cualquier relación que tengan con los posibles proveedores a los que derivan un cliente, y los honorarios o incentivos que puedan recibir por las derivaciones. Documentan todas las derivaciones realizadas, incluyendo las relaciones pertinentes y los honorarios o incentivos recibidos, y hacen se esfuerzan por informar de ello al cliente y/o las partes interesadas pertinentes.

3.14 Facilitar la continuidad de los servicios (véase 1.03, 2.02, 2.05, 2,08, 2.10)

Los analistas de conducta actúan priorizando el interés del cliente para evitar interrupciones o interferencias en los servicios. Toman las acciones adecuadas y oportunas para facilitar la continuidad de los servicios conductuales en caso de interrupciones planificadas (p.ej., traslado, baja temporal) y de interrupciones no planificadas (p.ej., enfermedad, interrupción de la financiación, solicitud de los padres, emergencias). Se aseguran de que los acuerdos o contratos de servicio incluyan un plan de acción general en caso de interrupciones del servicio. Cuando se produce una interrupción del servicio, comunican a todas las partes implicadas los pasos que se están dando para facilitar la continuidad de los servicios. Los analistas de conducta documentan todas las acciones tomadas en estas circunstancias y los posibles efectos de las mismas.

3.15 Interrumpir adecuadamente los servicio (véase 1.03, 2.02, 2.05. 2.10, 2.19)

Los analistas de conducta mencionan las circunstancias bajo las cuales podría interrumpirse el servicio en su contrato de servicios. Consideran la posibilidad de interrumpir los servicios cuando (1) el cliente ha cumplido todos los objetivos de cambio de conducta, (2) el cliente no se está beneficiando del servicio, (3) el analista de conducta y/o sus estudiantes supervisados o aprendices están expuestos a condiciones potencialmente dañinas que no pueden ser resueltas razonablemente, (4) el cliente y/o las partes interesadas relevantes solicitan la interrupción, (5) las partes interesadas relevantes no están cumpliendo con la intervención de cambio de conducta a pesar de haber realizado intentos por resolver los posibles impedimentos, o (6) los servicios ya han dejado de ser abonados. Los analistas de conducta proporcionan al cliente y/o a las partes interesadas relevantes un plan por escrito relativo a la interrupción de los servicios, documentan la aceptación de dicho plan por parte del cliente, revisan el plan a lo largo del proceso de finalización de los servicios y documentan todos los pasos dados.

3.16   Transición adecuada de los servicios (véase 1.03, 2.02, 2.05. 2.10)

Los analistas de conducta incluyen en su acuerdo de servicios las circunstancias bajo las cuales se procedería a la transición del cliente a otro analista de conducta dentro o fuera de su organización. Se esfuerzan por gestionar eficazmente las transiciones; proporcionan un plan por escrito que incluye las fechas previstas, las actividades de transición y las partes responsables; y revisan el plan a lo largo de la transición. Cuando es pertinente, toman las medidas adecuadas para minimizar las interrupciones de los servicios durante la transición, colaborando con los proveedores de servicios pertinentes.

SECCIÓN 4 RESPONSABILIDAD HACIA ESTUDIANTES SUPERVISADOS Y APRENDICES

4.01   Cumplimiento de los requisitos de supervisión (véase 1.02)

Los analistas de conducta conocen y cumplen todos los requisitos de supervisión aplicables (p.ej., normas de la BACB, criterios para mantener la licencia o colegiación profesional, normativas internas de entidades financiadoras o de las organizaciones para las que trabajan), incluidos los relacionados con las modalidades y la estructura de la supervisión (p.ej., en persona, por videoconferencia, individual, en grupo).

4.02   Competencia de supervisión (véase 1.05, 1.06)

Los analistas de conducta supervisan y forman a otros sólo dentro de su ámbito de competencia. Sólo proporcionan supervisión después de haber obtenido conocimientos y habilidades en prácticas de supervisión eficaces, y evalúan y mejoran continuamente sus repertorios de supervisión a través del desarrollo profesional.

4.03   Volumen de supervisión (véase 1.02, 1.05, 2.01)

Los analistas de conducta aceptan sólo el número de estudiantes supervisados o aprendices que les permite proporcionar una supervisión y formación eficaces. Conocen y cumplen todos los requisitos pertinentes (p.ej., las normas de la BACB, normas relativas al mantenimiento de la licencia o colegiación profesional, normas internas de la organización que presta los servicios o de las entidades financiadoras). Tienen en cuenta los factores relevantes (p.ej., las demandas actuales de sus clientes, su carga de trabajo actual de estudiantes supervisados o aprendices, el tiempo y los recursos logísticos) de forma continuada y especialmente cuando deciden aceptar a un estudiante supervisado o un aprendiz. Cuando los analistas de conducta determinan que han alcanzado su umbral de volumen para proporcionar una supervisión eficaz, documentan esta autoevaluación y comunican los resultados a su empleador o a otras partes relevantes.

4.04 Responsabilidad en la supervisión (véase 1.03)

Los analistas de conducta son responsables de su práctica profesional en el ámbito de la supervisión. También son responsables de las actividades profesionales (p.ej., servicios a los clientes, supervisión, formación, actividad de investigación, declaraciones públicas) de sus estudiantes supervisados o aprendices que se producen como parte de la relación de supervisión.

4.05 Mantenimiento de la documentación relativa al proceso de supervisión (1.01, 1.02, 1.04, 2.03, 2.05, 3.11)

Los analistas de conducta crean, actualizan, almacenan y eliminan la documentación relacionada con sus estudiantes supervisados o aprendices siguiendo todos los requisitos aplicables (p.ej., normas de la BACB, normas relativas al mantenimiento de la licencia o colegiación profesional, normas internas de la organización que presta los servicios o de las entidades financiadoras), incluidos los relativos a la confidencialidad. Se aseguran de que su documentación, y la de sus estudiantes supervisados o aprendices, es precisa y completa. Mantienen la documentación de manera que permita la transición efectiva de la supervisión en caso necesario. Conservan su documentación de supervisión durante al menos siete años y según lo exija la ley u otras partes relevantes, e instruyen a sus estudiantes supervisados o aprendices para que hagan lo propio.

4.06 Proporcionar supervisión y formación (véase 1.02, 1.13 2.01)

Los analistas de conducta imparten supervisión y formación de acuerdo con los requisitos aplicables (p.ej., normas de la BACB, normas relativas al mantenimiento de la licencia o colegiación profesional, normas internas de la organización que presta los servicios o de las entidades financiadoras). Diseñan y aplican procedimientos de supervisión y formación basados en la evidencia, se centran en el reforzamiento positivo e individualizan la supervisión para cada estudiante supervisado o aprendiz y sus circunstancias.

4.07 Incorporar y reconocer la diversidad (véase 1.05, 1.06, 1.07, 1.10)

Durante la supervisión y la formación, los analistas de conducta incorporan y abordan activamente temas relacionados con la diversidad (p.ej., edad, discapacidad, origen étnico, expresión/identidad de género, estatus migratorio, estado civil, origen nacional, raza, religión, orientación sexual, estado socioeconómico).

4.08 Control del rendimiento y retroalimentación (véase 2.02, 2.05, 2.17, 2.18)

Los analistas de conducta participan y documentan la recopilación continua de datos basados en la evidencia y la supervisión del rendimiento (p.ej., observaciones, evaluaciones estructuradas) de los estudiantes supervisados o los aprendices. Proporcionan oportunamente elogios y comentarios informales y formales destinados a mejorar el rendimiento y documentan los comentarios formales que se dan. Cuando surgen problemas de rendimiento, los analistas de conducta desarrollan, comunican, aplican y evalúan un plan de mejora con procedimientos claramente identificados para abordar el problema.

4.09 Delegación de tareas (véase 1.03)

Los analistas de conducta delegan tareas a sus estudiantes supervisados o aprendices sólo después de confirmar que pueden realizar las tareas de forma competente y que la delegación cumple con los requisitos aplicables (p.ej., normas de la BACB, normas relativas al mantenimiento de la licencia o colegiación profesional, normas internas de la organización que presta los servicios o de las entidades financiadoras).

4.10 Evaluar los efectos de la supervisión y la formación (véase 1.03, 2.17, 2.18)

Los analistas de conducta participan activamente en la evaluación continua de sus propias prácticas de supervisión utilizando la retroalimentación de otros y los resultados de los clientes y estudiantes supervisados o aprendices. Los analistas de conducta documentan esas autoevaluaciones y realizan ajustes oportunos en sus prácticas de supervisión y formación según se indique.

4.11 Facilitar la continuidad de la supervisión (véase 1.03, 2.02, 3.14)

Los analistas de conducta minimizan las interrupciones o alteraciones de la supervisión y hacen esfuerzos adecuados y oportunos para facilitar la continuidad de la supervisión en caso de interrupciones planificadas (p.ej., bajas temporales) o imprevistas (p.ej., enfermedad, emergencias). Cuando se produzca una interrupción o una perturbación, comunicarán a todas las partes interesadas las medidas que se están adoptando para facilitar la continuidad de la supervisión.

4.12 Terminar adecuadamente la supervisión (véase 1.03, 2.02, 3.15)

Cuando los analistas de conducta determinan, por cualquier motivo, poner fin a la supervisión o a otros servicios que incluyen la supervisión, trabajan con todas las partes relevantes para desarrollar un plan de finalización de la supervisión que minimice el posible impacto negativo para el estudiante supervisado o el aprendiz. Documentan todas las acciones tomadas en esta circunstancia y los efectos de las mismas.

SECCIÓN 5. RESPONSABILIDAD EN DECLARACIONES PÚBLICAS

5.01 Protección de los derechos de clientes, partes interesadas, estudiantes supervisados y aprendices (véase 1.03, 3.01)

Los analistas de conducta toman medidas adecuadas para proteger los derechos de clientes, partes interesadas, estudiantes supervisados y aprendices en todas las declaraciones públicas. Los analistas de conducta dan prioridad a los derechos de sus clientes en todas las declaraciones públicas.

5.02 Confidencialidad en las declaraciones públicas (véase 2.03, 2.04, 3.10)

En todas las declaraciones públicas, los analistas de conducta protegen la confidencialidad de sus clientes, estudiantes supervisados y aprendices, excepto cuando está permitido. Hacen esfuerzos adecuados por evitar que se comparta accidentalmente o de forma inadvertida información confidencial o identificativa.

5.03 Declaraciones públicas de analistas de conducta (véase 1.01, 1.02)

Cuando hacen declaraciones públicas sobre sus actividades profesionales, o las de otros con los que están afiliados, los analistas de conducta toman precauciones razonables para asegurarse de que las declaraciones son veraces y no engañan o exageran por lo que afirman, transmiten, sugieren u omiten; y se basan en la investigación existente y en una conceptualización conductual. Los analistas de conducta no proporcionan consejos específicos relacionados con las necesidades de un cliente en foros públicos.

5.04 Declaraciones públicas de terceros (véase 1.03)

Los analistas de conducta son responsables de las declaraciones públicas que promueven sus actividades profesionales o productos, independientemente de quién cree o publique las declaraciones. Los analistas de conducta hacen esfuerzos razonables por evitar que otros (p.ej., empleadores, vendedores, clientes, partes interesadas) hagan declaraciones engañosas sobre sus actividades profesionales o productos. Si los analistas de conducta se enteran de tales declaraciones, hacen lo posible por corregirlas. Los analistas de conducta documentan todas las acciones tomadas en esta circunstancia y los efectos de las mismas.

5.05 Uso de la propiedad intelectual (véase 1.01, 1.02, 1.03)

Los analistas de conducta conocen y cumplen con las leyes de propiedad intelectual, incluyendo la obtención de permiso para utilizar materiales que han sido registrados o protegidos por derechos de autor o que pueden ser reclamados como propiedad intelectual por parte de otros, tal y como dicte la ley. El uso apropiado de tales materiales incluye citar y atribuir adecuadamente la propiedad intelectual de dichos materiales y/o usar símbolos de marca registrada o de derechos de autor. Los analistas de conducta no obtienen ni divulgan ilegalmente materiales que estén protegidos por derechos de propiedad intelectual, independientemente de cómo hayan accedido a los mismos.

5.06 Publicidad de servicios no conductuales (véase 1.01, 1.02, 2.01)

Los analistas de conducta no deben anunciar los servicios no conductuales como servicios conductuales. Si los analistas de conducta prestan servicios no conductuales, dichos servicios deben distinguirse claramente de sus servicios conductuales y de la certificación de la BACB con la siguiente declaración de descargo de responsabilidad: "Estas intervenciones no son de naturaleza conductual y no están cubiertas por mi certificación de la BACB". Esta declaración se colocará junto a los nombres y descripciones de todas las intervenciones no conductuales. Si un analista de conducta es empleado por una organización que infringe esta norma del Código, el analista de conducta hará lo posible por remediar la situación, documentando todas las acciones tomadas y los efectos de las mismas.

5.07 Solicitar testimonios a clientes actuales con fines publicitarios (véase 1.11, 1.13, 2.11, 3.01, 3.10)

Debido a la posibilidad de influencias indebidas y coacciones implícitas, los analistas de conducta no solicitan testimonios a clientes actuales u otras partes interesadas para utilizarlos en anuncios destinados a obtener nuevos clientes. Esto no incluye las reseñas no solicitadas en sitios web donde los analistas de conducta no pueden controlar el contenido. No obstante, dicho contenido no debe ser utilizado o compartido por el analista de conducta. Si un analista de conducta es empleado por una organización que infringe esta norma del Código, el analista de conducta hace lo posible por remediar la situación, documentando todas las acciones tomadas y los efectos de las mismas.

5.08 Utilización de testimonios de antiguos clientes con fines publicitarios (véase 2.03, 2.04, 2.11, 3.01, 3.10)

Cuando se solicitan testimonios de antiguos clientes o partes interesadas para utilizarlos en anuncios destinados a obtener nuevos clientes, los analistas de conducta tienen en cuenta la posibilidad de que los antiguos clientes puedan volver a acceder a servicios a los servicios que proveen. Estos testimonios deben identificarse como solicitados o no solicitados, incluir una declaración precisa de la relación entre el analista de conducta y el autor del testimonio, y cumplir con todas las leyes de privacidad y confidencialidad aplicables. Cuando se solicitan testimonios de antiguos clientes o partes interesadas, los analistas de conducta les proporcionan descripciones claras y completas sobre dónde y cómo aparecerá el testimonio, les hacen conscientes de cualquier riesgo asociado con la divulgación de su información privada, y les informan de que pueden rescindir el testimonio en cualquier momento. Si un analista de conducta es empleado por una organización que infringe esta norma del Código, el analista de conducta hará lo posible por remediar la situación, documentando todas las acciones tomadas y los efectos de las mismas.

5.09 Utilización de testimonios con fines no publicitarios (véase 1.02, 2.03. 2.04, 2.11, 3.01, 3.10)

Los analistas de conducta pueden utilizar testimonios de antiguos o actuales clientes y de partes interesadas con fines no publicitarios (p.ej., para la recaudación de fondos, solicitar subvenciones, difundir información sobre ABA) de acuerdo con las leyes aplicables. Si un analista de conducta es empleado por una organización que infringe este estándar del Código, el analista de conducta hace lo posible por remediar la situación, documentando todas las acciones tomadas y los efectos de las mismas.

5.10 Redes sociales y páginas web (véase 1.02, 2.03, 2.04, 2.11, 3.01, 3.10)

Los analistas de conducta son conscientes de los riesgos para la privacidad y la confidencialidad asociados al uso de redes sociales y sitios web, y utilizan sus respectivas cuentas profesionales y personales en consecuencia. No publican información y/o contenido digital de los clientes en sus cuentas personales de redes sociales y sitios web. Cuando publican información y/o contenido digital de los clientes en sus cuentas de redes sociales y sitios web profesionales, los analistas de conducta se aseguran de que para cada publicación (1) obtienen el consentimiento informado antes de publicar el contenido, (2) incluyen una declaración de descargo de responsabilidad indicando que se obtuvo consentimiento informado y que la información no debe ser capturada y reutilizada sin permiso expreso, (3) publican en los canales de las redes sociales de una manera que minimice la posibilidad de una difusión inapropiada de la información, y (4) realizan las acciones apropiadas para prevenir y corregir el mal uso de la información compartida, documentando todas las acciones tomadas y sus posibles efectos. Los analistas de conducta supervisan con frecuencia sus cuentas en las redes sociales y sitios web para garantizar la exactitud y adecuación de la información compartida.

5.11 Utilización de contenidos digitales en declaraciones públicas (véase 1.02, 1.03, 2.03, 2.04, 2.11, 3.01, 3.10)

Antes de compartir públicamente información sobre clientes utilizando contenidos digitales, los analistas de conducta garantizan la confidencialidad y obtienen el consentimiento informado antes de compartir dichos contenidos, y sólo utilizan los contenidos para el fin y la audiencia previstos. Se aseguran de que todos los contenidos compartidos vayan acompañados de una declaración de descargo de responsabilidad que indique que se ha obtenido el consentimiento informado. Si un analista de conducta es empleado por una organización que viola esta norma del Código, el analista de conducta hace esfuerzos razonables por remediar la situación, documentando todas las acciones tomadas y sus posibles efectos.

SECCIÓN 6. RESPONSABILIDAD EN INVESTIGACIÓN

6.01 Cumplimiento de las leyes y reglamentos de investigación (véase 1.02)

Los analistas de conducta planifican y llevan a cabo investigación de manera coherente con todas las leyes y reglamentos aplicables, así como con los requisitos de las organizaciones e instituciones que rigen la actividad investigadora que estén realizando.

6.02 Revisión de la investigación (véase 1.02, 1.04, 3.01)

Los analistas de conducta llevan a cabo investigaciones, ya sea de forma independiente o en el contexto de la prestación de servicios, sólo tras la aprobación de un comité formal de ética de la investigación.

6.03 Investigación durante la prestación de servicios (véase 1.02, 1.04, 2.01, 3.01)

Los analistas de conducta que lleven a cabo investigaciones en el contexto de la prestación de servicios deben organizar las actividades de investigación de forma que se prioricen los servicios y el bienestar de los clientes. En estas situaciones, los analistas de conducta deben cumplir con todos los requisitos éticos tanto para la prestación de servicios como para la investigación dentro del Código. Cuando se ofrecen servicios profesionales como incentivo para la participación en investigación, los analistas de conducta aclaran la naturaleza de los servicios y cualquier riesgo potencial, obligaciones y limitaciones para todas las partes.

6.04 Consentimiento informado e investigación (véase 1.04, 2.08, 2.11)

Los analistas de conducta son responsables de obtener el consentimiento informado (y el asentimiento cuando sea pertinente) de los potenciales participantes de investigación en las condiciones requeridas por el comité de ética de la investigación. Cuando los analistas de conducta tienen conocimiento de que los datos obtenidos de antiguos o actuales clientes, partes interesadas, estudiantes supervisados y/o aprendices durante un proceso normal de prestación de servicios podrían ser difundidos a la comunidad científica, obtienen el consentimiento informado para el uso de los datos antes de su difusión, especifican que los servicios no se verán afectados por proporcionar o negar el consentimiento, y ponen a disposición del participante su derecho a retirar su consentimiento en cualquier momento y sin penalización alguna.

6.05 Confidencialidad en la investigación (véase 2.03, 2.04, 2.05)

Los analistas de conducta dan prioridad a la confidencialidad de los participantes de investigación, excepto en las condiciones en que no sea posible. Hacen lo posible por evitar que se difunda accidental o inadvertidamente la información confidencial o personal mientras se lleva a cabo la investigación y en cualquier actividad de difusión relacionada con la investigación (p.ej., modificando o eliminando la información confidencial o personal).

6.06   Competencia en la realización de investigaciones (véase 1.04, 1.05, 1.06, 3.01)

Los analistas de conducta sólo llevan a cabo investigaciones de forma independiente después de haber realizado con éxito una investigación bajo un supervisor en una relación definida (p.ej., tesis de maestría, tesis doctoral, proyecto de investigación al cargo de un investigador con experiencia). Los analistas de conducta y sus ayudantes sólo pueden realizar aquellas actividades de investigación para las que estén debidamente formados y preparados. Antes de participar en actividades de investigación para las que un analista de conducta no ha recibido formación, buscarán la formación adecuada y demostrarán su competencia o colaborarán con otros profesionales que tengan la competencia requerida. Los analistas de conducta son responsables de la conducta ética de todo el personal asignado al proyecto de investigación.

6.07   Conflicto de intereses al investigar y publicar (véase 1.01, 1.11, 1.13)

Cuando realizan investigaciones, los analistas de conducta identifican, revelan y abordan los conflictos de intereses (p.ej., personales, económicos, relacionados con la organización, relacionados con el servicio). También identifican, revelan y abordan los conflictos de intereses en sus actividades editoriales y de publicación.

6.08   Reconocimiento de contribuciones (véase 1.01, 1.11, 1.13)

Los analistas de conducta reconocen apropiadamente en todas las actividades de difusión las contribuciones (p.ej., autoría, reconocimiento en una nota del autor) de quienes han colaborado en una investigación. La autoría y otros reconocimientos de publicación reflejan con precisión las contribuciones científicas o profesionales relativas de los individuos involucrados, independientemente de su estatus profesional (p.ej., profesor, estudiante).

6.09   Plagio (véase 1.01)

Los analistas de conducta no presentan partes o elementos del trabajo o los datos de otros como propios y sólo publican sus datos o textos previamente publicados en más de una ocasión si los acompañan de la declaración pertinente.

6.10   Documentación y conservación de datos en investigación (véase 2.03, 2.05, 3.11, 4.05)

Los analistas de conducta deben conocer y cumplir todas las normas aplicables (p.ej., normas de la BACB, leyes, requisitos del comité de ética de la investigación) para almacenar, transportar, conservar y destruir la documentación física y electrónica relacionada con la investigación. Los analistas de conducta conservan la documentación y los datos identificativos durante el mayor tiempo posible. Cuando lo permiten las entidades pertinentes, los analistas de conducta destruyen documentación física después de hacer copias digitales o resúmenes de datos solo si se ha eliminado cualquier información que pueda identificar al participante de dichas copias o resúmenes (p.ej., para realizar informes o gráficos).

6.11   Exactitud y uso de los datos (véanse 1.01, 2.17, 5.03)

Los analistas de conducta no inventan datos ni falsifican resultados en sus investigaciones, publicaciones y presentaciones. Planifican y llevan a cabo su investigación y describen sus procedimientos y resultados para minimizar la posibilidad de que su investigación y sus resultados sean engañosos o puedan ser malinterpretados. Si descubren errores en sus datos publicados, toman medidas para corregirlos siguiendo las normas editoriales pertinentes. Los datos de los proyectos de investigación se presentan al público y a la comunidad científica en su totalidad siempre que es posible. Cuando esto no es posible, los analistas de conducta toman precauciones y explican la exclusión de datos (ya sean puntos de datos individuales, o conjuntos de datos parciales o completos) de las presentaciones o manuscritos enviados para su publicación, proporcionando una justificación y una descripción de la información excluida.

OBSERVACIÓN OBLIGATORIA DEL CÓDIGO

La BACB hace cumplir el Código para proteger a clientes, partes interesadas, profesionales certificados, a aquellos que han solicitado la certificación y a la profesión de analista de conducta en general. Las denuncias se reciben y procesan de acuerdo con los mecanismos descritos en el documento de *Procedimientos de Aplicación del Código de la BACB (Code-Enforcement Procedures*, disponible en bacb.com).

GLOSARIO

Ámbito de competencia Las actividades profesionales que un analista de conducta puede llevar a cabo de forma consistente y con competencia.

Analista de conducta Una persona que tenga la certificación BCBA o BCaBA o que haya presentado una solicitud completa para la certificación BCBA o BCaBA.

Aprendiz Cualquier persona que acumule trabajo de campo/experiencia práctica para cumplir con los requisitos de elegibilidad para la certificación BCaBA o BCBA.

Cliente El receptor directo de los servicios del analista de conducta. En varios momentos de la prestación de servicios, uno o varios interesados pueden cumplir simultáneamente la definición de cliente (p.ej., el momento en que reciben formación o consulta directa). En algunos contextos, el cliente puede ser un grupo de individuos (p.ej., servicios de gestión de la conducta organizacional).

Comité de ética de investigación Grupo de profesionales cuyo objetivo declarado sea revisar las propuestas de investigación para garantizar el tratamiento ético de los participantes de investigación. Este comité puede ser una entidad oficial gubernamental o de una universidad (p.ej., comité ético institucional, comité de ética de investigación), un comité independiente dentro de una organización que ofrece servicios o una organización independiente creada para este fin.

Conflicto de intereses Incompatibilidad entre los intereses privados y profesionales de un analista de conducta, que supone un riesgo, o un riesgo potencial, para los servicios prestados o la relación profesional con un cliente, una parte interesada, un estudiante supervisado, aprendiz o participante de investigación. Los conflictos pueden dar lugar a una situación en la que consideraciones personales, económicas o profesionales puedan influir o comprometer el juicio profesional en la prestación de servicios conductuales, investigación, consulta, supervisión, formación o cualquier otra actividad profesional.

Consentimiento informado Permiso dado por una persona con derecho legal a dar su consentimiento antes de participar en servicios o investigaciones, o de permitir que su información sea utilizada o compartida.
- Servicio/investigación: Ofrecer la oportunidad de que una persona dé su consentimiento informado para los servicios o la investigación implica tomar las medidas adecuadas, e informar sobre ellas, a fin de confirmar la comprensión de: 1) el objetivo de los servicios o la investigación; 2) la cantidad de tiempo que deberá invertirse y los procedimientos implicados; 3) el derecho a negarse a participar o retirarse en cualquier momento sin consecuencias adversas; 4) beneficios potenciales, así como riesgos, molestias o efectos adversos; 5) cualquier límite a la confidencialidad o la privacidad que pueda existir; 6) incentivos, si los hay, para la participación en investigación; 7) a quién dirigirse en caso de preguntas o preocupaciones; y 8) la oportunidad de hacer preguntas y recibir respuestas.
- Usar/compartir información: Ofrecer la oportunidad de que una persona dé su consentimiento informado para compartir o utilizar su información implica comunicar: 1) la finalidad y el uso previsto; 2) la audiencia; 3) la duración prevista; 4) el derecho a rechazar o retirar el consentimiento en cualquier momento; 5) los posibles riesgos o beneficios; 6) cualquier limitación de la confidencialidad o la privacidad; 7) a quién dirigirse en caso de preguntas o preocupaciones; y 8) la oportunidad de hacer preguntas y recibir respuestas.

Contenido digital Información que se pone a disposición para su acceso a través de internet, o mediante descarga o distribución a través de un medio electrónico (p.ej., televisión, radio, libro electrónico, sitio web, medios sociales, videojuego, aplicación, ordenador, dispositivo movil). Los contenidos digitales más comunes son documentos, imágenes, vídeos y archivos de audio.

Declaraciones públicas Entrega de información (digital o de otro tipo) en un foro público con el propósito de informar mejor a esa audiencia o de proporcionar una llamada a la acción. Esto incluye publicidad pagada o no pagada, folletos, material impreso, directorios, currículos personales, entrevistas o comentarios para su uso en medios de comunicación (p.ej., impresos, declaraciones judiciales, etc.), charlas y presentaciones públicas, redes sociales y materiales publicados).

Derechos de los clientes Derechos humanos, derechos de carácter legal, derechos codificados en el análisis de conducta y normas de organización diseñadas para favorecer al cliente.

Estudiante supervisado Cualquier persona cuya prestación de servicios conductuales es supervisada por un analista de conducta en el contexto de una relación definida y acordada. Los analistas de conducta pueden incluir a los RBT, BCaBA y BCBA, así como a otros profesionales que realicen servicios conductuales supervisados.

Intervención de cambio de conducta El conjunto de procedimientos conductuales diseñados para mejorar el bienestar del cliente.

Investigación Cualquier actividad basada en datos, incluido el re-análisis de datos preexistentes, diseñada para generar conocimientos generalizables para la disciplina. El uso de un diseño experimental no constituye en sí mismo una investigación.

Página web Una plataforma digital que se encuentra a través de un navegador web donde una entidad (individuo y/o organización) produce y distribuye contenidos digitales para el consumo de usuarios de internet. Dependiendo de la funcionalidad, los usuarios pueden consumir, crear, copiar, descargar, compartir o comentar los contenidos digitales proporcionados.

Parte interesada Una persona, distinta del cliente, que se ve afectada por los servicios del analista de conducta y que tiene interés en ellos (p.ej., padre, cuidador, pariente, representante legalmente autorizado, colaborador, empleador, representante de una entidad o institución, organización profesional o colegial, tercero que contrata los servicios).

Participante de investigación Cualquier individuo que participe en un estudio de investigación definido y del que se haya obtenido el consentimiento informado.

Red social Plataforma digital, que se encuentra a través de un navegador web o de una aplicación, en la que los usuarios (particulares y/o empresas) pueden consumir, crear, copiar, descargar, compartir o comentar publicaciones o anuncios. Publicaciones y anuncios se considerarán contenidos digitales.

Relación múltiple Mezcla de dos o más funciones del analista de conducta (p.ej., conductual y personal) con un cliente, parte interesada, estudiante supervisado, aprendiz, participante de investigación o alguien estrechamente asociado o relacionado con el cliente.

Representante legal Cualquier persona autorizada por la ley para a dar su consentimiento en nombre de una tercera persona que no puede dar su consentimiento para recibir servicios o participar en una investigación.

Servicios conductuales Servicios que se basan explícitamente en los principios y procedimientos del análisis de conducta y están diseñados para cambiar el comportamiento de manera significativa. Estos servicios incluyen, entre otros, evaluación, intervenciones de cambio de conducta, formación, consulta, gestión y supervisión de otras personas, y la docencia de formación continua.

Tercero Cualquier individuo, grupo de individuos o entidad, que no sea el receptor directo de los servicios, el cuidador principal, el representante legal o el analista de conducta, que solicite o financie servicios en nombre de un cliente o grupo de clientes. Algunos ejemplos son un distrito escolar, una entidad gubernamental o un servicio de salud mental, entre otros.

Testimonio Cualquier recomendación solicitada o no solicitada, en cualquier forma, a un cliente, parte interesada, estudiante supervisado o aprendiz que describa las ventajas del producto o servicio recibidos del analista de conducta. La recomendación se considerará solicitada desde el momento en que el analista de conducta la haya pedido.

Tabla comparativa con el nuevo Código Ético para Analistas de Conducta

Esta tabla comparativa indica dónde se pueden encontrar las normas éticas del *Código de cumplimiento profesional y ético para analistas de conducta* en el nuevo *Código ético para analistas de conducta* de la BACB, en vigor desde 2022. En el nuevo Código las normas éticas pueden aparecer en la misma sección, en una nueva sección o en la sección de *Introducción* en lugar de entre las normas éticas. La versión actualizada del Código ético para analistas de conducta puede consultarse en bacb.com Además, se han añadido nueve normas éticas al Código ético para analistas de conducta y se han eliminado cinco. Los puntos eliminados son mencionados en la tabla. Las normas éticas que se han añadido aparecen a continuación:

- 2.02 Puntualidad
- 2.17 Recogida y uso de datos
- 3.02 Identificación de las partes interesadas
- 4.05 Mantenimiento de la documentación relativa al proceso de supervisión
- 4.07 Incorporar y reconocer la diversidad
- 4.11 Facilitar la continuidad de la supervisión
- 4.12 Terminar adecuadamente la supervisión
- 5.01 Protección de los derechos de clientes, partes interesadas, estudiantes supervisados y aprendices
- 5.10 Redes sociales y páginas web

Código de Cumplimiento Profesional y Ético para Analistas de Conducta *(efectivo desde 2016)*	Código Ético para Analistas de Conducta *(efectivo desde 2022)*
1.0 Conducta responsable de los analistas de conducta (declaración)	Introducción
1.01 Dependencia del conocimiento científico	Introducción 2.01 Proporcionar un tratamiento eficaz
1.02 Límites de la competencia profesional	Introducción 1.05 Ejercer dentro del ámbito de competencia
1.03 Mantener la competencia a través del desarrollo profesional	Introducción 1.06 Mantener la competencia
1.04 Integridad	Introducción 1.01 Ser veraz 1.02 Cumplir los requisitos legales y profesionales 1.03 Responsabilidad
1.05 Relaciones profesionales y científicas	Introducción 1.04 Ejercer en el contexto de una función definida 1.06 Mantenimiento de la competencia 1.08 No discriminación 1.09 No acoso 1.10 Conciencia de prejuicios y limitaciones personales 2.08 Comunicación sobre los servicios
1.06 Relaciones múltiples y conflictos de intereses	Introducción 1.11 Relaciones múltiples 1.12 Dar y recibir regalos
1.07 Relaciones abusivas	1.13 Relaciones coercitivas y de explotación 1.14 Relaciones románticas y sexuales
2.0 Responsabilidad de los analistas de conducta para con los clientes (declaración)	Introducción 3.01 Responsabilidad ante los clientes
2.01 Aceptación de un nuevo cliente	3.03 Aceptación de clientes
2.02 Responsabilidad	3.01 Responsabilidad ante los clientes 3.02 Identificación de las partes interesadas
2.03 Consulta	2.10 Colaboración con otros colegas 3.06 Consultas con otros proveedores
2.04 Participación de terceros en la provisión de servicios	2.10 Colaboración con otros colegas 3.07 Contratación de servicios por terceros 3.08 Responsabilidad ante el cliente en contratos de servicios contratados por terceros 3.09 Comunicación con las partes interesadas en servicios contratados por terceros

Código de Cumplimiento Profesional y Ético para Analistas de Conducta *(efectivo desde 2016)*	Código Ético para Analistas de Conducta *(efectivo desde 2022)*
2.05 Derechos y prerrogativas de los clientes	1.15 Respuesta a solicitudes 2.03 Protección de información confidencial 2.08 Comunicación sobre los servicios 3.01 Responsabilidad ante los clientes 3.04 Contrato de servicios
2.06 Mantenimiento de la confidencialidad	2.03 Protección de la información confidencial 2.04 Divulgación de información confidencial 2.11 Obtención del consentimiento informado 5.11 Utilización de contenidos digitales en declaraciones públicas (ver también 5.10)
2.07 Mantenimiento de registros	2.05 Protección y conservación de la documentación
2.08 Revelación de información	2.04 Divulgación de información confidencial
2.09 Eficacia de la intervención	2.01 Proporcionar un tratamiento eficaz 2.14 Selección, diseño y realización de intervenciones de cambio de conducta 2.18 Evaluación continua de la intervención de cambio de conducta 3.12 Abogar por los servicios adecuados
2.10 Documentación del trabajo profesional y de investigación	2.05 Protección y conservación de la documentación 3.11 Documentar la actividad profesional
2.11 Registros y datos	2.05 Protección y conservación de la documentación
2.12 Contratos, honorarios y acuerdos económicos	2.07 Honorarios 3.04 Contrato de servicios 3.05 Acuerdos económicos 3.07 Contratación de servicios por terceros
2.13 Precisión en los informes de facturación	2.06 Exactitud en la facturación del servicio y en los informes
2.14 Referir clientes y honorarios	3.13 Derivación de clientes
2.15 Interrupción y finalización de los servicios	3.14 Facilitar la continuidad de los servicios 3.15 Interrumpir adecuadamente los servicios 3.16 Servicios de transición apropiados 4.11 Facilitar la continuidad de la supervisión 4.12 Terminar adecuadamente la supervisión
3.0 Evaluación conductual (declaración)	2.14 Selección, diseño y realización de intervenciones de cambio de conducta
3.01 Evaluación analítico-conductual	2.13 Selección, diseño y realización de evaluaciones 2.14 Selección, diseño y realización de intervenciones de cambio de conducta 2.17 Recogida y uso de datos

Código de Cumplimiento Profesional y Ético para Analistas de Conducta *(efectivo desde 2016)*	Código Ético para Analistas de Conducta *(efectivo desde 2022)*
3.02 Consulta médica	2.12 Consideración a necesidades médicas
3.03 Consentimiento a la evaluación analítico-conductual	2.08 Comunicación sobre los servicios 2.11 Obtención del consentimiento informado
3.04 Explicación de los resultados de la evaluación	2.08 Comunicación sobre los servicios
3.05 Archivo del consentimiento de los clientes	2.11 Obtención del consentimiento informado
4.0 El analista de conducta y el programa de cambio de conducta (declaración)	2.16 Descripción de las intervenciones de cambio de conducta antes de su realización
4.01 Consistencia conceptual	2.01 Proporcionar un tratamiento eficaz 2.14 Selección, diseño y realización de intervenciones de cambio de conducta
4.02 Implicación de los clientes en la planificación y el consentimiento	2.09 Participación de los clientes y las partes interesadas
4.03 Programas individualizados de cambio de conducta	2.14 Selección, diseño y realización de intervenciones de cambio de conducta
4.04 Aprobación de los programas de cambio de conducta	2.11 Obtención del consentimiento informado
4.05 Descripción de los objetivos del programa de cambio de conducta	2.16 Descripción de las intervenciones de cambio de conducta antes de su realización
4.06 Descripción de las condiciones para el éxito del programa de cambio de conducta	2.16 Descripción de las intervenciones de cambio de conducta antes de su realización
4.07 Condiciones ambientales que interfieren con la aplicación de un programa conductual	2.19 Abordar las condiciones que interfieren con la prestación de servicios
4.08 Consideraciones acerca de los procedimientos de castigo	2.15 Minimizar el riesgo de las intervenciones de cambio de conducta
4.09 Uso de procedimientos mínimamente restrictivos	2.15 Minimizar el riesgo de las intervenciones de cambio de conducta
4.10 Evitar reforzadores perjudiciales	2.15 Minimizar el riesgo de las intervenciones de cambio de conducta
4.11 Finalización del programa de cambio de conducta y del servicio analítico-conductual	3.14 Facilitar la continuidad de los servicios 3.15 Interrumpir adecuadamente los servicios 3.16 Transición adecuada de los serivicios
5.0 Los analistas de conducta como supervisores (declaración)	4.04 Responsabilidad en la supervisión

Código de Cumplimiento Profesional y Ético para Analistas de Conducta *(efectivo desde 2016)*	Código Ético para Analistas de Conducta *(efectivo desde 2022)*
5.01 Supervisión realizada por analistas de conducta	4.02 Competencia de supervisión 4.04 Responsabilidad en la supervisión
5.02 Volumen de supervisión	4.03 Volumen de supervisión
5.03 Delegación de las labores de supervisión	4.09 Delegación de tareas
5.04 Diseño de actividades de supervisión y formación efectivas	4.06 Proporcionar supervisión y formación
5.05 Comunicación de las condiciones de la supervisión	Eliminado (evaluado como un requisito de certificación en lugar de como un requisito ético)
5.06 Proporcionar retroalimentación a los supervissados	4.08 Control del rendimiento y retroalimentación
5.07 Evaluación de los efectos de la supervisión	4.10 Evaluar los efectos de la supervisión y la formación
6.0 Responsabilidad ética de los analistas de conducta hacia la profesión (declaración)	Introducción
6.01 Principios	Eliminado (la BACB no puede obligar a cumplir leyes, la noción general, no obstante, aparece en la introducción)
6.02 Difusión del análisis de conducta	Introducción
7.0 Responsabilidad ética de los analistas de conducta hacia sus colegas (declaración)	Introducción
7.01 Promoción de una cultura ética	Introducción 1.01 Ser veraz
7.02 Infracciones éticas comentidas por otros y riesgo de daño	Introducción
8.0 Declaraciones públicas (declaración)	Introducción, glosario
8.01 Evitar declaraciones falsas o engañosas	2.01 Proporc. tratamiento eficaz (ver también 2.06) 5.03 Declaraciones públicas de analistas de conducta 5.06 Publicidad de servicios no conductuales
8.02 Propiedad intelectual	5.05 Uso de la propiedad intelectual
8.03 Declaraciones de otros	5.04 Declaraciones públicas de terceros
8.04 Presentaciones y servicios a través de medios de comunicación	5.02 Confidencialidad en las declaraciones públicas 5.03 Declaraciones públicas de analistas de conducta 5.11 Utilización de contenidos digitales en declaraciones públicas

Código de Cumplimiento Profesional y Ético para Analistas de Conducta *(efectivo desde 2016)*	Código Ético para Analistas de Conducta *(efectivo desde 2022)*
8.05 Testimonios y publicidad	5.07 Solicitar testimonios de clientes actuales con fines publicitarios 5.08 Utilización de testimonios de antiguos clientes con fines publicitarios 5.09 Utilización de testimonios con fines no publicitarios
8.06 Requerimiento personal de prestación de servicios	Eliminado (debido a su mínima relevancia y a que, en general, está cubierto por otras normas éticas)
9.0 Analistas de conducta e investigación (declaración)	Introducción
9.01 Conformidad con leyes y reglamentos	6.01 Cumplimiento de las leyes y reglamentos en investigación
9.02 Características de la investigación responsable	6.02 Revisión de la investigación 6.03 Investigación durante la prestación de servicios 6.06 Competencia en la realización de investigaciones 6.07 Conflicto de intereses al investigar y publicar 6.10 Documentación y conservación de datos en investigación 6.11 Exactitud y uso de los datos
9.03 Consentimiento informado	6.04 Consentimiento informado e investigación
9.04 Uso de la información confidencial con fines didácticos o de formación	6.05 Confidencialidad en la investigación
9.05 Información al término de la investigación	Eliminado (debido a su mínima relevancia y a que, en general, está cubierto por otras normas éticas)
9.06 Revisiones para revistas o entidades financiadoras	5.05 Uso de la propiedad intelectual
9.07 Plagio	6.09 Plagio
9.08 Reconocimiento de contribuciones	6.08 Reconocimiento de contribuciones
9.09 Precisión y uso de los datos	6.11 Exactitud y uso de los datos
10.0 Responsabilidad ética de los analistas de conducta ante la BACB (declaración)	Introducción 1.02 Cumplimiento de los requisitos legales y profesionales
10.01 Proporcionar información veraz y precisa a la BACB	Introducción 1.01 Ser veraz
10.02 Responder, reportar y actualizar la información aportada a la BACB	1.15 Respuesta a solicitudes 1.16 Declaración obligatoria de información crítica

Código de Cumplimiento Profesional y Ético para Analistas de Conducta *(efectivo desde 2016)*	Código Ético para Analistas de Conducta *(efectivo desde 2022)*
10.03 Confidencialidad y propiedad intelectual de la BACB	5.05 Uso de la propiedad intelectual
10.04 Honestidad académica e irregularidades en exámenes	Eliminado (cubierto en los requisitos de certificación y en el punto 1.01)
10.05 Cumplimiento de las normas de la BACB relativas a supervisión y cursos de formación	4.01 Cumplimiento de los requisitos de supervisión
10.06 Familiarizarse con este código	Introducción 1.02 Cumplimiento de los requisitos legales y profesionales
10.07 Desaconsejar la presentación sesgada del análisis de conducta por parte de personas que no estén certificadas	Introducción 1.01 Ser veraz